La Gouvernance foncière en RD Congo

D/2019/4910/35 ISBN : 978-2-8061-0469-4

Grand'Place, 29
B-1348 Louvain-la-Neuve

www.editions-academia.be

Michel Bisa Kibul

La Gouvernance foncière en RD Congo

Du pluralisme institutionnel à la vampirisation de l'État

academia
L'Harmattan

Remerciements

Le livre que j'ai le plaisir de publier est une version remaniée de ma thèse de Doctorat défendue en juillet 2017 à l'Université de Kinshasa. Cette transmutation en ouvrage de ma Thèse de doctorat comprend six chapitres, le tout précédé des dédicaces, des remerciements, de la préface de Célestin Musao, sans oublier, à la fin de l'ouvrage, une bibliographie indicative et la postface de Jean-Pierre Lotoy.

La recherche scientifique au niveau doctoral n'est pas une mince affaire, c'est un travail ardu et éprouvant, qui vous renvoie sans cesse et vous confronte à vous-même, à vos collègues, à vos maîtres, à vos étudiants, à vos enquêtés et à votre éditeur. En recherche scientifique, les défis ne sont pas qu'intellectuels. Je voudrais remercier de nombreux apports venus de plusieurs personnes sans les concours desquelles, ce travail n'aurait jamais existé.

Je réitère mes remerciements au Promoteur de ma Thèse et préfacier de cet ouvrage, le Professeur Célestin Musao Kalombo Mbuyu pour m'avoir coaché avec une conscience professionnelle d'une rare probité. Je lui dois ma carrière à l'Université de Kinshasa et mon premier poste politique comme Chef de Cabinet du Rapporteur de l'Assemblée nationale. Sa sympathie me tient et me tiendra sûrement encore longtemps à cœur. Avec douceur, il a été intraitable lorsqu'il s'agissait de préciser la pensée, de compléter les théories, d'opérationnaliser les concepts ou d'enrichir les matériaux empiriques.

J'exprime ma gratitude aux Professeurs Jean-Pierre Lotoy Ilango-Banga et Boniface Kabanda Matanda, co-directeurs de ma Thèse. Je leurs dis sincèrement MERCI. Ils ont été d'un tel apport que ma Thèse de Doctorat est imprégnée de leurs marques et de leurs styles.

Je rends un vibrant hommage à Madame le Professeur Sylvie Ayimpam pour son épaisseur scientifique, sa disponibilité, ses précieux conseils et les ouvertures qu'elle nous offre pour notre perfectionnement scientifique. Merci au Professeur Abbé Michel-Willy Libambu, de lui, nous avons appris que la science et la chrétienté se tiennent.

La Thèse dont est tiré ce livre n'aurait jamais existé sans l'acharnement, la ténacité voir le harcèlement de papy Jacques Lwango, mon défunt père nourricier dont le soutien affectif, financier et intellectuel nous manquerons à jamais.

Plus qu'à quiconque, ce livre doit d'avoir vu le jour grâce à Sandrine, mon épouse-chérie qui m'a donné le loisir d'écrire et de voyager pour raison de recherche. Très dispersé dans mon travail administratif à l'Université catholique du Congo, elle a veillé à me ramener dans le sillon scientifique sur la colline inspirée de l'Université de Kinshasa. Nos enfants : Dinah, Mindrine, Michelat, Michel et Michel-Ange ont accepté de supporter notre absence à leurs côtés au moment où ils avaient le plus besoin de nous.

Clin d'œil spécial aux lecteurs de nos manuscrits : Robert Ndiabadila, Baudouin Talwanga, Serge Mikiasi, Fils Kayembe, Chicco Linguba, Nadia Kapinga, Bienvenu Kobongo, Jérôme Mungukende, Willy Kalala, Kambale Kambili, Jacques Kambale, Baby Lwango, Jules Epaniene, Stéphane Yuma, Charles Mulamba et tous les ami(e)s de l'UNIKIN, UCC, ULK, USK, et de l'Assemblée nationale.

Michel BISA KIBUL

Préface

C'est avec joie que j'ai reçu le manuscrit pour préfacier cet ouvrage écrit par Michel Bisa. J'en suis fier parce que je connais l'auteur comme un ancien étudiant brillant, honnête et appliqué que j'ai encadré depuis l'an 2003. Il a eu la chance de croiser des chercheurs professionnels, nationaux et étrangers et d'avoir une expérience professionnelle dans des organisations sérieuses, des réseaux de recherches divers et spécialisés et un encadrement solide qui l'a initié aux nouvelles méthodes de recherche en sciences sociales.

Ce livre aborde une question d'une angoisse existentielle sérieuse : les gouvernementalités d'acteurs en présence d'enjeux fonciers. Il s'agit d'un ouvrage dont les résultats sont intéressants non pas seulement du fait de sa clarté d'exposition des faits liés au pluralisme institutionnel, mais aussi, du fait de l'ambition et de l'audace empirique et conceptuelle du phénomène de la Vampirisation de l'État.

Cette vampirisation est fonction de la multiplicité de groupes normatifs et une pluralité d'acteurs chargés de la gestion du bien suprême de l'État, mais aussi, du mode de fonctionnement réel que l'auteur a bien observé à partir des comportements tant individuels que collectifs des acteurs aussi bien officiels qu'officieux qui gèrent et/ou qui sollicitent les services de ces institutions *extractives*[1]. L'auteur a constaté que les institutions chargées de gérer le territoire et les ressources de l'État congolais ont été mises en place et

---

[1] Acemoglu et Robinson différencient les institutions « inclusives » des institutions « extractives ». Les premières sont celles qui favorisent la prospérité de la collectivité et les secondes sont des institutions qui ne profitent qu'à une frange dominante de la communauté au détriment de l'intérêt général. Lire, *La Faillite des Nations. Les origines de la puissance et de la pauvreté*, Paris, Nouveaux horizons, 2015.

manipulées dans le sens de satisfaire les intérêts privés des acteurs, et ce, depuis la création de l'État indépendant du Congo en 1885 jusqu'au foisonnement institutionnel des codes durant les années 2002 à 2019.

Les principes coloniaux de la liberté d'exploitation de l'EIC pour tout le monde, l'absence des droits de douane et d'impôts ont continué à hanter les pratiques sociales des préposés de l'État et de leurs partenaires dans les jeux vampirisateurs de l'État.

L'État vampirisé n'est qu'une victime du comportement de ces acteurs. Un État vampirisé est un État renversé au sein duquel, les domaines stratégiques sont laissés sous le contrôle de plusieurs acteurs stratèges et en compétitions d'intérêts divers. L'auteur a pu, ou su bien observer et expliquer les problèmes que pose la gouvernance, ou mieux, les gouvernementalités d'acteurs qui conduisent l'État en procès de « sorcellerie » dans l'opinion publique ou comme on dit à Kinshasa « *l'État azali Ndoki* ». L'auteur explique les réalités historiques et les pouvoirs visibles, cachés et invisibles qui ont influencé la mise en place des institutions normes et organes. Bien plus, il interprète les intrigues, les jeux de connivence et les contournements ou ajustements et compromis d'acteurs qui fondent les jeux d'acteurs formels et informels, nationaux et étrangers qui animent ou influencent l'animation des institutions.

Les chapitres 1 et 2 de cet ouvrage sont dans une proximité épistémologique qui plonge le lecteur dans les méandres des manœuvres méthodologiques de la recherche sur terrain. De leurs côtés, les chapitres 3, 4 et 5 observent une similitude descriptive et démonstrative des réalités sociales autour des enjeux fonciers, alors que le chapitre 6 s'élève dans les hauteurs du militantisme conceptuel en réinterrogeant les pratiques sociales des acteurs en vue de la théorisation du phénomène que l'auteur nomme « vampirisation de l'État ».

En ma double qualité de Promoteur de sa Thèse et Directeur de ses Recherches au sein de l'Observatoire de la Gouvernance, je suis heureux de voir venir cet ouvrage dans nos bibliothèques. Non seulement parce que l'auteur maîtrise la littérature qu'il exploite, mais aussi, parce que l'on sent chez Michel Bisa un véritable engagement pour la recherche scientifique qui l'amène à croiser ses idées avec celles des auteurs les plus en vues dans son domaine d'exploitation scientifique.

Peut-on clore la préface d'un tel ouvrage sans évoquer la question de l'éthique et déontologie des services publics dont la violation, de la part de nos fonctionnaires politiques et administratifs et de leurs partenaires a pris une ampleur si dramatique tout au long des phénomènes observés ? Philippe Braud[2] a raison de dire que « *l'éthique du savant dans l'analyse politique requiert la suspension des préférences morales et idéologiques, à la fois parce qu'elles peuvent introduire des biais supplémentaires dans l'analyse rigoureuse des faits, et parce qu'elles ne doivent pas indûment mobiliser à leur profit l'autorité de la science. Réciproquement, il est indispensable que la question de l'éthique en politique soit soulevée en permanence et largement débattue ; mais dans la clarté* ».

Avant de finir mon propos, je tiens à rappeler à l'auteur que seuls ceux qui font de la recherche scientifique ancrée dans la réalité empirique, publient les résultats dans les structures de renommée internationale et qui vulgarisent les résultats de leurs recherches dans des rencontres scientifiques et s'exposent ainsi à la critique et aux « *matchs* » scientifiques amicaux et/ou inamicaux méritent le respect.

Prof. Célestin MUSAO KALOMBO MBUYU
Enseignant-Chercheur des universités
Coordonnateur de l'Observatoire de la Gouvernance
Député national élu et Rapporteur de l'Assemblée nationale 2019-2023

---

[2] Braud, P., *Sociologie politique*, Paris, Lextenso, 2008, p. 13.

Chapitre premier

PERTINENCE ET EXIGENCES DE L'ÉTUDE

1.1. Énoncé du problème

Cette étude a été menée dans le cadre de notre recherche doctorale. Elle a pour objet l'analyse de la gouvernance foncière dans un contexte de crise. En RDC, où nous avons mené nos recherches, il semble intéressant d'étudier la gouvernance foncière en raison des visages divers que prennent les normes et les administrations chargées de la gestion du bien suprême de l'État, à savoir : le territoire. En effet, le pluralisme institutionnel peut varier plus ou moins fortement d'une région du pays à une autre. Si l'étendue de ce pays, 2.345.409 km^2, qui est le deuxième des plus vastes du continent africain n'est pas étrangère à cette diversité, l'évolution historique n'est pas en reste, comme le suggèrent les variations qu'on peut y observer dès les premières heures de la colonisation à ce jour.

Certes, le pluralisme normatif caractérise tous les pays du monde, mais il est plus accentué dans les pays du sud et particulièrement dans les pays qui ont connu la colonisation, à cause, notamment, de ce que Georges Balandier a appelé la « *rencontre coloniale* » : il n'est pas propre à la RDC. Le véritable enjeu de notre étude n'est nullement la reconnaissance de ce pluralisme, mais la compréhension de ses mécanismes de fonctionnement, de perpétuation en matière de gestion des terres. Depuis l'État indépendant du Congo, en 1885, jusqu'à la RDC, en 2019, la gouvernance foncière constitue, un défi majeur. Elle apparaît comme conséquence de la multi rationalité des acteurs qui s'autorisent une certaine inculturation des institutions (normes et organes) qui régissent l'enjeu foncier.

Dans le contexte de la RDC, le *XXIe siècle* a inauguré son parcours en gratifiant ce pays des phénomènes macro historiques à l'instar du déversement post-génocide inter-rwandais des réfugiés et par les méga-massacres congolais (entre cinq et six millions de victimes), de la dégradation des conditions de vie doublée des questions migratoires, du refoulement anti-humanitaire des Congolais dans plusieurs pays voisins (Congo-Brazzaville, Angola, etc.), de la transplantation des populations étrangères dans le territoire congolais (Mbororo,…), de l'avènement des nouvelles technologies de l'information et de la communication qui chambardent les définitions classiques des territoires et des frontières, les questions de changements climatiques et la préservation des forêts congolaises, etc. Tous ces phénomènes suscitent des dynamiques d'espaces vitaux qui sont marquées par des tensions inédites qui inscrivent l'histoire immédiate des relations humaines autour d'enjeux fonciers avec des lettres de sang.

La période 2001-2019 nous intéresse particulièrement, période post-conflit au cours de laquelle la RDC a connu plusieurs réformes générant un pluralisme institutionnel, des normes et des organes à la fois officiels et officieux, parfois enchevêtrés et interpénétrés, mais souvent, contradictoires face aux enjeux en présence. Il s'agit, notamment, des codes : minier (promulgué en *2002 et réformé en 2018*), agricole (*2002*), forestier (*2002*), ressources en eaux (2002), hydrocarbures (*projet de 2007*), foncier (*projet de réforme initié depuis 2012 et qui est encore en cours*) et des organes administratifs y correspondants. Durant la même période, la RDC a vécu la première alternance dite « démocratique et civilisée » entre un Président sortant et un Président entrant. Une nouvelle Assemblée nationale, 26 nouvelles Assemblées provinciales, un nouveau Sénat et plusieurs changements d'animateurs des institutions étatiques. Ces mouvements des acteurs-formels de la gouvernance étatique s'accompagnent des dynamismes dans les gouvernementalités d'un genre nouveau et une nouvelle reconfiguration des alliances entre acteurs-officiels et officieux. À côté de ce pluralisme formel, nous avons observé deux autres groupes normatifs à savoir : plusieurs normes coutumières et plusieurs normes pratiques ou mieux, pratiques aux normes à identifier.

En dépit, ou même à cause de ce dynamisme institutionnel, la réalité foncière est enrichie de nouvelles pratiques sociales telles que les accaparements des terres, les privatisations des terres dites des communautés locales, l'internationalisation des conflits fonciers atteignant des dimensions inimaginables, les déplacements des communautés dites locales, les conflits de compétences et d'intérêts entre plusieurs institutions publiques elles-mêmes et, entre elles et plusieurs autres institutions privées. D'un autre côté, il y a manque d'espace public pour l'État. Pourtant, les particuliers, nationaux et étrangers, étatiques et non étatiques occupent des vastes superficies des terres sans les mettre en valeurs. Cette crise foncière étatique ne permet ni l'agrandissement des voies routières, ni la construction d'infrastructures de gestion d'immondices, ni encore les canalisations collectives des eaux usées et de pluies, ni les grandes infrastructures urbaines (stades, marchés, espaces verts…).

L'absence des espaces récréatifs l'atteste, la propriété privée immobilière a tellement gagné du terrain sur les réserves domaniales que l'État est en crise foncière. L'État n'a pas de terrain alors que, paradoxalement, ses fonctionnaires ont concédé des vastes étendues à des particuliers qui les mettent en jachère.

En tout cas, les acteurs font preuve d'imagination pour manipuler les textes et les organes en vue de maximiser leurs gains. Le pluralisme institutionnel sous examen offre un terrain intéressant pour étudier les jeux d'acteurs, les mutations sociales ainsi que les dynamiques émergentes en matière des gouvernementalités.

De ce constat, il n'est pas sans intérêt de rappeler que, loin de se limiter strictement aux questions liées à la gestion des terres, la question de la gouvernance foncière a de multiples aspects et recouvre plusieurs autres questions, notamment, les questions culturelles et des ressources naturelles renouvelables et non renouvelables. Elle pourrait être vue comme un « *fait social total* » au sens sociologique du terme. Il s'agit d'un champ privilégié pour appréhender la diversité et la complexité normative.

Les débats sur le pluralisme juridique en matière foncière ont souvent porté sur l'opposition entre les droits coutumiers, légitimes, mais illégaux, et le droit étatique, légal, mais illégitime, malgré la coexistence de plusieurs droits et administrations de fait, mais répondant, de manière pratique, aux jeux, enjeux, relations et interactions entre acteurs. La littérature sur la question foncière tend généralement à parler des institutions et des droits coutumiers de façon homogène, comme étant les seules en marge de la loi qui expliqueraient la mauvaise gouvernance formelle du foncier, et à ne pas tenir compte des relations et interactions entre acteurs, étatiques et non étatiques, qui jouent sur la pluralité des normes.

Nous avons choisi de comprendre et d'expliquer, les mécanismes qui sous-tendent le pluralisme institutionnel ainsi que les jeux d'acteurs et les conséquences de ces jeux sur la vie/survie de l'État. Ainsi, dès le départ, nous avons formulé notre projet de recherche sous la forme des deux questions de recherche ci-après : quels sont les mécanismes qui sous-tendent *le pluralisme institutionnel dans la gouvernance foncière* ? Comment en comprendre les logiques d'acteurs et comment ces logiques sont-elles normées et administrées au quotidien ?

Au niveau local, l'attachement des communautés à la terre, de même que leur dépendance vitale vis-à-vis des ressources naturelles, sont des réalités qui ne sont plus à démontrer. Ensuite, d'un point de vue macro-foncier national, la création de grandes plantations – 24 sites des Parcs agro-industriels et les villages agricoles..., des réserves naturelles, suppose une maîtrise du foncier par l'État qui peut le gérer seul ou en partenariat public-public ou public-privé. Par ailleurs, la compétition entre les multiples usagers et gestionnaires concurrents (nationaux et internationaux, privés et publics) est une évidence, transformant ce domaine vital de l'État en un champ d'affrontements potentiels de la diversité des logiques, des pratiques et des savoirs que nous avons suffisamment démontré lors de nos précédentes recherches[3].

En plus des textes de l'État et des prescrits coutumiers, la préoccupation foncière est également réaffirmée par différents instruments juridiques internationaux pris au niveau sous régional, régional et planétaire. L'externationalisation de la gestion de certaines questions naturelles, telles que l'oxygène, les forêts et la déforestation, les eaux, le réchauffement climatique, le gaz à effet de serre, la détérioration de la couche d'ozone, l'extermination des espèces rares et tant d'autres défis écologiques sont à la base d'angoisses existentielles.

Une grande partie de ressources naturelles mondiales se trouve en RDC et, plus particulièrement, dans les zones rurales pauvres. La protection des espaces et des ressources d'intérêt mondial crée un problème social car ces espaces et ces ressources constituent, en même temps, des enjeux vitaux pour des populations locales. C'est là une illustration de cette divergence d'enjeux stratégiques et des conflits d'intérêts existant entre les acteurs en présence.

Le maintien des logiques locales et des acteurs multiples[4] formellement formels, formellement informels, informellement for-

---

[3] Bisa Kibul, M., *Gouvernance foncière et pratiques sociales à Kinshasa. Acteurs, pouvoirs et Stratégies*. Mémoire de Diplôme d'études supérieures en Sciences politiques et administratives, UNIKIN, 2014.

[4] Les recherches menées dans la commune de la N'Sele dans le cadre de notre mémoire de DES ont démontré que les lois sectorielles régissant les ressources naturelles (code minier, loi d'orientation agricole, Code forestier, Code environnemental, réglementation du secteur du tourisme, etc.) comportent des dispositions ayant des incidences sur le foncier, mais, sans une cohérence suffisamment

mels et informellement informels, malgré la tentative de domination des acteurs locaux par les acteurs nationaux et supranationaux, a montré la capacité de résistance des pratiques et normes sociales issues des savoirs endogènes. Néanmoins, les pratiques et normes locales de gestion foncière n'ont pas, non plus, permis d'impulser le développement local puisqu'elles sont à la solde des intérêts partisans du seul acteur stratège et non pas de la communauté locale.

L'État congolais a, depuis 1885 et peut-être bien avant, emprunté beaucoup d'éléments extérieurs plus ou moins bénéfiques. Mais il ne peut pas emprunter une population avec son intelligence sociale comme acteur du développement. Nous pensons que si l'État arrive à lier sa stratégie du développement aux savoirs endogènes de son propre peuple, il peut éviter de suivre aveuglément une voie d'imitation ou de mimétisme institutionnel non adaptée aux besoins de la société locale[5]. Le développement doit partir de son propre milieu, des gens qui le veulent et selon la compréhension qu'ils en ont. Ainsi, il restera une composante importante dans l'héritage d'un processus de gouvernance qui repose sur la culture et l'identité que ce processus est compris et voulu par tous les acteurs locaux. En effet, les vies de toutes les sociétés, fussent-elles traditionnelles ou modernes, sont fondées sur les savoirs pratiques qu'elles produisent, même si certains de ces savoirs n'ont pas l'efficacité, la rigueur et la précision des sciences et des technologies modernes.

établie pour garantir un système d'administration des espaces harmonieux et intégré. Lire Bisa Kibul, M., *op. cit.*, pp. 22-57.

[5] Cette difficile intégration des normes et principes occitans est le corolaire de ce que Jean-Pierre Lotoy appelle « *déficit d'intelligence sociale en vue de l'auto-appropriation des pratiques extérieures tout en consolidant celles locales. Ce qui pose un vrai problème d'inculturation du développement* ». Pour plus de précision sur *l'inculturation du développement*, lire Lotoy Ilango-Banga, J.-P., *Partenariat entre les multinationales et l'État.* L'exemple de la RDC, Paris, L'Harmattan, 2012, pp. 63-82.

Nous avons choisi d'aborder notre recherche en interrogeant les pratiques sociales. Pour conduire cette recherche, nous nous sommes inscrit dans une perspective interprétative et explicative des pratiques congolaises en marge de la loi formelle pour tenter de comprendre et d'expliquer les mécanismes de la normalisation pratique et sociale.

1.2. État de l'art

Plusieurs études ont été consacrées aux questions liées à la gestion foncière[6]. Certains auteurs mettent l'accent sur l'importance du respect des textes juridiques en vue d'instaurer l'État de droit dans le domaine foncier, d'autres insistent, quant à eux, sur le fait qu'ils trouvent dans cette perspective les séquelles du mimétisme administratif et relèvent l'importance de renforcer la compréhension et l'explication des institutions locales. Par contre, peu d'études ont été consacrées aux interactions entre les différentes logiques et le devenir de l'État.

Certes, l'étude du phénomène de pluralisme institutionnel n'est pas récente. Déjà, en 1913, Figgis avait consacré une œuvre importante aux champs d'actions respectifs des autorités religieuses et étatiques. Plus tard, en 1981, Pospisil a évoqué la notion du pluralisme juridique pour conceptualiser les rapports entre les systèmes juridiques coloniaux et indigènes.

Vers les années 2000, Sylvie Ayimpam en est venue à s'intéresser à une pluralité des normes informelles qui réglementent le comportement des marchands de Kinshasa dans ce qu'elle qualifiait à la 1re page de couverture de son livre d'« *économie de la débrouille* ». Par ailleurs, en 2019, la même Sylvie Ayimpam [7] a

[6] Lire les écrits de Lavigne Delvine et Claude Le Roy.

[7] Lire à ce sujet, Ayimpam S., (dir.), *Aux marges des règles et des lois. Régulation informelle et normes pratiques en Afrique*, Louvain-la-Neuve, Academia, 2019 et

constaté que « *les sociétés africaines sont engagées dans un processus progressif d'informalisation de leurs institutions. Bien que la définition des règles légitimes de l'échange social demeure toujours une prérogative des institutions, la régulation pratique des interactions quotidiennes sous la forme d'accords, d'arrangements, de conventions, de coutumes, d'usages, etc., s'écarte de plus en plus des normes officielles* ».

René de Maximy[8] revient de manière plus détaillée sur la question des différentes régulations foncières et régimes fonciers. Michel Lusamba[9] note que depuis l'époque coloniale et après l'indépendance, trois régulations foncières coexistent et s'affrontent pour produire la ville de Kinshasa, à savoir : une régulation formelle basée sur la législation écrite, issue des institutions étatiques et deux régulations autonomes, l'une forte appliquant les méthodes traditionnelles non écrites, et, est issue des pratiques coutumières, l'autre, appliquant un « droit intermédiaire[10] » émanant des pratiques populaires. En conséquence, la mauvaise régulation foncière jointe à la croissance démographique à Kinshasa aurait entraîné un *étalement urbain*[11] et une crise du logement à tel point que les surfaces réservées à la ceinture verte font l'objet des lotissements comme l'avait prévu De Maximy[12] en 1988 : « *ceux qui devront gérer Kinshasa au premier jour du XXI*e *siècle affronteront des*

Ayimpam, S., Lavigne Delville, P., et Mongbo, R., Revue *Anthropologie et développement*, n° 48-48/2018.

[8] De Maximy, R., *Kinshasa, ville en suspens. Approche socio-politique,* Paris, Orstom, 1984, pp. 12-40.

[9] Lusamba, M., « Portrait des quartiers populaires à Kinshasa (RDC). Un territoire, une identité », in *PED3-Institut d'études du développement (UCL),* vol. 1348, Louvain-la-Neuve, Belgique, 2005, p. 1.

[10] L'auteur utilise le terme « *droit intermédiaire* » pour exprimer les règles alternatives mises en place par des acteurs.

[11] Mutach Rich, Y., « étalement urbain dans les villes de Kinshasa et de Boma ». in Cahier des a*ctes des journées scientifiques de l'Observation de la Gouvernance*, Unikin, du 18 au 20 mars 2019.

[12] De Maximy, R., « Tous les chemins ne mènent pas à Tombouctou ». In Coquery-Vidovich C., *Processus d'urbanisation en Afrique noire*, Paris, Karthala, 1988, pp. 11-25.

terribles problèmes budgétaires, d'organisation et des relations avec leurs administrés : ville immense, population pléthorique, emplois insuffisants, misères, logements inconfortables, ville ingérable, bloquée, affamée, citoyens illettrés... ».

Le socio-anthropologue Lavigne Delville et le spécialiste de l'anthropologie juridique Le Roy considèrent, séparément, que la problématique foncière en Afrique est principalement liée à l'écart entre la légitimité et la légalité dans la conduite officielle et officieuse des Affaires foncières. Pour ces courants des pensées, la mauvaise gouvernance formelle de la terre s'expliquerait par des analyses superficielles et non abouties des réalités locales en rapport avec le foncier. D'où les propositions actuelles généralement avancées par les financiers internationaux consistant à exiger la participation des communautés locales dans les processus de réforme à impact foncier. Par contre, selon les partisans de l'approche d'écologie politique[13], les questions foncières devraient prendre en compte l'analyse des relations de pouvoir dans celle des relations réciproques entre l'environnement et la culture. Pour cette approche, il existe plusieurs autres raisons explicatives des écarts entre les textes et les pratiques sociales locales que celles évoquées par la socio-anthropologie et l'anthropologie juridique. Ces écarts proviendraient d'une *conceptualisation étroitement utilitariste des droits fonciers et d'une compréhension néomalthusienne*[14] *du pro-*

[13] La « political ecology » considère les relations de pouvoir relatives à la gestion de l'espace et de l'environnement, les luttes et les conflits de représentation ainsi que les conflits relatifs à l'accès et à l'usage des ressources. Lire Paulson *et alii,* 2003, Watts 1983, Blaikie 1985, Escobar 1998 et 1999, Blaikie et Brookfield 1987. Gautier et Benjamins, 2012. Aymar Nyanyezi Bisoka, David Karubara et An Ansoms, 2013.

[14] Selon la conception malthusienne des droits fonciers, les droits coutumiers étant collectifs, ils sont peu productifs à cause du flou qu'ils impliquent sur les droits appartenant aux différents ayants-droit. Dès lors, pour les rendre plus productifs, ces droits devraient être rendus non conflictuels par un processus de clarification sous-entendant une formalisation par l'État des normes coutumières en termes de droits de propriété privée.

blème de l'insécurité foncière[15], insécurité foncière entendue comme *la vulnérabilité de certaines classes d'acteurs vis-à-vis de leur capacité à contrôler la terre et de l'existence des inégalités de pouvoir au niveau local*[16].

Selon Adams et Mortimore[17], « le rapport entre la croissance démographique, la production et l'environnement n'est pas toujours linéaire, et la définition des relations entre les droits et les usages de la terre comme une simple fonction de la rareté foncière, tend à ignorer le rôle des inégalités sociales et les jeux de pouvoir dans les questions foncières, et à exacerber plus encore les vulnérabilités et les tensions ».

Dans une société où les « rapports à la terre ont été bouleversés par la colonisation, que ce soit par des spoliations foncières, des déplacements de populations ou encore des regroupements dans de nouveaux espaces plus réduits, l'introduction de l'économie du marché a généré des tensions et des envies. Le savoir, connu et appliqué depuis plusieurs générations, n'a plus eu de valeur formelle pour les descendants »[18].

Les chercheurs du groupe de Maitland[19] ont constaté que les normes non étatiques disposent souvent de plus de pouvoirs que n'en a le droit étatique formel. Bonnemaison[20] soutient, quant à lui, que la terre appartient à l'homme autant que l'homme appartient à

---

[15] Cote, M., « Vers une écologie politique de la question de la terre au Sahel », in Rodary, E. (dir.), *Les Écologies politiques aujourd'hui. Afrique*, Paris, Presses des Sciences Politiques, 2011.

[16] *Idem.*

[17] Adams, M.-W., et Martimore, M., *Working the Sahel,* Londres, *Routledge*, 1999, p. 7.

[18] Guiart, J., cité par Darell, T., et De Decker P., « *Identité en mutation dans le Pacifique sud à l'aube du 3e millénaire* », actes du Colloque tenu à l'Ambassade d'Australie à Paris les 29 et 30 mai 1997.

[19] Maitland F.-W., « Trust and Corporation », in *Maitland: Selected Essays*, H.-D. Hazeltine, G. Lapsley, P.-H. Winfield (eds), London, Cambridge Univ. Press, 1936, pp. 141-222.

[20] Bonnemaison J., *L'homme et la terre*, Paris, PUF, 1981, pp. 25-26.

la terre. Selon lui, l'identité des gens est une identité locale, terrienne. La terre est inaliénable, elle ne peut être vendue ni partagée. Elle est un être ; il est impossible de disposer d'une terre quelque part, ce n'est pas une propriété négociable. Le même point de vue est partagé par Le Roy[21]qui, parlant de l'Afrique précoloniale, note que les « dignitaires pouvaient laisser les étrangers travailler sur une parcelle de terre, mais ils ne pouvaient pas la céder ou la vendre aux étrangers parce qu'elle appartenait à la communauté et à ses ancêtres ». En effet, en Afrique précoloniale, tout comme l'eau, l'air (oxygène compris), le soleil, la lune, la femme, la terre n'était pas quelque chose qu'on pouvait posséder individuellement. En fait, comme la notion de propriété est fortement liée au développement du capitalisme, la propriété de la terre était inutile pour les communautés précoloniales. On peut donc constater que, selon la tradition, le droit foncier des communautés tribales est collectif, inaliénable, imprescriptible et non indemnisable.

Inge Wagemakers[22] rapporte que depuis l'indépendance congolaise, « faute d'une politique urbaine de planification, les chefs coutumiers, ainsi que différents types d'autorités, sont intervenus pour vendre, distribuer et gérer la terre eux-mêmes, provoquant ce qu'il appelle un urbanisme spontané ». Abordant la même problématique, Lelo Nzuzi[23]parle « *d'anarchie foncière* », puisque, selon ses propres termes, « *les acteurs de tout type vendent et gèrent l'espace et la propriété dans la ville sans réglementation claire et bien définie* ».

---

[21] Le Roy, É., *Les Africains et l'institution de la justice : Entre mimétismes et métissages,* Paris, Dalloz, 2004, p. 15.

[22] Wagemakers, I., *et alii,* « Lutte foncière dans la ville : Gouvernance de la terre agricole urbaine à Kinshasa », in *Afrique des Grands Lacs,* annuaires, L'Harmattan, 2009-2010, p. 176.

[23] Lelo Nzuzi, F., « Croissance urbaine et recul de la ceinture verte maraîchère à Kinshasa », in *Congo-Afrique*, n° 438, Kinshasa, 2009, pp. 567-591.

De leur côté, Emery Mushagalusa et Aymar Nyenyezi[24] pensent que la crise foncière congolaise n'est pas exhaustivement appréhendée par la coexistence d'une loi moderne et des prescrits coutumiers se contredisant et se réinterprétant au gré des circonstances. Il faut y ajouter, d'après eux, « la politisation du foncier, une administration déficiente, le manque de connaissance des réalités foncières locales par les agents fonciers, l'incapacité de la justice à satisfaire aux attentes de la population, l'absence de continuité dans la résolution des conflits fonciers, la compétition foncière et la course effrénée pour les terres à la fois par les élites locales et les acteurs étrangers ». Tout cela est vrai sur le terrain congolais, mais nous pensons, pour notre part, qu'il faut y inclure un partenariat négatif entre fonctionnaires et usagers des services publics qui, dans leurs pratiques quotidiennes, se substituent à l'État qu'ils vampirisent.

Au nom de l'État dépourvu de ses capacités, ses propres fonctionnaires s'associent à des usagers des services publics, pour écarter l'État de son intérêt suprême. Il s'observe que les fonctionnaires de l'État sont en compétitions entre eux et mobilisent respectivement derrière eux, les usagers, les partenaires nationaux et étrangers, les administrations officielles et parallèles, les normes formelles, sociales et pratiques qui les arrangent en fonction des enjeux et de la circonstance. Chaque camp est porté à défendre les intérêts des usagers détenteurs des titres fonciers qu'il a émis. Ce partenariat fonctionnaire-usager et alliés divers aboutit à la vampirisation de l'État. Une forme de l'État contre l'État, monopole public contre monopoles publics qui se combattent au péril de l'État[25].

---

[24] Mushagalusa Mudinga, E., et Nyenyezi Bisoka, A., « Légitimité et efficience des innovations institutionnelles des acteurs non étatiques face à la crise foncière en RDC », in *Afrique des Grands Lacs*, annuaires, 2013-2014, Paris, L'Harmattan, 2014, p. 1.

[25] Aundu Matsanza, G., *L'État au monopole éclaté. Aux origines de la violence en RDC*. Paris, L'Harmattan, 2012, pp. 10-34.

Cette vampirisation est exacerbée parce que les institutions[26] ne sont pas inculturées. Il s'agit des institutions extraverties[27], souvent conçues sur base d'expertises des bureaux[28] ou des conditionnalités des bailleurs de fonds, qui tentent d'exclure les acteurs et les logiques locales. Jean-Pierre Lotoy[29] constate, lui aussi, que *la gestion étatique actuelle souffre d'excroissance et reflète l'image du renard affamé devant des raisins mûrs qu'il convoite, mais incapable de les cueillir à cause d'une difficile inculturation du système administratif* en place.

Sans perdre le temps sur la dichotomie de ces diverses perspectives, il nous semble nécessaire de souligner plutôt l'idée d'un engagement urgent et profond en faveur d'une meilleure compréhension et explication des logiques institutionnelles ainsi que des stratégies d'acteurs qui les manœuvrent.

La particularité de nos travaux peut être appréhendée sur plusieurs aspects, notamment, sur le fait que nos travaux sont fondés sur des enquêtes empiriques, de type socio anthropologique, et ce sur trois entités territoriales reflétant la diversité géographique (de l'Est à l'Ouest de la RDC et du rural à l'urbain, en passant par l'urbano-rural. Il s'agit des contextes de diversité culturelle et politique). Nous avons également remonté les périodes précoloniales et coloniales.

---

[26] La question foncière congolaise est régie par plusieurs administrations : Affaires foncières, Urbanisme et Habitat, Mines, Agriculture, Énergie et Hydrocarbures, Intérieur et Affaires coutumières… Chacun de ces ministères possède un Code sectoriel ayant des dispositions contradictoires sur le foncier.

[27] L'extraversion dont il est question ici ne signifie pas nécessairement *en dehors du Congo*. En plus de cet aspect externe à la RDC, elle renvoie aussi aux rationalités conçues sur base des réalités d'une telle entité particulière et instituées pour régir toute la RDC, Pays multiculturels et aux dimensions continentales, 2.345.409 km^2.

[28] Il s'agit d'une catégorie d'« experts » qui, généralement, détestent la vie inconfortable des terrains et se contentent de formuler les recommandations imaginées à partir de leurs Bureaux climatisés.

[29] Lotot Ilango-Banga, J.-P., *Décentralisation chaotique en République Démocratique du Congo*, Paris, L'Harmattan, 2018, 4e page de couverture.

Comme stratégie de recherche, nous nous appuyons sur les logiques d'acteurs et les pratiques sociales pour tenter de comprendre les mécanismes de production et de fonctionnement institutionnel qui sous-tend des « *zones des flous* » dans la gouvernance foncière. Nous observons les pratiques quotidiennes et les rôles réels joués par les acteurs ainsi que leurs stratégies respectives. Ici, loin d'admettre que la gouvernance est une manière statique d'organiser les choses, nous l'appréhendons comme un processus continu et dynamique dans lequel plusieurs types d'acteurs sont impliqués et entremêlés. Nous étudierons plus précisément les acteurs, leurs pratiques aussi bien à Kinshasa qu'en provinces du Kwilu et du Sud-Kivu.

Il est question de saisir la complexité institutionnelle à partir de la manière dont le jeu d'acteurs se déroule dans un microcosme caractérisé par un pluralisme des normes, d'organes et des rationalités. Il nous semble donc nécessaire de partir des réalités empiriques, sans jugement de valeur sur leur sens intrinsèque pour pouvoir tenir compte des interactions, des pouvoirs et des luttes d'intérêts, des réseaux, d'enjeux et jeux tels que perçus et joués par les acteurs. Cela permettra de saisir l'implication de chacun des acteurs, partant de ses logiques, pratiques sociales, droits, obligations et devoirs, sans pour autant dire si c'est bon ou mauvais.

Tout en demeurant une œuvre de recherche fondamentale, notre travail pourra déboucher sur des pistes de solutions pour une action appliquée. Nous sommes convaincu que la gouvernance foncière efficace, efficiente et performante est celle qui est légitimée, non seulement par les scientifiques et par l'État, mais aussi par les acteurs locaux, c'est-à-dire intégrée dans les schémas de penser et de faire des usagers du foncier, la seule coercition externe aux entités locales ayant montré ses limites. Beaucoup de projets initiés à l'étranger ou à Kinshasa sans tenir compte de cet élément capital, n'ont pas fait long feu au pays et ont disparu aussitôt importés, en emportant leurs initiateurs. C'est le cas du projet Agro-industriel de Bukanga-Lonzo dans le Kwango.

1.3. Objectifs, questions et hypothèses de recherche

La question des terres va au-delà de la seule propriété foncière, de son contrôle par l'État ou par les autres acteurs. Une telle approche exige une maîtrise des ressources naturelles, renouvelables ou non, mais que le sol contient. La terre a une valeur économique, culturelle, symbolique et politique. Appréhender la complexité de sa gouvernance à partir d'un pluralisme institutionnel nécessite de combiner une diversité d'approches et de prendre en compte d'autres aspects tels que l'environnement, la gestion, les droits des populations locales, etc.

En effet, la gestation prénatale de l'État indépendant du Congo est faite des tractations dont l'enjeu principal se trouve dans la terre. Les préoccupations d'ordre économique liées à l'exploitation des ressources du sol et du sous-sol ont été de toutes les manœuvres des acteurs internationaux et locaux. Le schéma de la création de l'État congolais est expliqué par Boniface Kabanda[30] en quatre phases : la conférence des géographes de 1876 et la création de l'Association internationale africaine (AIA), le caractère laïc et libéral de l'Association, la liberté commerciale et la création de l'Association internationale du Congo et le Comité d'étude du haut Congo et, enfin, la constitution du club d'affairistes. Le tout démontre que le profit à tirer restait l'enjeu principal de la colonie.

Jusqu'en 2019, les ressources naturelles et environnementales constituent, à la fois, une source des conflits et un potentiel de développement pour l'État congolais et pour les populations locales ; mais aussi, un enjeu important en termes de biodiversité pour la

---

[30] Kabanda Matanda, B., *Les exonérations fiscales des investissements en RDC*, Kinshasa, L'Harmattan, 2016, pp. 76-118 et 462-546.

planète entière. Cette pluralité d'acteurs et d'enjeux interfère sur les modes de gouvernance et de régulation d'accès à ces ressources.

Tout au long de la vie étatique congolaise, les enjeux fonciers toujours d'actualités transforment l'espace public en un champ de bataille entre intérêts privés et intérêts collectifs, entre intérêts nationaux et intérêts étrangers. L'enjeu des guerres de demain ne sera pas nécessairement le caoutchouc ou les minerais, mais, peut-être, l'eau douce ou l'oxygène, considérés déjà comme les « *biens communs de l'humanité* » et pressentis comme des prochaines ressources rares, susceptibles d'alimenter les guerres et de conduire à la mort, la balkanisation de l'État postcolonial.

Nous poursuivons un triple objectif. Premièrement, nous voulons identifier les acteurs et comprendre les pratiques d'accès et de gestion foncière mises en place par les acteurs, en marge ou en conformité avec la loi formelle. Deuxièmement, nous voulons comprendre le fonctionnement des institutions ainsi que les logiques d'acteurs qui sous-tendent les gouvernementalités. Troisièmement, enfin, nous cherchons à expliquer les mécanismes de normalisation et de gouvernementalités en présence.

Sur le plan de la connaissance empirique que l'on a des contingences socio-foncières[31] certains chercheurs affirment que la RDC est un État fragile, en état de crise récurrente, mieux, dans un chaos permanent. Il s'agit là, comme on s'en rend compte, des généralisations faciles et hâtives. Cette façon de concevoir le fonctionnement de la société renvoie aux définitions sociologiques classiques des groupes sociaux telle la classe sociale dans la tradition marxiste, c'est-à-dire, constituée une fois pour toutes et pertinente quels que soient les problèmes. Dans cet ordre d'idées, on renonce à la recherche des discours contrastés, à l'hétérogénéité des savoirs et des logiques qui sous-tendent les actions d'acteurs, à la notion des

---

[31] Lire à ce sujet : *Stigmates d'hypo nivellement. Prélude d'une approche de recherche en sciences sociales dans le contexte de crise*. Argumentaire inédit pour appel à communication au CDS/Université de Kinshasa.

sous-cultures (*variables au sein de la culture globale*), on s'emploie à effacer, à aplanir les différences, même significatives.

Pourtant, dans toute société, les acteurs n'ont ni les mêmes intérêts ni les mêmes représentations au point que, face aux enjeux existentiels, ils sont loin de former un groupe compact[32]. On est, ici, en présence d'un néo-culturalisme dont le postulat central repose sur l'homogénéité institutionnelle de l'État, ici relativisée, voire remise en cause. Nous pensons que la thèse de la cohérence institutionnelle, tout comme celle de l'unité administrative relève de la paresse intellectuelle ou d'une généralisation abusive, alors que celle de l'hétérogénéité institutionnelle se montre laborieuse, mais reflète la réalité des champs d'investigations retenus.

Face à cette diversité, ce n'est pas la question de la modélisation d'une gouvernance qui est centrale, mais bien, la question des logiques qui sous-tendent les perceptions institutionnelles par tous les acteurs. Dans cette perspective, deux questions d'ordre général se posent : 1. quelle est la perception que les acteurs se font des institutions qui gouvernent la terre ? Comment comprendre, interpréter et expliquer les multi-mécanismes institutionnels, formels et informels qui s'entrecroisent et s'interpénètrent dans la gestion foncière ?

Pour cela, nous allons partir des normes formelles de gouvernance du foncier, analyser les lois savamment conçues, mais pratiquement non appliquées/ou appliquées selon les besoins stratégiques des acteurs qui les manipulent pour aboutir aux jeux d'acteurs à travers les études des cas effectifs et essayer d'en con-

---

[32] Lire à ce sujet, Olivier de Sardan, J.-P., *Anthropologie et développement. Essai en Socio anthropologie du changement social*, Paris, Karthala, 1995 ; Olivier de Sardan, J.-P., « État bureaucratique et gouvernance en Afrique de l'Ouest francophone : un diagnostic empirique, une perspective historique », in *Politique africaine*, 2004 ; Olivier de Sardan, J.-P., *à la recherche des normes pratiques de la gouvernance réelle en Afrique*, Discussion Paper, 2008.

naître les raisons et les mécanismes stratégiques de fonctionnement.

Pour répondre à ces questions générales, nous devons d'abord répondre à plusieurs autres qui balisent la vue à notre regard, notamment : selon quelle logique et qui mène les processus de création des institutions de gestion foncière ? Comment penser l'articulation entre logiques spécifiques et gouvernance formelle, entre normes sociales, normes formelles et normes pratiques ?

De toutes ces questions découlent deux autres, spécifiques, qui nous serviront de questions centrales, des lignes directrices dans le cadre de ce travail, à savoir : comment peut-on expliquer le fondement et l'efficacité (ou l'inefficacité) des mécanismes dits anarchiques dont se servent les acteurs de Kinshasa-Buma, de Bukavu-Nyalukemba et de Bulungu-Kasambanza, en marge des textes légaux, pour gérer la terre et ses ressources ? Comment faire pour gérer l'État dans un système de pluralisme institutionnel ? Ce questionnement est de portée majeure. Il constitue la colonne vertébrale de notre recherche.

C'est dans une perspective actancielle que s'inscrit cet ouvrage qui a pour ambition d'appréhender, de comprendre et d'expliquer les mécanismes qui ont une place et un rôle particulier dans les stratégies de gouvernementalité et de normativité. Au regard de notre question centrale, nous formulons les hypothèses suivantes :

- **Hypothèse principale** : l'anarchie foncière apparente procède des plusieurs stratégies d'inculturations institutionnelles par les acteurs, en vue d'une performance liée à leurs logiques partisanes au regard du jeu et des enjeux en présence.

- **Hypothèses subsidiaires :** les comportements des acteurs sont stratégiques, conjoncturels et provisoires. Ils ne dépendent d'objectifs clairs ni précis, se construisent en contextes et sont liés aux atouts (pouvoirs) dont les acteurs peuvent disposer et aux relations (interactions) dans lesquelles ils s'insèrent pour pouvoir manipuler ce pluralisme institutionnel et l'orienter dans le sens de leurs intérêts individuels aux dépens des intérêts collectifs.

Le présent ouvrage se situe dans le cadre général des études sur la gouvernance publique. Il a pour champs d'études les territoires (de l'État et des communautés), pour objet d'étude, l'analyse de la gouvernance foncière dans un contexte de crise, et ce, à travers la confrontation des pratiques sociales, des règles sociales, des normes pratiques et des textes juridiques en matière foncière. Il s'intéresse particulièrement aux diverses stratégies d'acteurs dans l'accès et le contrôle de la terre.

1.4. Terrain, échantillonnage et manœuvres méthodologiques liées à la production des données

a. Terrain

Face à l'hétérogénéité de notre population d'étude, nous avons opté, comme politique de terrain, la triangulation et, comme terrains de production des données : 1. Le quartier Buma, Commune de la N'sele, ville de Kinshasa, 2. Le quartier Nyalukemba, Commune d'Ibanda, ville de Bukavu et, 3. Le groupement Kasambanza, secteur Luniungu, territoire de Bulungu, province du Kwilu.

La variété des aires culturelles suggère déjà les visés globalisants de notre investigation empirique. Cette sélection des lieux d'enquêtes a tenté de se rapprocher de la diversité de situations socio-culturelles de la RDC de l'Est à l'Ouest, de l'urbain (Bukavu) au rural (Kasambanza) en passant par l'urbano-rural (N'Sele). Des entités territoriales décentralisées (Commune de la N'sele) aux entités territoriales déconcentrées (Commune d'Ibanda). C'est dans cette diversité multidimensionnelle de la RDC que les pratiques sociales, en matière foncière, soulèvent une angoisse quant aux rationalités investies par les préposés de l'État dans la conduite des affaires publiques.

Notre travail de terrain a été d'observer, d'interviewer, de discuter (en privé et en groupe), de nous entretenir avec les acteurs et de produire les données sur base des cas concrets avant leurs analyses et restitution en laboratoire. Pour cela, nous avons interrogé les personnes diverses en vue d'appréhender les logiques d'actions qui sous-tendent les pratiques sociales qui prévalent. Cette vision a nécessité, en laboratoire, de recourir aux théories et aux concepts explicatifs développés en sciences sociales concernant les écarts entre les règles officielles et la gouvernance réelle, entre le territoire étatique (culture nationale) et les champs sociaux semi-autonomes (cultures particulières).

En effet, les populations locales de notre terrain, dans leurs diversités, ont une représentation du terroir où ils vivent, laquelle représentation n'est ni nationale ni internationale ; elle est simplement locale. Ensuite, ils disposent de nombreuses pratiques sociales aisément compréhensibles, sur base des logiques et d'expériences spécifiques et communicables par des concepts locaux. L'un de nos partis-pris est de rompre avec le monisme étatique du positivisme classique[33]. Voilà qui justifie toute la gymnastique d'échantillonnage autour de la segmentation de nos grappes d'études.

b. Échantillonnage

- ***Champ de l'enquête***

L'enquête a été menée auprès d'échantillons d'acteurs locaux, régionaux, nationaux et internationaux, usagers, anciens usagers, gestionnaires officiels et officieux, intervenant directement ou indirectement dans des questions liées aux terres des circonscriptions foncières de N'Sele, de Nyalukemba et de Kasambanza.

---

[33] Carbonier, J., *Sociologie juridique*, Paris, PUF, 1994.

L'opération de dénombrement consistait à visiter toutes les grappes sélectionnées[34] et à enregistrer, sur la fiche des concessions foncières, une description de chaque domaine foncier, avec les noms des acteurs fonciers qui exploitent ou qui ont exploité, par le passé, la concession.

- ***Tirage des unités de l'échantillon***

Le tirage des unités de l'échantillon final s'est fait d'une façon aléatoire. Au stade des préenquêtes, nous avons enquêté auprès de 30 concessions dans chaque site d'observation. La pré-enquête nous a ouvert la voie et indiqué la piste à suivre, en identifiant les acteurs-clés, souvent évoqués par les pré-enquêtés eux-mêmes. Il s'agit des gouvernants officiels et officieux, des concessionnaires et des non concessionnaires, des anciens concessionnaires ayant perdu leur terre, soit par accaparement, soit par expropriation, soit encore par la vente de leur gré ou contre leur gré. Nous nous sommes également entretenus avec les responsables de l'ONU-Habitat, des instances administratives formelles des Affaires foncières, des mines, de l'agriculture, des ressources en eau, du tourisme et de la conservation de la nature.

Au niveau quantitatif, nous avons enquêté, dans chaque site, auprès de 120 exploitants fonciers quelle que soit la manière dont ils ont acquis leurs domaines. Il s'agit des concessionnaires munis de certificats d'enregistrement, de contrats de location, de numéros cadastraux, de fiches parcellaires, de contrats de vente par des particuliers ou des chefs coutumiers, de contrats d'usufruit pour les fermiers autochtones, mais aussi de certains occupants qui ne détiennent aucun papier lié à l'occupation et à l'exploration des terres qu'ils occupent. Ceci nous a permis de dégager les points de vue

---

[34] Kinshasa en juin, juillet et novembre 2014, Bukavu en décembre 2015 et Bulungu en janvier et mars 2016. Tout au long de deux dernières années, nous y avons mené plusieurs autres missions de recherche.

contrastés et d'observer l'existence réelle d'un pluralisme institutionnel.

- ***Étapes de calcul d'échantillons***

Le tirage de l'échantillon quantitatif s'est effectué suivant les 6 étapes ci-après : nous avons dû suivre strictement cette démarche pour obtenir les 120 unités à enquêter dans chaque grappe.

1. ***Étape 1.*** Numéroter toutes les concessions dénombrées dans le domaine sur une fiche que nous appelons fiche de dénombrement, 1 à N (nombre des concessions dans le domaine) ;
2. ***Étape 2***. Calculer la raison « R » ou le pas de tirage. R = N/30 et nous avons arrondi à deux chiffres après la virgule ;
3. ***Étape 3***. Tirer un nombre aléatoire. Pour ce faire, nous avons utilisé la table de nombres au hasard à n chiffres (*n étant le nombre des chiffres que compte la partie entière de R*). Le nombre aléatoire (*T_1 tiré indique le numéro d'ordre, n° échantillon*) dans la base de sondage, c'est la première unité d'échantillon (*première concession foncière tirée pour nos enquêtes*) ;
4. ***Étape 4***. Tirer les autres unités d'échantillons sur base du pas de tirage « raison ». En créant une progression arithmétique ayant pour base T_1 et pour raison N/30 ;
5. ***Étape 5***. Fixer les numéros d'enquête. Il s'agit d'affecter un numéro d'ordre séquentiel de 1 à n à toutes les unités retenues dans le domaine ;
6. ***Étape 6***. Identifier des unités d'échantillons : pour chaque unité nous avons cherché les identifiants des acteurs.

- ***Populations d'étude***

– Nos enquêtés de Kasambanza à Bulungu

Après avoir pris contact avec les autorités administratives et coutumières, nous avons procédé au tirage des unités foncières de l'échantillon final suivant la procédure expliquée ci-haut. Ce tirage s'est également fait d'une façon aléatoire.

Au niveau des gouvernants formels, nous avons travaillé auprès de l'ancien Inspecteur agricole du district devenu Province, de l'inspecteur agricole du territoire et des employés subalternes des services fonciers du *district*[35]. Le territoire de Bulungu n'a jamais disposé d'un service foncier propre, et ce, depuis l'indépendance.

Nous avons également enquêté auprès des employés de la circonscription foncière du Kwilu à Kikwit, ceux du parquet et du Tribunal de Grande Instance du Kwilu à Bulungu, du tribunal de paix de Bulungu, de l'administrateur de territoire et du chef de la collectivité Luniungu, il s'agit là des enquêtes qualitatives : entretiens libres approfondis, portraits de certains acteurs et des *Focus Groups*.

Pour les autorités coutumières, nous avons travaillé auprès de l'ensemble de la population d'étude. Il s'agit d'une énumération complète[36] parce que notre segment constitué de 22 villages, est entièrement sous l'autorité coutumière du Chef de groupement Kalunda. Nous avons également interrogé les chefs des villages et

---

[35] Le district est actuellement une entité illégale puisqu'il a été supprimé au profit des nouvelles provinces mais, dans la pratique à Bulungu, les anciens services fonciers du district de Kwilu continuent à fonctionner et à occuper le bâtiment de l'État. Nous avons retrouvé plusieurs papiers délivrés récemment, par le Chef de district. Cette dernière structure n'existe plus dans l'architecture administrative formelle.

[36] Ministère de l'EPSP, *Manuel inédit d'instruction des agents enquêteurs*. Enquête nationale sur les enfants et adolescents en dehors de l'école en RDC (EADE-RDC), Kinshasa, 2012. p. 4.

des clans, considérées comme chefs des terres concernées par notre étude. Là encore, nous avons procédé par des entretiens libres approfondis, six discussions des groupes et quatre *Focus Groups*.

Au niveau des exploitants fonciers, nous avons enquêté auprès des gérants des structures de la Plantation Lever au Congo (PLC). Auprès de 35 fermiers sur un total de 356 fermiers enregistrés légalement dans notre segment d'étude. Il s'agit d'un échantillon de 9,8 % de la population d'étude dans le groupement Kasambanza. Ici, nous avons combiné les enquêtes qualitatives et quantitatives. Nous nous sommes également intéressés aux onze acteurs allochtones recensés qui exploitent la terre dans le groupement Kasambanza. Là encore, il s'agit d'une énumération complète.

Nous avons aussi enquêté auprès de 120 ménages ruraux de Kasambanza en raison de 5 à 6 ménages par village. Nous avons utilisé notre questionnaire quantitatif à ce niveau. À l'issue de notre enquête à Kasambanza, il s'avère que 100 % d'enquêtés, (*120 personnes sur 120 enquêtés*) ont pour activité principale l'agriculture d'autosuffisance alimentaire et le petit commerce. Certains d'entre eux combinent l'agriculture avec des activités telles que, vendeur – 9 personnes sur 120, menuisiers – 4 personnes sur 120, enseignants et fonctionnaires de l'État – 7 personnes sur 120. Tous exploitent leurs domaines agricoles sans aucun papier officiel, mais uniquement sur base des coutumes locales.

68 personnes sur 120 soit 56,6 % d'enquêtés ont un diplôme d'État (D6) ; 44 personnes sur 120 soit 36,6 % ont un niveau d'étude primaire ; 4 personnes soit 3,3 % ont fait trois années à l'université (G3) et 4 personnes soit 3,3 % encore ne sont jamais allées à l'école.

- Nos enquêtés de Buma à N'sele et de Nyalukemba à Bukavu

À Buma et Nyalukemba nous avons suivi le même cheminement pour tirer l'échantillon (aspect quantitatif) et sélectionner la population cible (partie qualitative de la recherche). Ici, nous présentons la procédure utilisée à Buma et qui reflète ce que nous avons également fait à Nyalukemba/Bukavu. Après avoir pris contact avec les autorités locales, nous avons procédé au tirage des unités de l'échantillon final suivant la procédure sus-expliquée. Au niveau des gouvernants traditionnels des terres, nous avons travaillé auprès de l'ensemble de la population d'étude. Il s'agit là d'une *énumération complète*[37]. En effet, à Buma il n'y a que deux groupements coutumiers reconnus officiellement qui coexistent et qui sont dirigés, chacun, par un chef de groupement, propriétaire traditionnel des terres.

À un niveau intermédiaire, nous avons sélectionné 15 chefs des terres (*chefs des clans*) sur un total de 109, soit 13,76 % des chefs des terres de Buma. Ce sont les chefs des terres qui interviennent en première instance, sur le plan coutumier, dans le marché foncier. Contrairement à un chef de groupement qui règne sur un ensemble des clans et des villages, le chef des terres ne gouverne que son clan et est maître des terres de celui-ci.

Nous nous sommes aussi intéressé aux sept acteurs recensés « privés » qui distribuent ou, ont distribué des terres à Buma, sans en avoir des compétences ni légales ni coutumières. Là encore, il s'agit d'une énumération complète (100 % d'acteurs). Quant à ce qui concerne les ménages, nous avons enquêté auprès de 120 ménages qui dépendent de la terre sur un total de 1.018 concessions enregistrées dans le quartier Buma, soit 11,78 %.

À l'issue de notre séjour à Buma, il s'avère que 94,1 % d'enquêtés, (*113 personnes sur 120 enquêtés*) évoluent dans le secteur informel. Cette majorité d'habitants de notre site de re-

---

[37] Ministère de l'EPSP, *op. cit.*, p. 4.

cherche a des occupations comme : agriculteur, vendeur, artisan, fonctionnaire privé et, seulement, 5,8 % d'entre eux (*7 personnes sur 120*) sont des fonctionnaires de l'État ou employés avec un contrat formel. Parmi les activités les plus fréquentes, il y a l'agriculture et le petit élevage d'autosuffisance alimentaire. 81 % des habitants au sein du quartier (*98 personnes sur 120 enquêtés*), ont des terrains agricoles. Notre enquête a aussi trouvé des enquêtés qui ont converti leurs espaces agricoles en espace de résidence. Cela démontre que certains habitants du quartier sont des anciens agriculteurs sur le site. D'autres, par contre, sont de nouveaux arrivés.

Par ailleurs, 43 % d'habitants sont du niveau d'études des humanités (D6) ; 30 % ont un niveau d'études primaires ; 13 % sont du niveau d'études secondaires ; 7 % sont du niveau d'études universitaires (G3 et L2) ; 3 % d'enquêtés sont du niveau d'études des humanités, mais n'ont jamais décroché un diplôme d'État ; 3 % d'entre eux ont bénéficié des formations professionnelles et 1 % ne sont jamais allés à l'école.

Il se dégage de ces données que la grande majorité des habitants de Buma sont des populations à faible revenu. C'est l'une des raisons pour laquelle beaucoup d'entre eux ne connaissent pas correctement la loi foncière et les implications socio-économiques de leurs actes fonciers. Cependant, à côté de cette majorité, les nouveaux venus à Buma se recrutent dans toutes les classes sociales.

c. Manœuvres méthodologiques et techniques de production des données

Au regard de notre déploiement sur terrain et des efforts investis, nous préférons le terme production des données à celui de collecte des données, couramment utilisé dans la littérature spécialisée car, ce dernier terme suggère une facilité épistémologique consistant à croire que l'on peut envisager le travail de terrain comme une collecte, un ramassage des données, alors qu'il s'agit d'une production ou mieux des manœuvres de conquête de celles-ci[38].

Nous partageons l'avis de Philémon Muamba[39] lorsqu'il affirme que c'est seulement après avoir terminé le travail qu'on peut dire avec précision quelle méthodologie a été d'application du fait que « *le propre de la méthode est de nous aider à comprendre au sens plus large, non pas les résultats de la recherche scientifique, mais le processus de la recherche lui-même* ». Par ailleurs, cela ne remet pas en cause l'utilité de savoir, dès le départ, quel chemin l'on pense emprunter du fait que ce savoir détermine la théorie et les concepts à mobiliser.

Notre objet de recherche nous a conduit à adopter trois méthodes qualitatives : l'observation participante, les entretiens libres approfondis (individuels et de groupe) ainsi que les *Focus Groups*[40]. Les données, produites grâce à l'observation, ont servi de fondement à la conduite des entretiens et des *Focus Groups.*

Cette triangulation nous a imposé les enquêtes collectives. Ainsi, plus d'un enquêteur nous a-t-il aidé à rassembler et à interpréter les informations. Nous avons effectué la recherche de terrain avec deux collaborateurs. Finalement, nous avons intégré les critiques, avis et considérations des chercheurs de haut niveau, avec lesquels

---

[38] Trefon, T., et Petit, P., « Expériences de recherche en République Démocratique du Congo. Méthodes et contextes », in *Revue internationale d'anthropologie et sciences humaines*, Bruxelles, Civilisations, 2006, p. 9.

[39] Muamba Mumbunda, P., « D'un titre à l'autre, les discussions incertaines avec les encadreurs. De l'histoire immédiate au constructivisme structuraliste », in Muamba Mumbunda, P., et Mambi Tunga-Bau, H., (dir.) *Terrain et exigences méthodologiques, du choix d'un sujet de recherche aux résultats escomptés, un parcours indéfini*, Paris, L'Harmattan, 2016, pp. 49-80.

[40] Pour les novices, l'un des points de démarcation entre *Focus Group* et discussion de groupe est que dans le premier, le chercheur ne vise pas le consensus du groupe. Chaque enquêté relate son expérience et, est attentif aux expériences des autres qui peuvent lui rappeler des choses oubliées dans sa propre expérience. Alors que dans la discussion de groupe, il faut dégager le point de vue partagé par le groupe.

nous avons longuement discuté et qui nous ont gratifié de précieux commentaires et corrections. Vu la nature relationnelle des modes formels et informels de gouvernance foncière et la place des logiques locales et des pratiques des acteurs dans la production de ces gouvernementalités, l'observation, qui met en coprésence les gouvernants et les usagers, s'est imposée à notre investigation.

De nos manœuvres sur terrain et en laboratoire, nous retenons que l'étude des pratiques sociales dans un contexte des normes contradictoires implique une description minutieuse des activités accomplies par les acteurs et des interactions avec d'autres acteurs. L'enquêteur doit tenir compte à la fois des gestes, des silences, des cris, des chuchotements, des intrigues, des actes, des paroles et d'émotions ressenties dans le cadre de l'objet de recherche. Il doit demeurer vigilant à l'égard des stratégies et des logiques mobilisées par les uns et les autres pour imposer leur entendement face aux enjeux en présence.

Comme méthode non vivante, nous nous sommes basé sur des données secondaires obtenues par l'analyse de la documentation en matière foncière externe et interne aux sites d'enquêtes : lois, reçus, conventions, décharges établies et signées par les acteurs, ouvrages scientifiques, revues, rapports d'activité, etc. Cela constitue notre méthode documentaire[41].

La prise en compte de l'usager (ménages) conduit à faire soit l'observation des interactions qui exigent une description minutieuse des comportements des exploitants fonciers. Faute d'une telle approche, les pratiques sociales des acteurs locaux, si étroitement liés à la gouvernementalité circonstancielle, risquent de rester insaisissables. Voilà pourquoi, malgré la richesse des méthodes qualitatives susnommées, nous y joignons la technique quantitative et probabiliste (moyennant questionnaire d'enquête). En effet, en

---

[41] Dans les coutumes « scientifiques » congolaises, il y a une confusion entretenue entre techniques, méthodes, grille de lecture théorique et conceptuelle. Dans un ouvrage méthodologique qui est sous presse, nous y reviendrons avec détail.

sciences sociales les preuves des vérités sont statistiques et se vérifient dans les fréquences de leur répétition.

Les défis méthodologiques de notre enquête ont été dus à la diversité de nos enquêtés. Une bonne partie d'entre eux relève d'une classe sociale vulnérable. Les réalités vitales de ces derniers nécessitent, pour le chercheur, la mise en place de méthodes d'enquête flexibles qui doivent s'adapter aux réalités du terrain. Comment s'entretenir (en *Focus Group*, discussion de groupe ou interview personnel) avec un enquêté qui n'a pas mangé depuis hier ? Pourquoi et comment s'abstenir de compatir face à un enquêté qui dort à la belle étoile depuis six mois après avoir été déguerpit ?

Au regard des réalités de terrain, les acteurs sont tellement sollicités que leur récit de vie, leur parole, leurs gestes et actes ne sont plus des moyens de s'exprimer, mais deviennent un objet de recherche. Ce constat m'a conduit à montrer que plus que la méthode en elle-même, c'est la négociation de l'enquête qui détermine grandement le déroulement des échanges avec les acteurs. Un jour un enquêté[42] m'aborda en ces termes : « Puis-je vous poser une question Michel ? » Ma réponse fut oui. « *Nous constatons que vous parlez très bien avec tout le monde ici. Maguy (son épouse), m'a dit qu'elle vous a entendu, à des circonstances différentes, parler le lingala, le swahili et, le kikongo. Du coup, on se demande à qui, parmi nous tous ici à Buma, va profiter votre recherche* ? ».

Par ailleurs, au-delà du fait de s'entretenir régulièrement avec les parties opposées[43], enquêter auprès des chefs coutumiers, réputés sorciers et féticheurs, nécessite une relation de confiance que seul permet le temps long. La confiance de l'acteur coutumier lui-même, accusé de sorcellerie, mais aussi, la confiance des « *non sorciers* » qui vous voient fréquenter régulièrement *les sorciers*,

---

[42] Entretien avec Shako, Buma, le 20 janvier 2018.

[43] À Bukavu, par exemple, la culture du Poison est de notoriété publique et à Kasambanza, l'idée de la sorcellerie est ancrée dans l'imaginaire collectif. D'où, dans tous les cas, il faut éviter les amis de tes ennemis.

avant de revenir vers eux. Un enquêté de Kasambanza[44] m'a reproché un jour en ces termes : « *Michel, tu dois choisir ton camp. Tu causes et manges avec ces sorciers ensuite tu viens causer et manger avec nous ! On ne peut pas être à la fois ami de Satan et ami de Dieu, même la Bible le condamne* ».

Le temps est donc une donnée centrale de mon approche. Il y a, d'une part, le temps long des périodes d'enquêtes et des immersions sur le terrain où j'ai vécu aux côtés des enquêtés. D'autre part, il y a le temps long du suivi pour aborder le devenir des conflits fonciers enquêtés au fil de la recherche.

Le chercheur doit garder à l'esprit que les enquêtés ne sont pas des objets passifs. Ils sont capables, en vous informant sur les faits sociaux, de mettre en place des stratégies à même d'influencer le chercheur. Les stratégies d'enquêtés sont différentes de celles du jeu d'échecs[45]. Aux échecs, le joueur place ses pions et les déplace en fonction de ses objectifs, lesquels objectifs peuvent être réajustés en fonction des assauts de l'adversaire selon une logique mécanique où les pions sont dépourvus d'ambitions personnelles. Tandis que face aux enjeux fonciers, il y a superposition d'intérêts, à savoir celui du joueur, d'une part, et ceux des « pions », d'autre part. En conséquence, à cause de la crise d'une intelligence sociale conciliatrice d'intérêts publics et privés, officiels et officieux, les conflits se perpétuent dans la durée et les « pions » restent au cœur des enjeux de gouvernance et participent à leur constante redéfinition.

---

[44] Entretien avec Nora, Mission Molembe, le 10/12/2018.

[45] Lire Mawanzi Manzenza, T., Profils Facebook, posté le 11 avril 2019 à 1h19, heure de Kinshasa. L'auteur invite ses amis à réfléchir sur l'idée de Napoléon Bonaparte : « *la Constitution doit être brève et obscure pour ne pas gêner l'action du gouvernant* ». Il y développe un commentaire similaire. Lu sur le réseau social précité, le 12 avril 2019 à 12h30.

Parier sur le long[46] terme m'a permis de rester en accord avec mon souhait de ne pas forcer l'élaboration de la triple relation chercheur-objet de recherche-personnes ressources. Cette posture, passive en apparence, suppose d'admettre que la relation puisse ne pas se faire. Elle implique de laisser certains éléments à la variable de l'imprévu et permet de respecter l'intégrité des acteurs. La recherche avec des acteurs suppose d'accepter de recevoir un récit brut, fait d'incohérences, et parfois même de laisser le cours de l'échange être totalement contrôlé par les enquêtés. Surtout dans un contexte où l'enquêté est un notable de la contrée, qui vous appelle Fiston « ignorant » et vous êtes obligé de l'appeler « *Mzee* » – entendez, Vieux Sage.

L'expérience méthodologique à enseigner après notre recherche suggère une approche qui veut que l'enquêteur s'adapte à l'enquêté et, même généralement, à l'environnement et au contexte écologique de recherche. J'ai ainsi appris d'expérience que les ambitions scientifiques doivent s'accommoder à des conditions livrées par les enquêtés. Comme une référence à mes premiers résultats, je soutiens avec ce point que les enquêtés, aussi illettrés (non académiciens) soient-ils, sont tout à fait capables de parler d'eux-mêmes et de leur environnement micro et macro sociologique, mais que l'obstacle réside dans les attentes de l'enquêteur à l'égard d'un discours attendu, rêvé ou de l'aveu que seul le scientifique pourrait obtenir. Ce cadrage méthodologique a été soutenu par une intelligence sociale tenant compte à chaque instant de la singularité des enquêtés.

En dernier ressort, il fallait lire et interpréter les données produites. À ce stade, nous avons fait de nos enquêtés des partenaires, à part entier, dans le procès de la connaissance, c'est-à-dire, dans le

---

[46] Au sujet des « enquêtes au long cours » lire Marion, F., et Lavigne-Delville, P., (dir.). *Au cœur des mondes de l'aide internationale. Regards et postures ethnographiques*, Karthala, Paris, 2018. 362 p.

travail ontologique du dévoilement des sens des faits observés. C'est la co-construction méthodologique.

1.5. Grilles d'analyses, filiation théorique et concept opératoire

Notre intérêt pour la compréhension des facteurs explicatifs des écarts entre une pluralité de règles officielles et une pluralité de normes officieuses ainsi que leur mise en œuvre résulte d'une interaction des approches d'inspiration anthropologique contre le dualisme juridique[47]. Cette approche a tenté de penser les pratiques juridiques dans une acception sociologique[48]. Actuellement, la socio-anthropologie du développement[47] et l'écologie politique sont des cadres les plus utilisés pour étudier l'écart entre la gouvernance formelle et la gouvernementalité pratique. Ils analysent les écarts comme étant une conséquence directe de l'inadaptation de cadre et réformes normatifs légaux aux pratiques locales spécifiques des contextes locaux[49].

Notre travail se plonge dans cette perspective du schème d'intelligibilité actanciel comme mode d'explication et recourt au modèle d'analyse stratégique[50] de Crozier et Friedberg soutenu par deux concepts : celui de champ social semi-autonome développé

---

[47] Kalambay, G., *Le Droit foncier zaïrois et son unification*, thèse de doctorat, Faculté de Droit, Louvain-la-Neuve, 1973, pp. 1-32.
[48] Mugangu, M.S., *Gestion foncière rurale au Zaïre. Réformes juridiques et pratiques foncières locales. Cas du bushi.* Louvain-la-Neuve, Academia-Bruylant, 1997, p. 33.
[49] Lavigne Delvigne, P., *Quelles politiques foncières pour l'Afrique rurale* ? Paris, Karthala-coopération française, 1998, pp. 66-75.
[50] Crozier, M., *La Société bloquée*, Paris, Seuil, 1971 ; *L'acteur et le système* (en collaboration avec Erthard Friedberg), Paris, Seuil, 1977 ; *On ne change pas la société par décret*, Paris, Fayard, 1979, *État moderne,* État *modeste. Stratégie pour un autre changement*, Paris, Fayard, 1986 ; *L'entreprise à l'écoute*, Paris, interdiction, 1989 ; *À quoi sert la sociologie des organisations* ?, Paris, Arslan, 2000.

par Moore[51] et des normes pratiques développés par Jean-Pierre Olivier de Sardan[52].

L'analyse stratégique est parfois appelée l'analyse en termes de leadership, en termes de relations de pouvoir ou encore méthode interactionniste[53]. Cette analyse stratégique se réclame être une démarche hypothético-déductive, car elle formule des hypothèses avant de les expérimenter sur le terrain, tout en obéissant à un cadre de théorisation[54].

L'analyse stratégique fonctionne avec trois modes de raisonnements : 1. Le raisonnement systémique, qui insiste sur la cohérence systémique, les interactions et interdépendances entre systèmes, sous-systèmes et environnement. 2. Le raisonnement stratégique, qui insiste sur les acteurs, les pouvoirs, les zones d'incertitudes et les stratégies mises en place par les acteurs. Enfin, 3. Le mode de raisonnement dialectique qui doit tenir compte des thèses et antithèses en vue des synthèses. La totalité stratégique est toujours dynamique et conjoncturelle. Tout y est provisoire et rien n'y est définitif (connaissances scientifiques comprises).

Bien que des logiques opposées, ces trois modes des raisonnements doivent cependant demeurer complémentaires : sans mode de raisonnement systémique, l'analyse stratégique ne dépasse pas l'interprétation phénoménologique et, sans vérification stratégique, l'analyse systémique reste spéculative ; et sans la stimulation du raisonnement dialectique, les deux autres deviennent déterministes.

---

[51] Moore, S.-F., *Law and social Change: semi-autonomou Social Field as an Appropriate Subject of study,* Law and society, Harard University, 1972, 719-746.
[52] Olivier de Sardan, J.-P., *op. cit.*, 2008.
[53] Mukoka Nsenda, F., *Sociologie des organisations. Relecture des auteurs et déchiffrement des pistes alternatives de recherche*, Kinshasa-Montréal-Washington, ICREDES, 2014, p. 91.
[54] Épistémologiquement parlant, toute méthode d'explication s'insère dans un champ de théorisation. Lire à ce sujet : Mukoka Nsenda, F., *L'analyse stratégique comme mode d'approche à l'étude des organisations : une évaluation critique, Kinshasa,* MES, 2011.

Séparées, on constate qu'on aboutit à des résultats extrêmement divergents, alors que cette démarche cherche à atteindre un but de recherche universel.

Cependant, les comportements stratégiques des acteurs ne sont intelligibles, bien compréhensibles et mieux explicables que dans les limites de leur espace social, c'est-à-dire dans ce que Moore[55] nomme « *champ social semi-autonome* » et cela à travers la confrontation des textes formels, officiellement établis, aux pratiques sociales régies par ce que Jean-Pierre Olivier de Sardan[56] appelle « *normes pratiques* ». C'est-à-dire, dans notre démarche, nous devons commencer par identifier ce que les habitants du lieu d'enquête appellent droits, lois, États, pouvoirs, etc.

Eu égard à la nature de notre objet d'étude, cette grille de lecture nous a aidé à cerner les différentes crises de gouvernance et les contradictions dans les institutions étatiques ainsi que des pratiques sociales issues des logiques d'acteurs endogènes. Grâce à cette approche, nous avons impliqué les acteurs dans le travail ontologique d'interprétation des faits sociaux. Selon Benoit Verhaegen, les « *faits sont des pratiques sociales significatives ; derrière eux, il y a un acteur historique, dépositaire ultime du sens de ces pratiques*[57] ».

Notre travail à ce stade a consisté en la co-construction des savoirs, c'est-à-dire, à faire de cet enquêté un partenaire dans le procès de la connaissance et de la critique, c'est-à-dire, dans le travail de « *dévoilement du sens* »[58] des pratiques sociales. Nous avons analysé les pratiques concrètes en termes de stratégie-jeu et de

---

[55] Moore, S.-F., *op. cit., 22.*

[56] Olivier de Sardan, J.-P., (2013), *op. cit.,* p. 11.

[57] Verhaegen, B., « Principes et Pratiques de l'histoire immédiate en Afrique », in Omassombo Tshonda (dir.) le *Zaïre à l'épreuve de l'histoire immédiate*, Paris, Karthala, 1993, p. 282.

[58] Olivier de Sardan, J.-P., *La rigueur du qualitatif, les contraintes empiriques de l'interprétation socio-anthropologique*, Louvain-la-Neuve, Academia-Bruylant, 2008, p. 80.

pouvoir-incertitude. L'acteur foncier et sa logique sont les éléments clés de notre analyse. Nous souscrivons à l'idée qu'on ne peut connaître la réalité sociologique qu'à partir des acteurs qui la vivent, qui peuvent en parler et dont on peut comprendre les comportements et les rationalités.

En nous appuyant sur la grille d'analyse stratégique, renforcée par les concepts de normes pratiques et, de champ social semi-autonome, nous avons pu :

- identifier les acteurs et leurs stratégies ;
- identifier et expliquer les différentes logiques d'acteurs ;
- repérer les relations entre les acteurs et les phénomènes de pouvoir qui les structurent (donc les incertitudes et les acteurs qui les contrôlent) ;
- déterminer la capacité d'un acteur à négocier son comportement avec d'autres acteurs qui dépendent de l'incertitude qu'il contrôle ;
- détecter les modes de régulation à partir des « arrangements » (savoirs trouvés par des acteurs fonciers pour concilier leurs intérêts divergents), ainsi que les vraies règles du jeu social et relationnel (souvent informelles) ;
- déterminer les coûts économiques, psychologiques, sociaux et émotionnels des arrangements locaux.

Par pluralisme nous convenons avec Étienne Le Roy [59] la coexistence simultanée de plusieurs cadres normatifs et administratifs portant sur la même matière, durant la même période, dans un contexte général donné. Il s'agit notamment des normes coutumières et de plusieurs pratiques apparemment non normées qui coexistent à côté des normes formelles, elles-mêmes déjà multiples et contradictoires.

---

[59] Le Roy, É., « les pluralismes juridiques », in *cahier d'anthropologie du Droit*, Paris, Karthala, 2003.

Les normes pratiques se distinguent réellement de la famille des normes sociales parce que les normes pratiques sont transgressives de la norme officielle et, selon l'explication des dynamiques institutionnelles définies par le concept de champ social semi-autonome, elles n'appartiennent pas à la catégorie des normes sociales. Il faut en chercher la catégorie et l'origine dans l'espace social donné.

En réalité, c'est l'acteur qui est au centre du pluralisme institutionnel. Les normes et organes institutionnels ne sont que des jouets au service des acteurs qui ne sont plus des sujets du Droit, au sens de soumis au Droit de l'État, mais ils sont devenus aptes à sélectionner celles des inscriptions et des solutions normatives et administratives qui leurs paraissent optimums. Pour cela, ils s'aménagent un espace social semi-autonome dans lequel ils s'autorisent une certaine inculturation des normes par des manœuvres, tantôt cumulatives des rationalités, souvent de mixage normatif et, parfois, d'isolement ou le cloisonnement institutionnel.

Par ailleurs, les comportements des acteurs face à l'enjeu foncier que nous avons pu observer à Nyalukemba, à Kasambanza et à Buma font que ces entités apparaissent comme des champs sociaux autorégulés et correspondent exactement à ce que Sally Falk Moore nomme *semi-autonomous social field*, c'est-à-dire des champs sociaux semi-autonomes parce qu'ils produisent, à l'interne, des règles, des décisions et qu'ils sont simultanément influençables et influencé par les règles et les décisions émanant de l'environnement interne et externe.

Un champ social semi-autonome[60] est compris comme étant un petit champ, observable, qui a la capacité de générer des règles, des coutumes et des symboles de manière interne, mais qui est en même temps vulnérable à des règles, des décisions et d'autres forces émanant du monde plus large par lequel il est entouré. Ce

---

[60] Moore, *op. cit.*, 1978, pp. 54-81.

champ semi-autonome possède les capacités de pouvoir créer des règles. Il a aussi les moyens d'encourager ou de forcer les gens à y obéir, mais en même temps, il fait partie d'une matrice sociale plus large qui peut l'influencer et l'envahir, parfois sur l'invitation de ceux qui se trouvent à l'intérieur, parfois de sa propre initiative.

Au sens de Sally Falk Moore, dans tous les champs, il y a la capacité de générer des règles induisant une pratique déterminée. Dans ce sens, ce concept de champ social semi-autonome nous permet de rechercher les relations entre l'environnement, les savoirs et les pratiques sociales. Ces aspects peuvent être différenciés par plusieurs facteurs dont notamment le genre, l'appartenance ethnique ou non, l'âge, le niveau d'instruction, etc.

Pour Sally Falk Moore, un champ est un espace social (administration publique, famille, clan…) qui, en son sein, a la capacité de générer des règles induisant une pratique déterminée. Mais étant composé des personnes appartenant à d'autres espaces sociaux, ce champ subit l'influence des règles émanant de ces derniers. Ainsi, les acteurs appartenant à ces champs peuvent recourir aussi à des règles qui lui sont étrangères. Il y a donc des interactions entre les différents champs. On est donc ici dans une approche dynamique, d'où l'appellation « champ semi-autonome ». Dès lors, les systèmes administratifs et juridiques devront être considérés comme autonomes, mais en même temps perméables. Ce système est affecté de l'extérieur sans jamais être dominé complètement[61].

Le concept de champ social semi-autonome nous permet d'expliquer le caractère dynamique de la régulation au sein d'un espace social donné à partir des apports entre les acteurs eux-mêmes et entre eux et les espaces sociaux environnants.

[61] Hounet, Y.-B., « La tribu comme champ social semi-autonome », in *L'Homme*, 2010/2, n° 194, p. 5774.

Conclusion

Ce premier chapitre a positionné l'étude dans son contexte ontologique, méthodologique et épistémologique. Il a tenté de clarifier l'objet d'étude, son contexte, ses méthodes ainsi que les théories et paradigmes sollicités et utilisés. Nous considérons que la saisie des prétextes et du contexte de l'étude permettra au lecteur de mieux comprendre les grandes questions abordées dans le texte de l'ouvrage en vue de projeter le post-texte.

Il est important de souligner qu'il n'a pas été question, dans ce premier chapitre, d'un lexique exhaustif, mais plutôt, d'un nombre limité des réalités du terrain et des stratégies de recherche déployées. Il doit être précisé que nous n'avions nullement l'ambition d'épuiser, dans ces quelques pages d'un chapitre introductif, d'aussi vastes et passionnantes matières. C'est pourquoi nous renvoyons plusieurs fois le lecteur intéressé à des ouvrages spécialisés.

Chapitre deuxième

CONTEXTES ET DESCRIPTIONS DU TERRAIN

Introduction

Dans ce deuxième chapitre, nous présentons notre contexte géoculturel de recherche constitué de trois circonscriptions administratives de la RDC, à savoir le secteur Luniungu, Territoire de Bulungu dans la province du Kwilu (*entité rurale*), le quartier Buma, dans la commune de la N'sele à Kinshasa (*entité urbano-rurale*) et le quartier Nyalukemba, dans la ville de Bukavu, province du Sud-Kivu (*entité urbaine*).

Diversifier son champ d'investigation ne devrait pas être interprété comme une attitude d'évasion. Au contraire, c'est une contrainte de la démarche scientifique. La terre au Congo n'a jamais été à proprement parler un « bien étatique », même si la loi formelle crie tout haut qu'elle appartient à l'État. Depuis la période précoloniale à ce jour, en passant par la colonisation, la gestion des terres a toujours fait l'objet de plusieurs et différentes conceptions socio-culturelles et d'une « *collaboration* » multiforme entre les pouvoirs publics, les pouvoirs coutumiers et les autres pouvoirs sociétaux, formels et informels.

Le problème foncier est différent selon les contextes, les acteurs et les enjeux. Dans un tel pluralisme contradictoire, la recherche sur les gouvernementalités à travers la compréhension des pratiques sociales en marge du pluralisme normatif formel nous offre un arsenal susceptible de nous hisser à plusieurs hauteurs théoriques et conceptuelles. Cependant, la complexité des faits sociaux et les difficultés relatives à l'observation des cas concrets nous imposent du réalisme et du relativisme pour atteindre notre objectif.

2.1. Kasambanza-Bulungu-Kwilu

2.1.1. Description

Le groupement Kasambanza est une sous-division du secteur Luniungu, dans le territoire de Bulungu de la province du Kwilu. Kwilu est l'ancien district de la Province de Bandundu, devenu depuis 2016 une province de la RDC, suite à l'éclatement de l'ancienne province de Bandundu en trois provinces. Le Kwilu recouvre son statut de province avec une superficie de 79.906 km^2. Il est composé de cinq territoires qui sont : Gungu, Idiofa, Masimanimba, Bagata et Bulungu.

Le territoire de Bulungu, qui nous concerne dans ce travail, comporte dix secteurs (collectivités) [62] ci-après : Dwe, Imbongo, Kilunda, Kipuka, Kwenge, Kwilu-Kimbata, Luniungu, Mikwi, Niadi-Nkara et Nko. La cité de Bulungu est située à plus de 80 kilomètres de la ville de Kikwit et à plus de 600 km de la ville de Kinshasa. Elle a organisé, en date du 19 juillet 2015, les festivités du centenaire de son existence. Le potentiel des sols du territoire de Bulungu est extrêmement varié : sol forestier (médiocres en moyens), bon sol de savane, sol sablo-argileux sur les pentes des vallées et fonds sableux sur les plateaux[63]. Les populations de Luniungu cultivent généralement le manioc, le maïs, l'arachide et l'huile de palme.

---

[62] Arrêté ministériel N° 25/CAB/VPM/MININTERSECDAT/0160/2011 du 28 octobre 2011.

[63] Document de la Stratégie de Croissance et de Réduction de la Pauvreté (DSCRP).

Vu la grandeur de notre grappe, nous avons choisi de mener nos études dans la collectivité Luniungu que nous avons, par ailleurs, segmentée pour en tirer au hasard le segment représenté par le groupement Kasa-Mbanza, du Chef Kalunda. Ce groupement est majoritairement habité par l'ethnie songo[64] et contient 22 villages. Chaque village a, à sa tête, un chef de village et plusieurs notables provenant de différents clans. Et chaque clan a son chef (*Lembâ*) qui est, non seulement le chef des hommes, mais aussi le chef des terres du clan.

Le potentiel agricole du groupement Kasambanza dépend de la nature de son sol très fertile. Les cultures agricoles et piscicoles se pratiquent à travers tout le groupement. L'ensemble du groupement est couvert par la zone des savanes. Elle est une zone de hautes herbes et très entrecoupée de galeries forestières localement appelées « *Mbalaka* ».

L'histoire foncière de la collectivité Luniungu, en général, et du groupement Kasambanza, en particulier, peut être expliquée en trois volets. Premièrement, l'histoire coloniale de la production d'huile de palme et des conflits fonciers que ladite production a générés dans ce groupement. Deuxièmement, l'histoire permanente des conflits fonciers entre différents clans (*conflits des limites*). Enfin, les réalités émergentes d'une histoire immédiate du phénomène d'accaparement des terres.

2.1.2. L'histoire coloniale et les questions foncières

Plusieurs chercheurs ont analysé la structure du pouvoir politique au Congo-belge en partant de l'image d'une trilogie composée de l'administration, de l'église et des grandes sociétés. Craw-

---

[64] Une ethnie du territoire de Bulungu dont le dialecte ressemble au mbunda et au yansi.

ford Young[65] souligne non seulement que cette triple alliance était un tissu sans couture, mais aussi que chacun de ces éléments, à l'intérieur de sa propre sphère d'activité, avait une force d'impact sans comparaison possible dans toute l'étendue de l'Afrique tropicale.

S'agissant de l'administration coloniale, Michael Luzingu [66] rapporte qu'il était impossible à un noir, où qu'il résidait, en ville ou en campagne, de ne pas se rendre compte qu'il était administré par l'État colonial omniprésent et omniscient. En effet, au 30 juin 1960, il y avait 10.000 fonctionnaires de l'État[67].

Dans la convention du 26 mai 1906, entre l'EIC et le Saint-Siège apostolique, l'EIC s'engageait à céder des terres en contrepartie de la fondation des écoles, dispensaires et hôpitaux par les missions catholiques. L'une des formes d'aide, non négligeable, de l'État colonial envers l'Église catholique fut l'octroi officiel de 200 hectares de terrain à toute mission catholique établie, qui pourrait en faire usage aussi bien dans un but commercial que pour subvenir à ses besoins. Crawford Young précité rapporte que des ordres qui avaient fait vœu de pauvreté tels que les Trappistes, les Franciscains et les Capucins, n'utilisèrent pas ce moyen de garantir leurs frais de fonctionnement ; mais d'autres, et en particulier le plus important, celui des Scheutistes, s'en servirent largement.

Les Missions catholiques possédaient des ressources foncières très importantes. En 1911, alors qu'il était dit, lorsque la Belgique reprenait le Congo, qu'il n'y aurait plus de grandes concessions territoriales, le Gouvernement belge accorda à une société étrangère, juridiquement belge mais à capitaux majoritairement anglais,

---

[65] Crawford, Y., *Introduction à la politique congolaise*, Kinshasa-Lubumbashi, éditions universitaires du Congo, 1965, p. 12.
[66] Notre enquêté décédé récemment à 103 ans dans le village Mandundu, du groupement Kasambanza. Il fut fermier et ancien collaborateur de l'« homme blanc ».
[67] Gérard-Libois, J., *Assistance technique belge et la République du Congo*, études congolaises, II, n° 3,1962, p. 2.

des droits pouvant conduire à terme à l'obtention en propriété de 750.000 ha de terres, soit l'équivalent d'un quart de la superficie de la Belgique et un monopole de fait pour l'exploitation de palmeraies sur plus de 39.000 km², soit l'équivalent de 1,3 fois cette superficie.

L'autre trépied de la politique coloniale, les grandes sociétés, exerçait des activités d'aussi grande envergure. Ces sociétés constituaient le prolongement du régime concessionnaire par lequel Léopold II avait réalisé l'occupation territoriale. Certes, contrairement à l'État colonial qui a formalisé les concessions, la préoccupation domaniale de l'EIC se cantonnait dans la cueillette de l'ivoire, du caoutchouc et de la noix de palme qui constituaient l'entièreté des exportations autour des années 1890 à 1908.

En 1909 et en 1925, le territoire de Bulungu devint le site d'immenses plantations de palmerais du groupe Lever et de la Société Générale. Pareillement avec les Missions catholiques, l'administration coloniale avait beaucoup aidé ces sociétés, non seulement, en mettant à leurs dispositions les terres, mais aussi, en recrutant de la main d'œuvre et en obligeant à ce que l'on produise suffisamment. Une circulaire de 1922 expose mieux cette politique domaniale : « ... *ce serait une erreur de penser qu'une fois l'impôt payé et leurs autres prestations légales effectuées, les indigènes peuvent rester dans l'inaction... Ce genre d'opinions ne peut être exprimé par nos magistrats ou fonctionnaires. Cela constituerait un manquement à la discipline, des actes ou des propos contrevenant à cette recommandation et à un de nos devoirs les plus certains envers nos sujets noirs* ».

En matière foncière, cette politique coloniale posait généralement trois types de problèmes, il s'agissait de : l'attribution aux missions et aux entreprises des vastes concessions, engendrant des litiges fonciers, l'absence de toute participation africaine à la gestion des entreprises coloniales et, enfin, le blocage de l'évolution de l'agriculture villageoise.

Par exemple, l'installation du savonnier anglais Lever qui obtient, en 1911, de vastes concessions dans le territoire de Bulungu : Lusanga, Bilili, Kikongo-Tango, Kisia…, avait provoqué une angoisse sérieuse. Cette société coloniale, avec ses usines, ses équipements médicaux et scolaires ainsi que ses réseaux de transport, a structuré les villages. Quoique la RDC fût devenue, dans la décennie cinquante, la première exportatrice africaine d'huile de palme et la deuxième exportatrice mondiale, le système huilier n'avait pas enclenché un véritable processus de développement dans la collectivité Luniungu.

Quoiqu'aigue, ladite angoisse existentielle suscitée par l'octroi des concessions foncières à la société Lever et aux missions catholiques n'avait pas engendré de conflits ouverts à cause du contexte colonial. Mais elle a affecté les relations entre les villageois et les sociétés coloniales. Elle risque d'ailleurs de resurgir en plein *XXIe siècle*, parce que les héritiers de certains anciens exploitants d'huiles de palme revendiquent la propriété de quelques concessions et fermes jadis exploitées par leurs parents. Plusieurs conflits fonciers opposent actuellement, au Parquet et au Tribunal de Grande Instance de Bulungu, les villageois aux descendants des familles d'anciens colons. Il s'agit, notamment, des conflits entre M. José Fernary, Charlemy, Paola, tous enfants de Suza de Paolo, contre quelques clans du village Zaba (dans la collectivité Kilunda).

L'administration coloniale avait conscience de l'existence de cette angoisse existentielle provoquée par sa politique concessionnaire. Déjà en 1911, l'immensité des concessions accordées aux sociétés « Huileries du Congo-belge » avait fait l'objet de débats, entre colons, dès avant la signature de la convention et lors de sa ratification parlementaire. On n'avait pas débattu de la superficie des terres que les villageois allaient devoir céder aux expatriés. On estimait la contrée de Bulungu peu peuplée et même en processus de dépeuplement. On n'avait donc pas conscience de priver les autochtones des terres qui leur auraient été nécessaires. En plus, force est de constater que cette convention reprit un des aspects controversés et même condamnés de l'État indépendant du Congo : le recours à la notion de terre vacante.

Les concessions huilières concernaient des « terres domaniales », ce qu'on appelait aussi « terres vacantes », considérées par le colon comme non exploitées par les populations indigènes. Or, cette notion de terre vacante ne se préoccupait pas des besoins ultérieurs en terres que pourraient avoir les populations locales ni des droits que celles-ci détenaient sur les produits naturels de ces espaces. On considérait que le caoutchouc, l'ivoire et l'huile de palme, à l'époque de l'EIC, appartenaient à l'État qui venait de ramasser 2.345.409Km^2, excepté les villages et 5 km^2 autour des villages (laissés aux communautés locales). L'EIC pouvait donc concéder l'exploitation de « ses » terres ramassées à des sociétés commerciales ou même, dans le cas du *domaine de la couronne*, les considérer comme la propriété privée de la Famille royale.

Le domaine de la couronne était non seulement une stratégie de faire les affaires commerciales pour Léopold II mais aussi un stratagème permettant de violer l'esprit de l'article 5 de l'acte général de Berlin du 26 février 1885 qui exigeait la liberté de commerce sans droits des douanes pour tous les ressortissants des puissances créatrices de l'État dit, déjà en 1885, « indépendant du Congo ».

La convention de 1911 attribuait aux Huileries du Congo-belge dans leurs cercles, le droit de récolter ou de faire récolter les fruits des palmiers Élaeis poussant dans les terres vacantes à concurrence de la superficie concédée et moyennant une rémunération des récolteurs. Et pourtant, selon les pratiques locales, il était rare qu'un palmier ne fût l'objet d'un certain type d'appropriation surtout à partir du moment où il entrait en production et était exploité tantôt pour ses fruits, tantôt pour le vin de palme, tantôt pour le bicarbonate de palmier, tantôt pour les rameaux, tantôt pour les bambous… C'était évidemment le cas de la plupart des palmiers présents dans les terres considérées comme vacantes.

Au cours du temps, cette notion de terre vacante perdit sa signification initiale, comme on avait pu, dans les délais prévus par la convention, borner les terres vacantes demandées par les HCB, on recourut à un système voisin de celui qui avait été adopté pour la Compagnie du Katanga avec la création en 1900 du Comité Spécial du Katanga qui gérait l'ensemble des terres concédées à la Compagnie et les terres vacantes de l'État. On mit ainsi en union indivisible, dans les cercles des Huileries du Congo belge les terres vacantes et les terres villageoises.

Cette union indivisible était consacrée par un contrat dit tripartite[68] où intervenaient les Huileries du Congo-belge, les communautés villageoises représentées par les chefs coutumiers, les notables chefs des clans et l'État, par l'intermédiaire d'un magistrat. Il n'était donc plus nécessaire de délimiter les terres vacantes et les terres villageoises. Les superficies de terres occupées par la société et destinées à devenir sa propriété pouvaient être choisies même au sein des villages, des cimetières… En pratique, les chefs coutumiers furent amenés à signer des actes d'abandon de propriété sans pouvoir comprendre cette astuce juridique.

Même les membres du Conseil colonial[69] affirmèrent que le système leur paraissait incompréhensible. Celui-ci fut cependant prolongé à plusieurs reprises, la dernière fois en 1958. À chaque prolongation, les clauses furent revues avec parfois une réduction de la superficie à laquelle la société pouvait prétendre, mais souvent avec une compensation, le droit pour celle-ci de pouvoir choisir des terres en dehors du territoire des cinq cercles définis dans la convention de 1911.

---

[68] Copie du Contrat disponible dans les archives foncières du territoire de Bulungu disponible au bureau du territoire à Bulungu, consulté le 23 mars 2016.

[69] Un conseil consultatif du Ministère des Colonies. Lire à ce sujet, note technique n° 012/05/58 du 10 mai 1958 relative au prolongement du contrat des cercles de HCB dans le Kwilu. Note technique disponible aux archives du territoire de Bulungu à Bulungu, consulté le 22 mars 2016.

Le système des contrats tripartites eut donc pour résultat pratique d'étendre implicitement les droits des Huileries du Congo-belge sur tous les palmiers présents dans la contrée. Il n'y eut pas de véritables affrontements à cause du contexte colonial.

L'administration coloniale était consciente de l'existence, au moins potentielle, de situations d'angoisses existentielles mais ne s'imaginait pas la possibilité des conflits fonciers. Dans la dernière convention, celle de 1958, qui prolonge le système des contrats tripartites, l'article 23 précise que « *dans l'hypothèse où la situation foncière d'une région où la société possède des propriétés serait difficile, la Colonie le signalera à la société qui sera tenue, dans le délai de six mois, de désigner les terres qu'elle rétrocède. En échange, la société pourra obtenir d'autres terres* ».

En somme, cette politique concessionnaire, l'économie de la cueillette ainsi que le pluralisme institutionnel État-Missions-Entreprises qui l'accompagnait n'avaient pas été un réel facteur de progrès pour les populations de la contrée. Elle avait même bloqué l'évolution de leur agro-élevage.

2.1.3. La terre : une réalité conflictogène ?

De nos observations dans le groupement Kasambanza, nous pouvons résumer les causes de conflictualité foncière en milieux ruraux comme suit :

1. La complicité entre acteurs, le manque de rigueur dans l'application des prescrits formels dû à la défaillance de l'État et sa substitution par une mosaïque d'acteurs qui assument, officiellement et/ou officieusement les missions régaliennes.
2. L'absence de codification des systèmes fonciers traditionnels fait que les jeunes générations ignorent les limites de leurs territoires.

3. Les accords verbaux (oralité) liés aux transferts des terres par héritage, ventes, donations ou locations. Cette oralité, quoiqu'en sensible régression, pose le problème de la preuve.
4. La perte de confiance entre les hommes : conflits et sentiments d'insécurité.
5. L'incapacité des cadastres d'améliorer leurs méthodes de travail et même de s'adapter à l'évolution technologique.
6. Les conflits de compétence entre les instances coutumières et les cadastres des services publics : Agriculture, Affaires foncières, Tribunaux de Bulungu…
7. L'absence du cadre de concertation (dialogue local), d'instances d'arbitrage et/ou de conciliation. Les conseils des sages sont souvent accusés de partialité, procèdent à des arbitrages plutôt que de chercher la réconciliation durable des parties.
8. La présence des allochtones dans le groupement, qui prétendent également à la gestion des terres. Depuis toujours, ils agissaient en métayers, c'est-à-dire exploitants des terrains contre rétrocession d'une partie de la production aux propriétaires ; à présent ils achètent carrément les terres villageoises et en deviennent propriétaires.
9. Les conflits de transhumance entre agriculteurs et éleveurs. Pour l'élevage de petit bétail, il n'y a pas de limite de pâturage mais, pour les grands bétails, nous avons lu certaines conventions de pâturage contre la remise d'une tête de vache, après quelques années, au propriétaire foncier.
10. L'irruption de la propriété privée qui déstabilise l'organisation clanique.
11. L'engouement d'acteurs urbains pour l'enregistrement des terres, à travers les fermes privées.

Ces facteurs insécurisent les terres claniques et les exposent aux prédateurs. Les législations formelles en vigueur, que nous allons expliquer dans les chapitres suivants, sont en défaveur des ayants-droit coutumiers. La plupart d'acteurs au conflit refusent de résoudre les conflits fonciers selon les us et coutumes et amènent leurs différends devant des cours et tribunaux dont la logique est si éloignée de celle du droit coutumier.

98 % des cas pendants au Tribunal de Paix[70] de Bulungu sont fonciers et 91,5 % des cas pendants au Tribunal de Grande Instance de Kwilu à Bulungu sont des conflits fonciers. De ce fait, les conflits fonciers sont devenus un fonds de commerce pour les juges et les magistrats des cours et tribunaux[71]. L'accusé et l'accusateur payent tous des redevances. Le résultat, c'est l'appauvrissement des communautés locales. Dans cette opération, les caisses de l'État en pâtissent. L'exode rural des jeunes est l'autre conséquence de ces conflits. Il en découle une forme émergente d'accaparement des terres.

2.1.4. Fermes et mécanismes émergents d'accaparements des terres

À Kasambanza, au cours des années 1950, quelques « fermiers », chefs de terres ou leurs apparentés, en même temps, autochtones-citadins et commerçants, avaient créé de petites plantations dans lesquelles travaillaient des ouvriers appartenant le plus souvent à leurs familles. Plusieurs d'entre eux avaient préféré y

---

[70] Le tribunal de paix de Bulungu a une chambre qui traite exclusivement des « *problèmes fonciers coutumiers* ». Y siègent un juge de droit positif et deux juges assesseurs qui sont des notables coutumiers influents dans les milieux des chefs coutumiers locaux.

[71] Lors des dernières mises en place des juges et magistrats, debout et assis, le seul cas de révocation d'un juge, par la hiérarchie de la justice, pour toute la RDC, concerne un juge du Tripaix de Bulungu qui s'était caractérisé par la vente des jugements et l'organisation des foraines dans les milieux ruraux en violation de la procédure et avec l'assistance des greffiers nommés par lui-même sur place (souvent les enseignants du primaire ou secondaire).

développer, soit l'élevage bovin, soit la pisciculture par des étangs appelés barrages[72].

En 2016, l'ensemble du groupement Kasambanza compte 356 fermes, ayant chacune des *papiers*[73] *d'origines étatiques*, soit en moyenne 16 à 18 fermes enregistrées par village. Ces fermes non plus n'ont pas pu assurer ce qu'on appellerait *développement*. Elles sont sous le contrôle total des intérêts privés contre les intérêts de la communauté locale. Elles n'ont apporté aucun renouveau technique aux populations concernées. Il s'agit d'un des mécanismes d'accaparement des terres par les individus, membres des communautés locales soient-ils.

On associe souvent les études sur le phénomène d'accaparement des terres au nom de De Schutter[74] qui analyse essentiellement l'accaparement des grandes étendues des terres achetées par les investisseurs étrangers. Pourtant, comme nous l'avons constaté sur les terrains de Kasambanza et de Buma, les bourgeoisies urbaines, ressortissants des entités concernées, deviennent également une catégorie d'accapareurs des terres rurales.

En effet, pour obtenir une concession foncière rurale, le législateur a prévu la formalité d'enquête préalable. Ceci pour protéger les ayants-droit coutumiers en appréciant la valeur de leurs droits fonciers par rapport à l'importance de la concession sollicitée avant de l'octroyer. Depuis un certain temps, de nombreuses personnes en provenance des villes (Kinshasa et Kikwit) achètent de grandes étendues villageoises et recourent au cadastre foncier pour les en-

---

[72] C'est le cas, notamment, de la ferme de Mimbono, dans le village Kiyoko, collectivité Luniungu.

[73] Nous utilisons le concept « papiers de l'État » pour désigner tous les actes provenant des institutions étatiques parce qu'il nous a été difficile de les qualifier autrement. Sur les terrains, nous avons constaté que chaque fermier a, au moins, un papier étatique et, au plus, quatorze papiers signés officiellement.

[74] De Schutter, O., *How not to think of land-grabbing: Three critiques of large-scale investments in farmland*, Journal of Peasant Studies, n° 38, 2011, pp. 249-279.

registrer en leurs noms. L'article 193 de la loi foncière dispose, en son alinéa premier, que toute concession des *terres rurales* est subordonnée à une enquête exécutée dans les formes et suivant la procédure prévue par l'article 194 de la même loi.

Cette enquête a pour objet de :

- vérifier sur place la délimitation du terrain sollicité en concession ;
- recenser les personnes qui y exercent une quelconque activité ;
- décrire les lieux et l'inventaire des biens : bois, forêts, cours d'eau, voies de circulation, etc. ;
- auditionner les personnes qui formulent les réclamations ou observations et ;
- enregistrer et étudier les informations reçues.

Avec l'implantation des fermes, les terres villageoises sont systématiquement accaparées. Ainsi, d'une appropriation collective, on serait en train d'évoluer vers une individualisation privative de la propriété foncière. Le groupement Kasambanza possède d'énormes potentialités agricoles dont la valorisation peut mettre au travail des milliers de personnes et générer des revenus substantiels.

L'enquête devrait être réalisée par l'administrateur du territoire après avis favorable du commissaire de district[75]. Disons tout de suite qu'avec la provincialisation des anciens districts prévue par la Constitution de 2006 et matérialisée en 2016, le poste de commissaire de district n'existe plus dans l'organisation administrative de la RDC. De ce fait, lui et ses agents sont en réserve humaine de la nation en attendant que la hiérarchie précise leur statut ou les affecte ailleurs.

Mais selon la loi, l'enquête devrait commencer par l'affichage de l'avis favorable d'ouverture de l'enquête pris par le commis-

---

[75] Art 193 al3 et 4 de la loi foncière, *op. cit.*

saire de district ainsi que la copie de la lettre de demande de terre. Un mois après, au maximum, l'enquête se clôture par un procès-verbal écrit par l'enquêteur, et qui établit les données de toutes les opérations faites, ainsi qu'une conclusion finale reprenant son avis, favorable ou non, pour procéder à la concession[76].

Dans un mois, à compter de l'ouverture de l'enquête, l'enquêteur envoie au commissaire de district, avec lettre de transmission, dont copie est réservée au demandeur de la concession, deux exemplaires du procès-verbal d'enquête et les pièces jointes. (Art 196 LF). Dans un mois aussi, le commissaire de district envoie tout le dossier au gouverneur de province, après apposition de ses avis et considérations (Art 197 LF). Comme on le voit, le commissaire de district, structure officiellement inexistante à ce jour, continue de jouer un rôle important mais, hélas, la loi formelle n'a pas encore suivi cette évolution administrative. Dans l'entre-temps, les pratiques de fermalisation se poursuivent.

Le gouverneur, qui est l'autorité suprême d'appréciation du résultat d'enquête, examine la procédure de son exécution. S'il n'en est pas satisfait, il fait reprendre l'enquête dans la même procédure. Au cas contraire, il transmet le dossier au procureur de la République du ressort du terrain, pour qu'il se prononce, s'il y a lieu ou non, de procéder à l'octroi de la concession en tenant compte de l'étendue et de l'importance des droits des tiers (ayants-droit coutumiers, notamment). Dans un délai d'un mois, à dater de la réception du dossier. Le procureur retourne le dossier au gouverneur de province avec son avis et ses observations, le cas échéant[77].

Dans le mois qui suit la réception du dossier retourné par le procureur, ou à défaut, par ce dernier de le lui retourner dans un mois, le gouverneur décide de la dernière suite de l'enquête, en le

[76] Art 195 de la loi foncière, *op. cit.*
[77] Arts 198 et 199 al1, la loi foncière, *op. cit.*

jugeant favorable ou non, pour procéder à l'octroi de la concession et envoie le dossier à l'autorité foncière compétente pour signer le contrat de concession proprement dit, le contrat de location ou d'occupation provisoire, en cas de non mise en valeur préalable[78].

Mais dans la pratique locale à Bulungu, pour obtenir une ferme, il suffit d'en formuler la demande au Chef coutumier. L'on peut valider, plus tard, soit au service de l'Agriculture du territoire et payer les frais y afférents, soit au service des Affaires foncières du District de Kwilu, soit du Développement rural. Nous avons même rencontré certains enquêtés qui se sont adressés directement au Tribunal de Paix de Bulungu.

Rappelons que le territoire de Bulungu n'a jamais eu, depuis 1960, une administration publique chargée des questions foncières[79]. C'est le service foncier du district de Kwilu qui gérait les Affaires foncières du territoire. Après la suppression du district, tous les services de l'État se croient habilités à poser des actes fonciers. Tous les services publics procèdent aux enquêtes foncières : agriculture, justice, développement rural…, en complicité avec les chefs coutumiers, envoient leurs inspecteurs pour mesurer la superficie des terres concernées, identifier le nombre des habitants de la famille dont les terres sont concernées par la demande du futur fermier, juger si la ferme ne sera pas préjudiciable aux besoins vitaux des populations en question, mais aussi, pour étudier la nature du sol par rapport à la compatibilité de la culture envisagée par le demandeur de la ferme[80].

---

78 Arts 199 Al2 et 200, *idem*.

79 Parti de Kinshasa pour un séjour de recherche, lors de notre pré-enquête à Bulungu, nous avions été surpris de constater et d'apprendre que le territoire de Bulungu n'a aucun service public chargé des Affaires foncières et ce, depuis l'indépendance congolaise en 1960.

80 Entretien du 5 janvier 2016 à Kinshasa avec Narcisse Mutimbimbi, Inspecteur Agronome Principal du territoire de Bulungu (de 1970 à 1972) et Inspecteur Agronome Principal du district de Kwilu de 1983 à 2003.

Par-delà la confusion généralisée dans la procédure et la compétence de gestion des terres, il sied de constater également que cette pratique de privatisation des terres est contraire aux traditions congolaises qui considèrent la terre comme un bien collectif, inaliénable et imprescriptible du clan. Même dans les fermes, l'activité de base, c'est-à-dire la production agricole et piscicole, est restée identique à ce qu'elle était avant l'indépendance. Elle se résume en la cueillette des fruits, la pèche des poissons avec les outils traditionnels et en l'agriculture d'autosuffisance alimentaire.

Nous constatons que le système des fermes a aussi bloqué le développement de l'agriculture villageoise à cause des conflits opposant les enfants aux neveux et nièces du fermier. Les neveux et nièces, tout en considérant les fermes comme leurs héritages coutumiers, ne se sentent plus en sécurité d'y investir, parce que la loi civile reconnaît comme héritiers du premier degré les enfants et l'épouse et non pas, les neveux et nièces comme la tradition locale le recommande. Cette réalité pousse à envisager l'instauration d'un système de titre foncier collectif dans les milieux ruraux congolais[81].

En effet, la fermalisation foncière est contraire au régime culturel d'affiliation parentale à Kasambanza. Issus du régime matriarcal, les enfants des fermiers se réfèrent, de plus en plus, à la loi positive pour s'estimer être les héritiers et usufruitiers des fermes de leurs parents mâles. Ce type d'accaparement des terres des clans est perçu par les uns comme une escroquerie et, par les autres, comme une conséquence juridique.

Il y a là des normes contradictoires qu'apporte cette pratique d'accaparement à travers les fermes privées au sein des terres des communautés locales. L'importation de la notion de bien privé en matière foncière ne semble pas cadrer avec les réalités tradition-

---

[81] Ce système existe déjà au Mozambique.

nelles locales et s'amène également avec sa cohorte de conflits fonciers multiformes.

L'ampleur de ces phénomènes d'accaparement des terres s'explique, entre autres raisons, par la présence du marché naissant créé suite à la signature, par la RDC, du protocole de Kyoto, celui des « crédits-carbone ». Les calculs stratégiques amènent certaines personnes avisées, les intellectuels vivant dans les villes, à se faire seuls ayants-droit formels des terres qui appartiennent, collectivement, à leur clan. À Luniungu notamment, des expulsions sont opérées par les fermiers qui vendent leurs fermes à des personnes étrangères (au clan, au village, à la province et même au pays) en vue d'y pratiquer des cultures intensives. Les expulsions des populations locales sont devenues monnaie courante. Les nouveaux propriétaires des terres accaparées n'ont en tête que les stratégies lucratives pouvant leur permettre de se classer en ordre utile face aux prochains *crédits carbones*.

2.2. Quartier Buma, Commune de la N'Sele à Kinshasa

2.2.1. Description

Buma est un quartier de la commune de la N'sele ; une des 24 subdivisions municipales de la ville de Kinshasa. À défaut de la loi organique promise par la Constitution du 18 février 2006, la subdivision administrative de la ville de Kinshasa répond encore en 2019 aux prescrits du décret-loi n° 081 du 22 juillet 1998 portant organisation territoriale et administrative de la République Démocratique du Congo qui, en ses articles 3 et 5, donne le statut de ville-province à Kinshasa et le statut de Capitale du pays par son article 4. Ce décret-loi confère exclusivement aux communes de la ville de Kinshasa, le statut d'entités territoriales décentralisées (ETD), avec personnalité juridique. Elles sont administrées par des Bourgmestres et leurs adjoints. Conformément aux dispositions des art.7.1 et 7.2, de ce décret-loi, la Ville de Kinshasa est subdivisée en 24 communes de plus au moins 400 quartiers.

La Commune de la N'sele s'étend, de l'Est à l'Ouest, de l'aéroport de N'Djili à la Commune de Maluku et, du Nord au sud, du Pool Malebo à la rivière Dingi-Dingi qui la sépare de la province du Kwango. La Commune de la N'sele mesure 899 km^2. Les sols de la N'sele sont décrits comme étant des sols à texture essentiellement sablonneuse et assortie de quelques éléments grossiers. La faible capacité de rétention en eau de ces sols leur confère une utilité marginale pour l'agriculture. Son hydrographie est dominée par la rivière N'sele qui a un bassin de 2000 Km^2, et le fleuve Congo qui borde la Commune. Cette énorme Commune est réputée la moins lotie de la ville.

L'urbanisation rapide qu'a connue Kinshasa durant les cinquante dernières années explique, en partie, l'occupation de l'espace à N'sele qui défie les règles élémentaires de l'urbanisme et est à la base des conflits fonciers et de plusieurs pratiques urbanistiques parallèles. En 1925, la population de Kinshasa était estimée à 29.539 habitants et à 347.970 en 1955[82]. Les deux recensements de la population de 1975 et de 1984 (recensements scientifiques qu'a connus le pays) indiquent respectivement les effectifs suivants : 1.635.600 habitants et 2.664.200 habitants. Des estimations pour l'an 2018 étaient évaluées à 12.000.000 d'habitants[83].

Il convient de souligner que l'ensemble des terres de la Commune de la N'sele appartient, sur le plan coutumier, aux deux groupements : Ndola et Ngondjo. Dans les normes traditionnelles

---

[82] Hôtel de Ville de Kinshasa et Division urbaine du Plan à Kinshasa, rapport annuel 2005.

[83] de Saint Moulin, L. *et al.*, *INS recensement scientifique de la population 1984 : perspectives démographiques 1984-2000*, Monographie de la ville de Kinshasa, Kinshasa, CEK, 2001, p. 44.

humbu, la terre appartient à la famille élargie (clan) ; elle est un patrimoine collectif. Chaque clan a, à sa tête, un chef de clan communément appelé « *chef coutumier du clan* ». En général il s'agit de l'oncle maternel le plus âgé du clan et, en cas de son décès, il est succédé par son neveu ou nièce. Ce sont les membres du clan qui choisissent leur chef coutumier du clan et ce dernier est intronisé par le chef de groupement.

Il ressort de notre enquête que le groupement Mikondo respecte bien la tradition telle qu'expliquée ci-haut parce que l'actuel chef de groupement, ou mieux, chef des terres, Monsieur Ngandu Mukondola a pris le pouvoir après la mort de son frère aîné, l'ancien chef de groupement, Monsieur Ndola, qui lui-même l'avait hérité de leur oncle maternel. Ce respect de la tradition fait que le groupement Mikondo connaît moins de conflits fonciers liés à l'autorité traditionnelle, malgré la grandeur du groupement dont le pouvoir dépasse la commune de la N'Sele et s'étend jusqu'à Kimbanseke.

Par contre, le groupement Buma n'a pas respecté la tradition matriarcale. À la mort du chef Ngondjo Mufudi en 2013, son fils Néné Mayasi prend le pouvoir en violation des us et coutumes. Ce dernier chef, non seulement s'est permis de changer le nom du groupement qu'il fait appeler désormais « *groupement Néné Mayasi* », avec un nouveau cachet, mais il se livre également à la vente des terres du clan de son père, générant ainsi des multiples conflits fonciers. Cette situation de vente des terres de son clan paternel révolte toutes les victimes ainsi que leurs alliées, membres ou non de son clan paternel. Un conflit s'est déjà déclenché à ce sujet parce que sa grand-mère, Nkusu, tante de son défunt père, a saisi le tribunal de la N'sele pour dénoncer l'intronisation « *du fils de son neveu* » au trône de sa famille ainsi que la spoliation par ce dernier des terres de ladite famille.

Depuis 2014, le conflit a été successivement traité au Parquet secondaire de N'sele et au Tribunal de Grande Instance de N'djili.

Néné Mayasi a gagné tous les procès et gardé ainsi le pouvoir de gestion des terres. Nous avons suivi ce conflit au niveau du Tribunal de N'sele. Ce conflit illustre près de 80 % des oppositions que connaît le Tribunal de N'sele dont l'essentiel concerne les successions foncières.

Il sied de noter que la Commune de la N'sele est subdivisée en 16 quartiers.

2.2.2. Gestion foncière à Kinshasa : démission, substitution ou vampirisation de l'État ?

Les problèmes de la gestion foncière à Kinshasa sont ici présentés à travers les questions de la carence d'espaces pour l'État. En effet, malgré le passage formel en 2015, d'une administration foncière à quatre circonscriptions (*Mont-Amba, N'sele-Maluku, Funa et Lukung*a), à dix-sept circonscriptions foncières[84], la qualité de la gestion foncière n'a pas évolué. Il est même possible qu'à Kinshasa, l'objet foncier à gérer soit en cours de disparition dans le patrimoine public de l'État. Nos observations montrent que cet État n'a presque plus de terrain dans la ville de Kinshasa.

Il s'avère que 97 % de l'abord du Fleuve Congo, de Kwamouth à Kinsuka, appartient aux privés, personnes morales et physiques, parmi lesquels, seuls moins de 40 % sont de nationalité congolaise. Il s'agit là d'une zone frontalière entre Kinshasa et Brazzaville, que les fonctionnaires de l'État congolais ont concédée aux particuliers.

La crise foncière de l'État est telle qu'il n'est plus possible d'engager de grands travaux à Kinshasa, sans un conflit foncier

---

[84] Lire l'Arrêté ministériel des Affaires foncières du 25 mai 2015 portant création de dix-sept circonscriptions foncières dans la ville de Kinshasa. Il s'agit de Bandalungwa-Kintambo, de Barumbu-Kinshasa, Bumbu-Ngiri-Ngiri, de Gombe, Kalamu, Makala, Kasa-vubu- Lingwala, Kimbanseke, Kisenso-Matete, Lemba-Ngaba, Limete, Maluku, Masina, Mont-Ngufula, N'Sele, Ngaliema et Selembao. Selon l'Arrêté, les limites coïncident avec celles des communes affectées à ces juridictions.

opposant l'État aux propriétaires privés. Comme pour les autres grands Chefs-lieux des provinces, le Congolais, fuyant l'insécurité[85] en milieu rural, cherche refuge en ville. Le cas de Kinshasa est clinique : cette ville qui ne comptait que 400.000 habitants en 1960 a aujourd'hui une population estimée à 12 millions d'humains avec presque les mêmes équipements urbains qu'en 1960[86].

D'un côté, il y a la pression urbaine à Kinshasa. De l'autre côté, il y a manque d'espace public pour l'État. Cette crise foncière étatique ne permet pas l'agrandissement des voies routières, ni la construction d'infrastructures de gestion d'immondices (décharges publiques), ni les canalisations collectives des eaux usées et de pluies, ni les grandes infrastructures urbaines (stades, marchés, espaces verts…). L'absence des espaces récréatifs le montre très bien. La propriété privée immobilière ayant gagné du terrain sur les réserves domaniales, ce dernier temps, c'est l'État, au sens des pouvoirs publics (l'État, ses démembrements, ses établissements et ses entreprises), qui est en crise foncière. L'État n'a pas de terrain en ville alors que, paradoxalement, les particuliers en ont en jachère dans la même ville. L'État est désormais en guerre des terres contre lui-même[87].

C'est même les préposés de l'État qui ont, au nom de l'État, concédé des vastes étendues urbaines à des particuliers incapables de les mettre en valeur, mais aussi des logements de fonction dont ils se sont abstenus de réclamer la restitution à certains de leurs

---

[85] L'insécurité dont il est question ici doit être entendue au sens large du terme : alimentaire, sanitaire, éducative, sécuritaire…

[86] Moke Silubwe, *La crise foncière de l'État en République Démocratique du Congo : Kinshasa, une bombe foncière à désamorcer,* disponible sur http//www.google.cd, consulté le 21 décembre 2015.

[87] L'exemple des conflits autour d'une servitude qui opposent à ce jour la SCPT et les SEP-CONGO, deux entreprises étatiques, montre à suffisance cette crise foncière étatique.

collègues ou clients[88] sans citer toutes les concessions érigées anarchiquement sur le domaine public, avec la complicité des préposés de l'État. Certaines maisons de fonction ont franchi l'*usucapion*[89].

Nous constatons que l'époque de 3Z, *Zaïre notre Pays, Zaïre notre monnaie et Zaïre notre fleuve* appartient, même dans l'appartenance de ces ressources, au passé. À ce jour, le pronom possessif « notre » peut facilement être remplacé par « leur ». Le littoral fluvial qui fait partie, en droit, du domaine public fluvial de l'État accessible à tous, a cessé d'appartenir à l'État[90]. L'État, en perdant la propriété foncière à la frontière fluviale, a vu, au même moment, un gène de ses besoins de souveraineté s'accentuer. En effet, en cas de nécessité de défense nationale, l'État sera amené à recourir à des mécanismes juridico-administratifs qui troublent la propriété privée sous forme de réquisitions des concessions privées, voire d'expropriations de ces dernières, pour cause d'utilité publique. Au moment où Kinshasa fait face à l'accroissement du parc automobile et aux embouteillages, l'ouverture de nouvelles artères, notamment de l'autoroute doublée d'un chemin de fer, aurait permis un désengorgement sensible de la circulation automobile ; pourtant, la corniche fluviale était censée assurer cette mission.

Mais, comment l'État en est-il arrivé jusqu'à manquer de terrains d'intérêt collectif dans sa capitale administrative alors que son personnel contrôle les Affaires foncières et l'Urbanisme depuis la colonisation, alors qu'il détient, en droit formel, la propriété-

[88] Suivre à ce sujet l'émission de la Radio-Okapi sur les biens immobiliers de l'État détournés par les particuliers, Émission « Dialogue entre Congolais » du 13 janvier 2016 présenté par Lungembo, J.

[89] Principe de droit administratif qui donne droit à un utilisateur de maison durant trente ans de se voir reconnaître la propriété sur le bien.

[90] Or, un État frontalier par le fleuve a besoin d'une réserve foncière au long du littoral pour ses propres besoins de souveraineté et de surveillance frontalière.

té du sol et du sous-sol de tout le territoire depuis la zaïrianisation et la loi dite Bakajika ?

Certes, la pression démographique urbaine est réelle à Kinshasa mais elle n'a pas provoqué une pénurie de l'offre foncière, ni à Kinshasa, ni en RDC. 79 % de la superficie de Kinshasa, commune de Maluku, N'sele et une bonne partie de la commune de Mont Ngafula, sont inhabitées mais elles appartiennent à des concessionnaires privés. De même, la RDC est sous-habitée.

Contrairement aux fausses évidences partagées dans l'opinion publique et ancrées dans l'imaginaire collectif, l'État est en réalité l'oublié ou le marginalisé de la politique foncière qu'il chapeaute pourtant lui-même à travers ses représentants. L'on ne peut pas dire qu'il se suicide mais plutôt qu'il est en voie d'être assassiné par ses propres employés. Ici se pose le problème de la moralité des acteurs publics et de la compétence des préposés de l'État. Ce constat soulève également l'angoissante question de savoir si l'État a démissionné de ses responsabilités de gestion foncière ou s'il a été substitué par les initiatives privées. Tous ces concepts nous paraissent limités pour expliquer la réalité observée. Nous pensons pouvoir mobiliser le concept de la vampirisation de l'État pour englober toutes les dimensions des faits qui se présentent à nous. L'État a été vampirisé par un partenariat de fait entre ses propres fonctionnaires et les tiers usagers gestionnaires des services publics.

Pour Jean-Pierre Lotoy, il s'agit clairement des préposés de l'État qui fonctionnent à la manière d'anti-virus corrompus qui répandent dans le système des pulsions cancérigènes. Aux dires du précité, ces fonctionnaires de l'État sont, en fait, semblables à des gardes-chasses devenus, individuellement et/ou collectivement, eux-mêmes et/ou en partenariat avec les particuliers, des braconniers dans le parc. C'est cela une des images réelles de ce que nous conceptualisons comme la vampirisation de l'État.

Vampiriser l'État, c'est le dominer psychologiquement en lui retirant sa volonté et sa force vitale, son bien suprême, son espace territorial. En fait, par leurs comportements, les préposés de l'État sont semblables à des vampires au sens du dictionnaire Larousse. Par cette vampirisation, les préposés de l'État ont aspiré le sang, le bien vital suprême de leur employeur. En réalité, le territoire est la source vitale de l'État.

Par le fait de cette vampirisation de l'État, le principe de droit d'accès de tous au fleuve devient une utopie. Les jeunes générations kinoises ne voient plus le fleuve qu'à la télévision ; les domaines privés empêchant la vue et l'accès au domaine public fluvial affecté par principe à l'usage de tous. Ensuite, du point de vue du développement du pays, l'occupation privée de la corniche fluviale kinoise fait de la RDC l'un des rares pays côtiers au fleuve à se priver, ou à être privé, de l'exploitation économique de son littoral fluvial. Pour inverser la tendance, même l'expropriation pour cause d'utilité publique des concessions situées le long du fleuve serait une solution coûteuse pour les finances publiques et pour la paix sociale. Seule une recherche appliquée pourrait répondre efficacement à cette préoccupation.

Un autre mécanisme de la vampirisation de l'État s'observe dans le lotissement à travers le phénomène de morcellement des parcelles de l'État. Il s'agit des mécanismes consistant en la création de nouveaux quartiers à l'intérieur, ou en prolongement, du vieux Kinshasa. La première conséquence est liée à la sécurité civile : de nombreuses activités sensibles telles que les chemins de fer, les aéroports, les casernes militaires, les zones industrielles, les dépôts de carburants, la colline inspirée de Mont-Amba abritant l'Université de Kinshasa et le centre nucléaire ou plusieurs ouvrages isolés jusqu'à l'indépendance, ont été rattrapées par l'habitat privé, générant ainsi un voisinage dangereux pour la sécurité civile et des zones d'érosions difficiles à maîtriser.

Les inondations le long de la rivière Kalamu et de la rivière N'sele, ayant non seulement occasionné morts d'hommes et emporté des maisons mais aussi privé la ville de Kinshasa d'eau potable durant la semaine du 6 au 20 décembre 2015 à cause d'inondations de la station REGIDESO de N'djili, sont des exemples de voisinage devenu difficile entre l'Habitat (la sécurité civile) et certaines activités d'intérêts économiques.

Durant les 25 dernières années, les Congolais ont dû faire face à une crise de logements à cause, essentiellement, de cette vampirisation de l'État et de la crise d'intelligence urbanistique. L'exode rural et la forte pression démographique urbaine qu'évoquent les autorités publiques [91] sont des variables qui n'expliquent pas entièrement toute la réalité. La partie omise de la réalité est que l'État s'est vu d'abord privé de ses réserves foncières ; ensuite, pour profiter de l'opportunité qu'offre la crise du logement, les mêmes préposés de l'État, ne pouvant plus créer de nouveaux lotissements parce que l'État, déjà vampirisé, n'a plus d'espace foncier, vont d'urgence augmenter l'offre de logement en procédant à des morcellements des parcelles que l'État détenait encore ou en autorisant aux particuliers de morceler leurs parcelles, jusqu'aux dimensions de $5/5m^2$ frisant ainsi une promiscuité qui favorise la proximité maladive.

Après 1990, la plupart des quartiers (anciens et nouveaux) sont lotis spontanément et sauvagement via ces mécanismes de morcellement des parcelles, sans équipements, sans trottoirs, ni canalisations collectives, ni adduction à l'eau potable, ni connexion au réseau électrique[92]. Bref, l'anarchie est là mais cette anarchie est pratiquement normée. Il faut pénétrer l'arrière-fond mental des acteurs qui favorisent ces pratiques sociales pour percevoir les

[91] Entretien avec le Chef de Division cadastre, Hôtel de ville de Kinshasa, le 12 avril 2014.

[92] Des quartiers comme Buma, Selembao, Kingabwa Grand monde, Ndanu, Ngombe Lutendele, N'djili Brasserie, Tchad… sont de vraies bombes foncières à désamorcer.

normes pratiques qui les sous-tendent. Manifestement la loi foncière formelle est devenue l'exception et le pragmatisme la règle pratique. Ces normes pratiques ne sont pas totalement illégales, elles combinent, au gré d'intérêts et d'enjeux en présence, les normes formelles, les normes sociales et les pratiques apparemment sans normes.

En fait, une parcelle s'acquiert de manière aléatoire par contact direct ou indirect avec son propriétaire privé puis il faille aller valider la propriété chez les chefs coutumiers, le chef du quartier, le chef de la police, les bourgmestres, les fonctionnaires des ministères des Affaires foncières, de l'Urbanisme et Habitat et d'autres services de l'État, parfois même auprès de certains individus sans titre ni qualité quelconque. La situation est d'autant plus problématique que chacun des acteurs, étatique et non étatique, agit comme lotisseur urbain sans en avoir officiellement les attributions. Le ministère des Affaires foncières prend des décisions d'aménagement et de lotissement sans en aviser le service de l'urbanisme, de même pour le ministère des Travaux publics dont le service d'aménagement du territoire n'est pas supposé gérer l'aménagement non urbain ainsi que le ministère de l'Environnement[93].

2.3. Quartier Nyalukemba, ville de Bukavu, province du Sud-Kivu

2.3.1. Description de Bukavu[94]

L'histoire de la ville de Bukavu est intimement liée à la création des postes militaires, notamment celui de Nyalukemba, par l'administration coloniale belge. L'objectif était de surveiller la

---

[93] Michel Lusamba, K., *op. cit.*, p. 15.

[94] Ce point s'est largement inspiré du texte de Ferdinand Mapendano, Membre du Bureau d'Études de la Mairie de Bukavu, texte inédit intitulé « histoire de Bukavu ».

colonie allemande à l'époque de la Première Guerre mondiale. Par l'Arrêté du 19 février 1900, le Gouverneur général institue un conseil de guerre au poste principal du lac Kivu. Les premiers militaires belges s'installèrent à Nyalukemba en 1900. L'extension de la ville de Bukavu a effectivement eu lieu durant la période 1924 à 1927.

En 1925, Bukavu est érigée en circonscription urbaine. L'installation du District a attiré beaucoup de colons et une nombreuse main-d'œuvre noire. Jaspar, le ministre des colonies, par Ordonnance du 1er octobre 1927 remplace le nom Bukavu par Constermansville en souvenir de l'Inspecteur d'État Constermans. Par ailleurs, la période de 1928-1940 est celle de l'afflux des capitaux utilisés par divers organismes de construction et des entrepreneurs. À partir de 1928, l'on assiste à un remplacement progressif des paillotes par des maisons en briques ainsi qu'à la création du Comité National du Kivu (CNKi) et la Société Immobilière au Kivu (SIMAK). Le but de CNKi était de réaliser la mise en valeur du Kivu et celui de SIMAK était de promouvoir la construction de la circonscription urbaine de Constermansville.

Jusqu'ici, tous les efforts déployés pour la construction de Constermansville ne s'étaient pas encore tournés vers la cité indigène qui était encore un village traditionnel qui devait recevoir les ouvriers et les employés indigènes de l'État. Ce village devait se tourner le plus loin possible de la circonscription urbaine peuplée par les Européens. C'est cela qui explique la concentration de la population autochtone à Nyamugo.

La période 1940-1959 est celle de grandes constructions de la ville de Bukavu. Après le passage du Prince régent, l'Office du Centre Extra-Coutumier (OCEC) a été créé en 1940. Vu les préoccupations devenues très lourdes pour la SIMAK dans les plans d'urbanisation, cet organisme nouveau devait s'occuper uniquement des Centres Extra Coutumiers tandis que la SIMAK devait s'occuper entièrement des zones européennes.

Le nouvel organisme s'appela, par la suite, Office des Cités africaines (OCA). Il procéda, pour le compte de la colonie, au mesurage et au bornage des parcelles des centres extra-coutumiers ainsi qu'à leur construction. Comme le niveau de vie des indigènes était trop bas, ce fut grâce à des fonds prêtés que les noirs furent en mesure de s'acheter une maison modeste en matériaux durables. C'est pendant la période de 1940-1959 que furent érigés des édifices publics tels que le Collège Notre Dame de la Victoire (Actuel Collège Alfajiri) et l'Athénée royale d'Ibanda pour enfants européens, l'Athénée de Bagira et le Collège Saint Paul (actuel Kitumaini) pour les enfants noirs et métis, la Mairie de Bukavu et le Gouvernorat de Province.

Comme l'appellation Constermans-ville n'était employée ni par les européens, ni par les congolais, la ville reprit formellement son ancien nom de Bukavu le 1er janvier 1953.

En 1954, l'espace de Kadutu est saturé. Le besoin urgent de le dégorger va conduire à la création du centre extra-coutumier de Bagira, la même année. Celui-ci, contrairement à celui de Kadutu, a été créé avec des problèmes. Bien qu'inhabitée, la colline était couverte par la plantation de café de Monsieur Bormans. En plus, les indigènes ne voulaient pas aller à Bagira parce que ce nouveau centre était éloigné du centre-ville où se trouvaient divers services et magasins. Le Gouvernement a dû recourir à divers stratagèmes pour forcer la population noire à habiter Bagira[95] et ces mesures ont permis la construction des maisons à Bagira qui a été divisée en quatre quartiers : A, B, C et D jusqu'à l'accession du pays à l'indépendance.

---

[95] Tout immigrant, muté ou cherchant du travail, devait accepter de s'installer à Bagira ; on lui donnait alors une attestation de résidence et les demandeurs des maisons à l'Office de Cité africaine et Fonds d'Avance étaient exemptés de la garantie de 3 %. Le Gouvernement a demandé de construire une Église à Bagira dans le but d'y attirer les indigènes.

Actuellement en 2019, la commune d'Ibanda, qui constitue notre grappe, est divisée en trois quartiers subdivisés en 21 cellules et 197 avenues. Le quartier Ndendere qui a une superficie de 3,8 km^2 comporte 8 cellules et 53 avenues. Le quartier Panzi a une superficie de 5,6 km^2 et est constitué de 7 cellules et 72 avenues ainsi que le quartier Nyalukemba.

Alors que les dispositions légales précédentes disposaient[96], sans faire de distinction entre les communes de Kinshasa et celles des provinces, que : « *la commune est une entité administrative décentralisée. Elle est dotée de la personnalité juridique* », l'art.7 du décret-loi n° 081 précité dispose que : les entités administratives décentralisées sont : la province, la ville, le territoire et la commune pour la ville de Kinshasa. Et les entités administratives non décentralisées sont le district (les districts sont devenus des provinces décentralisées), la commune autre que celles de Kinshasa, etc. Le chapitre 6 du décret-loi n° 081 sus-évoqué, consacré aux communes en province, stipule que : la commune est une circonscription administrative dépourvue de la personnalité juridique…

Donc, au terme du décret-loi[97] portant organisation territoriale et administrative en RDC, seules les communes de la ville de Kinshasa sont des entités territoriales décentralisées.

2.3.2. Bukavu et ses réalités foncières

Notre enquête dans la ville lacustre de Bukavu révèle une multiplicité des conflits fonciers qui s'inscrivent dans les mêmes logiques que les réalités précédemment conceptualisées comme relevant de la vampirisation de l'État. Bukavu est un terrain des ten-

---

[96] Loi n° 77-028 du 19 novembre 1977 modifiée par l'ordonnance-loi n° 82-006 du 25 février 1982 portant, organisation territoriale, politique et administrative de la République du Zaïre.
[97] L'article 105 du décret-loi n° 081 du 2 juillet 1998 portant organisation territoriale et administrative de la RDC.

sions, des conflits entre les agents du Cadastre foncier, les fonctionnaires et agents des administrations étatiques, ceux des ONG et une pluralité d'acteurs.

Malgré l'existence d'un plan cadastral de la ville de Bukavu, grâce à la complicité des préposés de l'État, certaines maisons privées sont érigées sur les installations d'intérêt collectif : en pleine avenue, dans le domaine de la société nationale d'électricité, de la régie des eaux, du marché... d'autres encore sont bâties sur des espaces verts, et tous les propriétaires de ces maisons renseignent qu'ils détiennent des documents délivrés par les services étatiques. Non seulement ces lotissements se sont faits en désordre dans cette ville sismique, sur des terres à éboulement, mais aussi les morcellements des parcelles, publiques et privées, ne respectent aucune règle cadastrale.

Durant la période postcoloniale, tout comme à Kinshasa, la croissance spatiale à Bukavu est caractérisée non par son extension au-delà de ses limites telles que définies en 1958, mais plutôt par le développement à l'intérieur du périmètre urbain. Les populations se sont agglomérées à la proximité immédiate des noyaux urbains européens et des anciens centres extra-coutumiers. Ainsi sont nés de multiples quartiers spontanés, installés souvent dans leur grande partie, sur des sites inadéquats à l'habitat.

Ces constructions anarchiques sont le résultat du relâchement de l'État par ses fonctionnaires et leur attachement aux particuliers qui leur garantissent des intérêts privés. Il y a eu un laisser-faire ou même un encouragement des pratiques anarchiques de la part de ces préposés de l'État, si bien que certains concessionnaires ont bénéficié des facilités extraordinaires offertes par leurs clients préposés de l'État pour l'acquisition des parcelles et des permis de bâtir sur l'espace public.

Bien souvent, les autorisations de bâtir ont été accordées avec légèreté et souplesse. Bukavu de 2019 est caractérisée par l'augmentation des maisons semi-durables en ville, ne répondant pas aux normes de l'urbanisme et dont la construction a été faite sans le concours préalable des services d'urbanisme et habitat. De ce fait, les quartiers spontanés sont mal intégrés dans le plan d'urbanisme de la ville. Et pourtant, tout lotissement à Bukavu devrait tenir compte du facteur sismique.

Sur le plan socio-culturel, les réalités foncières de la ville de Bukavu peuvent aussi être expliquées par l'influence culturelle en matière foncière. Bukavu reflète à ce jour l'image d'un grand village. Depuis le génocide rwandais de 1994 et les guerres qui s'en sont suivies et transposées en RDC, la ville de Bukavu est majoritairement habitée par des déplacés de guerres, villageois congolais et réfugiés étrangers, fuyant les guerres, notamment le génocide du Rwanda en 1994, l'Alliance des Forces Démocratiques pour la libération, 1996-1997, le Rassemblement congolais pour la démocratie, RCD-Goma en 1998, les Maï-Maï, FDLR... dans les campagnes, ceux-ci s'amènent, en masse, dans la ville avec leurs logiques, habitudes et cultures aussi diverses que contradictoires. Mais, en même temps, ils créent un problème de surpeuplement, de promiscuité et d'hygiène écologique.

Actuellement, selon les experts de l'ONG IFDP, deux principales logiques socio-foncières dominent l'espace urbain de Bukavu[98]. Une première logique, celle des habitants venus de la zone de savane, communément appelée « *Kivu montagneux* », englobant les territoires de Walungu, Kabare, Kalehe, Idjwi et Uvira, où vivent des communautés traditionnelles avec une organisation sociopolitique centralisée et hiérarchisée, dirigée par les chefs coutumiers (Bami) dont le foncier sous-tend leur pouvoir politico-traditionnel. Ici, la terre appartient au Mwami qui peut même déplacer toute une communauté villageoise pour telle ou telle autre raison. Une deuxième logique, celle des habitants issus des zones

---

[98] Innovation et Formation pour le Développement et la Paix (IFDP). *Quelle sécurisation foncière en milieu rural ? Cas du Sud-Kivu.* Rapport de la Conférence de l'ONG IFDP, organisée le jeudi 18 octobre 2012 à Bukavu.

forestières localement appelées « *grand sud* », s'étalant sur les territoires de Mwenga, de Fizi (une bonne partie) et de Shabunda, composée des sociétés traditionnelles avec une organisation segmentaire dominée par les structures claniques.

De nos observations, il y a lieu de nommer une troisième logique, celle des réfugiés rwando-burundais et des Congolais rwandophones. Contrairement à toutes les autres communautés de la contrée qui s'identifient plus à la langue parlée, cette dernière s'identifie par rapport au lieu de résidence. D'où des expressions telle que « *Banyamulenge* » qui signifie « habitants de Mulenge » et pourtant, leurs langues les identifient comme des banyarwanda.

Bien que ces trois zones de logique présentent des différences et se réfèrent, souvent, à des normes contradictoires, il faut noter que certaines questions foncières touchent les trois zones en même temps avec presque les mêmes effets.

Tout comme ailleurs au Congo, des facteurs plus nuisibles à la gouvernance formelle dans la ville de Bukavu sont liés aux comportements des représentants des administrations étatiques qui procèdent à des délivrances des doubles, triples ou multiples titres fonciers sur un même terrain à plusieurs personnes à la fois, à la politisation et la prolifération des administrations publiques et privées chargées des Affaires foncières, à l'inefficacité et à la lenteur administrative stratégiquement entretenue dans la gestion des terres, au système archaïque et inefficace de gestion et de conservation des archives foncières, au personnel du cadastre qui est en majorité non compétent, moins motivé et très corrompu, aux pratiques de morcellement non contrôlé et anarchiste[99].

Un autre constat concerne l'accaparement des terres sous forme des spoliations enregistrées durant les périodes des guerres et qui sont dues aux « ramassages » des parcelles de ceux qui

[99] Nous avons trouvé, dans le quartier Nyalukemba, plusieurs parcelles mesurant 6 m^2.

fuient les guerres par ceux qui restent, reviennent bien tôt ou viennent avec les guerres. À ce sujet, Nyenyezi, Mudinga et Ansoms notent que « *les périodes de relatives accalmies ont donné lieu, devant les cours et tribunaux de la ville de Bukavu, à l'explosion de revendications portant sur les propriétés spoliées. Si durant les périodes des conflits les accapareurs recourent à l'intimidation ou à la violence pour déposséder les gens de leurs terres, les victimes de ces actes savent que cette option est toujours possible, même durant les périodes d'accalmie* ». L'enregistrement frauduleux des terres ainsi appropriées durant les périodes des conflits et des déplacements des populations rend difficile la contestation par la suite à cause du flou normatif et administratif ainsi créé.

Conclusion

Les éléments géographiques et culturels présentés dans ce chapitre sont indispensables à la compréhension des gouvernémentalités en présence. En effet, le savoir précède le pouvoir et la connaissance scientifique des enjeux, du jeu, des règles du jeu et des jeux sur les règles permettent à tout acteur et tout observateur d'être avisé ou attentif dans la saisie théorique et pratique des inflexions historiques et contextuelles.

La principale leçon à tirer de ce chapitre est que le postulat selon lequel la mauvaise gestion foncière en RDC est due uniquement à la crise foncière provoquée par la pression démographique relève, si pas de la facilité alors, d'une généralisation abusive. Ce postulat a été démenti par nos observations empiriques. Quel que soit le contexte, urbain, rural ou urbano-rural, la gestion foncière s'est butée aux jeux, enjeux et intérêts personnels d'acteurs, parmi lesquels, les préposés de l'État qui ont des intérêts divergents de ceux de l'État qui les emploie. En dépit de ces dérives vampirisatrices de l'État, cette substitution des intérêts de l'État par les intérêts privés des fonctionnaires et des usagers est tolérée par tous les acteurs et fait l'objet d'un certain consensus socio-culturel entre différents protagonistes et devient le lieu privilégié d'observation des mutations qui caractérisent toute la gouvernementalité publique congolaise aujourd'hui.

En faisant la présentation contextuelle des entités sous étude, notre ouvrage met à jour l'hétérogénéité culturelle de la problématique foncière. Cela étant fait, dans les chapitres suivants, nous allons procéder à l'autopsie des faits et à l'explication des résultats de nos recherches empiriques, contexte par contexte.

Chapitre troisième

AUTOPSIE DES NORMES ET STRUCTURES SOCIALES DE GESTION FONCIÈRE

Introduction

Nous examinons ici les mécanismes traditionnellement admis en matière de gestion des terres. Pour des raisons de simplicité, nous les regroupons en une catégorie, mêmes si nous savons très bien qu'il s'agit en réalité, là-dedans, d'un pluralisme d'entendements coutumiers. La coutume n'est pas homogène, elle est en elle-même hétérogène et plurielle. Au sein de cette pluralité, outre les normes issues des coutumes traditionnelles, il faut ajouter des croyances religieuses et les habitudes d'usages communément partagées par une communauté sociale donnée.

Le lecteur de ce chapitre va donc se retrouver en présence de multiples strates des normes qui sous-tendent les gouvernémentalités d'acteurs que nous regroupons sous l'étiquette : « Institutions sociales ». Cette seule famille institutionnelle, tout comme toute famille des normes, qu'elle soit étatique, non étatique ou sociale, forme un pluralisme complexe. Notre ambition dans cette recherche fondamentale n'est nullement de vouloir choisir un type normatif au détriment d'autres types mais, nous ambitionnons la compréhension et, ensuite, l'explication de leurs mécanismes de fonctionnement et de perpétuation.

Afin de bien refléter les spécificités locales, certaines questions adressées à nos enquêtés ciblaient des centres d'intérêt ou des facteurs particuliers à chaque entité sous étude. Mais, dans l'ensemble, les outils de production des données étaient plus variés et accordaient davantage de poids aux considérations locales, pour chaque site d'étude et chaque catégorie institutionnelle.

3.1. Normes et structures sociales de gestion foncière

La terre, telle que normée et administrée dans les sociétés traditionnelles, doit être étudiée en termes des us et coutumes, produits d'une longue histoire et qui devaient assurer la tranquillité et la paix dans les communautés. Les lignes qui suivent mettent en évidence, d'une part, les normes sociales de la gestion des terres, et, d'autre part, les insuffisances et contraintes de ces normes sur le plan pratique rendant, par ce fait, la gestion des ressources naturelles délicate et trouble.

3.1.1. Terre, propriété collective jusqu'en 2019 ?

Jean-Pierre Lhobo[100]explique qu'avant l'arrivée du colonisateur belge, les populations autochtones des empires et royaumes qui sont devenus l'actuelle République Démocratique du Congo, n'avaient pas la notion de la propriété privée de la terre. La terre était une propriété collective, cultivée et exploitée (chasse, cueillette, etc.) en groupe et inaliénable. La terre et tout ce qu'elle contient, végétation, biodiversité et ressources du sous-sol, constituaient pour les sociétés traditionnelles, la force productive par excellence. Par ailleurs, selon la coutume, le droit foncier des

[100] Lobho Lwa Djugudjugu, J.-P., « la stratégie foncière et la politique agricole au Zaïre avant l'indépendance », in Lapika Dimomfu (dir.), *Problèmes fonciers et politiques agricoles en Afrique centrale*, Actes de la rencontre internationale des sociologues et anthropologues de l'Afrique centrale, Kinshasa, 27-29 janvier 1988, CERDAS, pp. 24-52. Lire aussi, Lobho Lwa Djugudjugu, J.-P., *Questions spéciales d'histoire politique du Congo*, Séminaire de 3e cycle en Sciences politiques et administratives, inédit, Université de Kinshasa, 2013-2014.

communautés locales était intangible, imprescriptible et non indemnisable, car une indemnité risquait de les éteindre.

La terre et tout ce qu'elle contient de végétal ou d'animal constituent, pour les sociétés traditionnelles, la force productive par excellence. À ce titre, la terre était le prolongement organique et naturel du producteur, en tant qu'individu intégré dans une structure sociale qui le définissait comme tel : membre producteur d'une communauté, d'un lignage, d'un clan…

Avant la colonisation belge au Congo, la terre était divisée entre les différentes communautés qui se reconnaissaient mutuellement le droit de vivre sur une certaine portion du territoire. Dans une communauté, le droit de jouir d'une certaine parcelle de terre était déterminé par les dignitaires qui agissaient en vertu des règles coutumières non écrites. C'est la colonisation qui a fait le travail de cartographier les terres rurales[101]. Avant l'instauration de l'État moderne par la colonisation, ceux qui travaillaient la terre en étaient les légitimes propriétaires, pas forcément légaux aux yeux de la loi moderne importée.

Aujourd'hui, le droit formel de propriété foncière fait appel, non seulement au certificat d'enregistrement, dont les procédures ne sont pas à la portée des communautés locales, mais aussi à l'obligation de mise en valeur des terres. La norme formelle oblige qu'on ait mis en valeur ses terres en y investissant, faute de quoi l'on peut s'en trouver dépossédé. Cela est d'autant plus vrai que le législateur prescrit qu'en cas d'expropriation pour cause d'utilité publique, on évalue uniquement les investissements réalisés sur les terres objets de l'expropriation et, c'est en fonction de ça qu'on indemnise. Dans le même registre, la loi prévoit qu'en cas d'emphytéose, le nouvel acquéreur d'un espace de terre a

[101] Lire les rapports annuels 1885-1895 relatifs à la cartographie du territoire de Bulungu. Disponibles dans les archives du bureau du territoire de Bulungu à Bulungu.

l'obligation stricte de « mettre en valeur » le domaine foncier placé sous son autorité moyennant le canon emphytéotique.

Par ailleurs, la coutume est devenue par la constitution de 2006, une source juridique, indépendante de la loi, devant simplement être conforme à l'ordre public et aux bonnes mœurs[102]. Il existe même, dans le dernier Gouvernement central de Bruno Tshibala (sous Kabila), un ministre chargé uniquement des Affaires coutumières.

S'agissant du concept de propriété en droit coutumier, tout le droit foncier coutumier congolais repose sur ce concept, dont la maîtrise s'est avérée tantôt maladroite (période coloniale), tantôt conciliante (reconnaissance par le colonisateur). Enfin, l'on retient la reconnaissance d'une grande valeur culturelle (connaissance de soi-même).

Avant la pénétration coloniale, la terre comme propriété collective n'avait jamais posé problème. Il a fallu attendre l'avènement du concept européen de « domaine de l'État » et du concept de « terres vacantes et sans maître », pour voir se rétrécir le champ conceptuel de « propriété coutumière ». D'ailleurs, l'administration coloniale se serait gardée d'utiliser le terme de « propriété » pour les terres indigènes ; à la place, elle a préféré dire « *terres que les indigènes occupent*-villages et plus de 5 km^2 autour des villages » et pourtant, selon la norme coutumière de ces indigènes, le bien foncier doit demeurer éternellement intact. Il a été donné aux familles par les ancêtres (dieux) pour assurer leur souveraineté alimentaire et préserver leur dignité humaine (un homme ou un village affamé est facilement convertible en esclave).

Chez les Bashi du Sud-Kivu, on peut distinguer un chef de terre, le Mwami, qui était le seul habilité à céder, à titre provisoire, des portions de terres aux demandeurs qu'ils soient autochtones ou pas.

[102] Article 153 al3 de la constitution du 18 février 2006 telle que révisée par la loi n° 11/002 du 20 janvier 2011.

Par contre, chez les Songo du Kwilu et les Humbu de Buma, les terres appartiennent aux différentes familles élargies qui les gèrent librement à travers leur oncle institué qui combine les rôles de chef de clan et de chef des terres[103]. Dans tous les cas, les détenteurs coutumiers exerçaient une gestion communautariste de ces terres qui assuraient à la communauté villageoise ou à la famille élargie, abris, nourritures et cimetières. Le caractère communautaire des terres, son incessibilité à titre définitif, par l'achat ou le don à quiconque, permettaient à tout ayant-droit de la famille ou de la communauté d'obtenir une parcelle à construire ou à cultiver. Nous retrouvons les mêmes dispositions chez les israélites de l'époque biblique[104].

Les étrangers et allochtones, eux non plus, n'avaient pas beaucoup de peines à obtenir des terres provisoires. La conception congolaise de la vie n'a cessé de décrire la terre comme une réalité sacrée[105] qui mérite, par-delà tout respect lui accordé, d'être l'objet de toute protection contre tout ce qui peut affaiblir la vie[106].

3.1.2. Proverbes : langage traditionnel des normes sociales

Le 19 mars 2016, sous le Baobab du village Kiyoko, dans le groupement Kasambanza, nous avons assisté au premier palabre relatif au conflit foncier qui oppose le clan Isungu au clan Kisala. Nous avons poursuivi cette observation dans la durée en dates du 14 novembre 2016, 14 février 2018, 10 décembre 2018 et 6 janvier 2019. Nous avons constaté, lors de ce palabre, que le vieux notable

---

[103] Nos enquêtes dans les trois contrées.

[104] « ... *Vous ne déplacerez pas les bornes qui marquent les limites de la propriété de vos voisins qui auront été fixées par les premiers arrivés* » et « *Ainsi, le patrimoine foncier des Israéliens ne passera pas d'une tribu à l'autre et chaque Israélien restera attaché au patrimoine foncier de la tribu des Israéliens* ». Bible, Deutéronome 19 : 14 et Nombre 36 : 1-13.

[105] Tempels, P., *Plaidoyer pour la philosophie bantoue et quelques autres textes*, Paris, PUF, 1978, p. 7.

[106] Tempels, P., *La philosophie bantoue*, Paris, Présence africaine, 1949, p. 35.

ne parle qu'en proverbes et l'assistance est appelée à décrypter les messages dont l'accès est fonction du milieu social et du niveau d'absorption des normes endogènes à ce milieu. En voici quelques illustrations :

- il est interdit de pêcher la nuit s'il n'y a pas pleine lune dans le ciel,
- en cas de conflit entre l'éleveur et l'agriculteur, la vérité est toujours du côté de l'agriculteur car, le champ ne se déplace pas, c'est l'animal qui se déplace,
- la femme a pour domicile la résidence de son mari et comme territoire de survie la forêt du clan de son Mari,
- la terre au membre du clan qui la travaille,
- la mise en valeur durable, c'est le cimetière,
- le premier occupant est toujours le chef du village,
- les conflits fonciers naissent, grandissent mais ne meurent jamais,
- la terre des ancêtres n'a pas de prix, elle ne peut être vendue,
- qui a la terre, a la guerre (la terre est conflictogène),
- qui accueille aujourd'hui, sera accueilli demain, il ne faut donc pas donner sa terre aux étrangers sinon, ils vous y chasseront.

Ces proverbes, dont nous empruntons quelques-uns à Ousmane Traore[107], même simples à première vue, cachent des profonds soubassements et demeurent hautement révélateurs des sociétés qui construisent leurs manières de vivre autour d'un vécu local. Il faut donc aborder les normes sociales de ces sociétés avec un esprit de profondeur, quand bien même il y aurait un risque de divergence d'interprétations. Surtout lorsqu'on n'appréhende pas le fond des pensées et le sens des messages. Les enjeux des normes coutumières, leurs versants visibles et cachés se trouvent derrière les proverbes.

---

[107] Traore, O., *Exister par le foncier et demeurer en l'adaptant aux nouvelles exigences et réalités*, Intervention au colloque IRG/ARGA de Bamako, Mali, janvier 2007.

3.1.3. Interdictions : mécanisme de socialisation coutumière

Les sociétés traditionnelles procèdent par une pédagogie d'interdictions. Le plus souvent, pour inculquer une leçon à quelqu'un, on préfère lui dire simplement que telle chose est interdite, sans commentaire. Cette technique qui ne laisse aucune place à la discussion, à l'échange entre le Maître et l'élève, est bien une méthode courante en gouvernance foncière. La crainte de faire quelque chose d'interdit dissuade et freine toute velléité dans une société où l'on préfère la juxtaposition à l'opposition. Les vieilles personnes qui enseignent ces interdits sont craintes et respectées. Elles incarnent la vérité, représentent sur terre les ancêtres qui, selon l'imaginaire collectif, continuent à leur parler ou à leur envoyer des messages.

Lorsqu'on dit par exemple dans le domaine de la gestion riveraine « *qu'il est interdit de pêcher la nuit s'il n'y a pas de lune pleine dans le ciel* », cela signifie en fait, que pêcher la nuit, dans l'obscurité, ne profite pas au pêcheur, parce qu'en ce moment les poissons sont en profondeur. En plus, pendant la nuit, lorsque le pêcheur se noie, il n'y a personne pour le sauver. Pour ces raisons évidentes, l'on préfère donc interdire la pêche de nuit.

Si un animal sauvage se retrouve dans un village Songo, il est généralement interdit de l'abattre sans autorisation du chef coutumier. Car, selon les traditions, un animal égaré est un messager et, en matière de gestion des ressources naturelles, il y a un temps et un lieu pour abattre les animaux sauvages (technique de protection des animaux).

3.1.4. Croyances et normes sociales

L'Afrique qu'on disait mal partie[108] ou refusant le développement, a-t-elle gardé son intelligence sociale ? Nous avons constaté

---

[108] Dumont, R., *L'Afrique noire est mal partie*, Paris, Seuil, 1962, p. 7.

sur le terrain que la croyance spirituelle est étroitement entremêlée aux normes sociales régissant les terres. À ce sujet, le chef du village Kiyoko affirme que : « *les hommes sont liés à la terre et aux produits de la terre par des liens invisibles qui créent une interdépendance entre la survie de l'homme et la préservation de son environnement* ». Ces croyances spirituelles contribuent à la sacralisation de certaines normes sociales.

98 % de nos enquêtés du groupement Kasambanza pensent que les poissons, aussi bien dans des rivières que dans des étangs de pisciculture, les gibiers dans la brousse et la forêt, les champignons, les chenilles et la rentabilité de l'agriculture sont dus à la présence des forces surnaturelles de certains notables. Selon ces enquêtés, les poissons « Congo ya sika » auraient été amenés mystérieusement dans les rivières de la contrée par les sorciers à l'aide de leurs pouvoirs mystiques. Matondo nous déclare à ce sujet : « *les vieux parviennent à se transformer en Boa (grands serpents) et vont avaler les poissons dans le fleuve et les grandes rivières pour venir les cracher dans les étangs et rivières du village* ».

Les interdits sont sacrés et porteurs d'une grande capacité de persuasion. À titre illustratif, le Chef du village Mandundu avait interdit, à travers son griot qui criait au soir du jeudi 23 mars 2016 dans les rues du village que, sur injonction des ancêtres, toute chasse de gibier est prohibée par le conseil des notables du village. Nous avons constaté qu'effectivement, deux semaines après, aucun villageois n'avait osé braver cette mesure. Il nous semble que la référence aux ancêtres peut être capitalisée au service de la conservation de la biodiversité.

En fait, selon le Chef de village interrogé à ce sujet, cette interdiction est justifiée pour le besoin de la reproduction des animaux de brousse. Pour l'efficacité de ses mesures, les normes coutumières associent le monde des ancêtres à celui des vivants, surtout que la terre constitue « *l'héritage des ancêtres* ». Il existe, selon le Chef coutumier Tayoko, différentes alliances spirituelles passées par les ancêtres avec la nature. Ces ancêtres resteraient présents dans la vie de leurs descendants, qu'ils protègeraient ou qu'ils puniraient, en fonction du respect ou non que ces derniers accorderaient aux pactes ancestraux. Selon ces coutumes, une double responsabilité pèse sur les vivants : d'abord, l'obligation de pérenniser l'héritage territorial de la communauté tel que légué par les ancêtres, ensuite, le devoir de transmettre ledit héritage aux générations futures du clan.

Il s'agit, certes, des croyances, difficilement vérifiables mais, il n'est pas moins vrai que ces croyances sont suivies et respectées dans les pratiques sociales. Elles contribuent fondamentalement au maintien de la biodiversité, parce qu'elles suscitent un comportement de modération envers la nature et ses différentes composantes. Elles sont porteuses des capacités qui puissent contribuer, si bien capitalisées, à la mise en place d'une gouvernementalité alternative qui soit à même de répondre aux besoins des générations présentes, sans compromettre ceux des générations futures.

Kouassigan[109] partage cet avis lorsqu'il écrit que : « *chaque génération tient ses droits de la génération précédente sans que celle-ci ne perde son droit de regard sur l'usage qui est fait du patrimoine commun. Chaque génération joue à l'égard de celle qui l'a précédée et, de celle qui viendra après elle, le rôle d'administrateur des biens collectifs et est, de ce fait, tenue de lui rendre compte de ses actes d'administration. La perspective de cette reddition des comptes est une garantie efficace contre les actes de dépossession.*

Or pour l'État moderne, certains espaces constituent des aires protégées. Ils sont mis hors de la portée des exploitants dans le but de la préservation de la faune, de la flore et des ressources naturelles. Pourtant, l'État malgré son monopole de la violence régalienne, reste confronté à l'épineux problème de l'infiltration pay-

---

[109] Kouassigan G.-A., *L'homme et la terre, droits fonciers coutumiers et droits de propriété en Afrique occidentale*, Paris, Orstom, Berger-Levraut, coll. « L'homme d'outre-mer », 1996, p. 283.

sanne dans ces aires protégées, soit pour la chasse-braconnage, soit pour la culture agricole. Il s'agit ici d'une question opposant les intérêts des exploitants à ceux de la conservation des espèces et d'espaces protégés. Plusieurs cas des conflits entre l'État, les organisations nationales et internationales ainsi que les Paysans ont été recensés autour de ces aires protégées.

Dans la marche vers la réforme du système formel de gouvernance foncière, l'appropriation et l'inculturation de cette référence à la sacralité pourrait être un moyen de préservation de l'environnement local. Il appartiendra au législateur de s'en inspirer intelligemment afin de mettre ces normes sociales endogènes au service des objectifs nationaux. Cela peut consister, par exemple, en la prise en compte de l'interdit à travers la création des zones « *sacrées-protégées* » par les coutumes et les moyens régaliens de l'État. Il devra s'agir d'une recherche appliquée procédant par l'inventaire suivi d'un examen approfondi des croyances spirituelles et des pratiques sociales y relatives.

Dans le domaine minier à Twangiza[110], il est généralement ancré dans l'imaginaire collectif des habitants que les mines sont des gîtes des esprits. Les habitants des villages miniers sont soumis chaque année à des rites ordonnés par les chefs de villages et leurs notables dans le souci de les prémunir contre des châtiments des esprits.

Au village Kisapemba, dans le groupement Kasambanza, les populations s'étaient révoltées contre le pouvoir du chef de groupement Kalunda, voulant s'affranchir de ce dernier et créer leur propre groupement. Les nouveaux « révolutionnaires » conduits par un certain Mpô, ont remis en cause le monopole spirituel de bénédiction ou de malédiction des produits de la terre, forêts et eaux par le chef de groupement et, s'étaient livrés à des actes de sabotage et

---

[110] Twangiza est une localité minière située à moins de 100 km de la ville de Bukavu, dans la province congolaise du Sud-Kivu. La société canadienne Bandrow y possède une carrière d'exploitation de l'Or.

de dénigrement du Chef. Quelques mois après, les révoltés sont revenus au point de départ. Parce que, selon eux-mêmes, « *les exploitations agricoles n'ont pas généré comme d'habitude pendant cette période* ». Par ailleurs, au village Kiyoko, la mort du chef Yoko est assimilée au fait d'avoir autorisé, sans le consentement du Chef de groupement, l'abatage d'un porc sauvage qui s'était égaré jusqu'au village.

3.1.5. Totems et conservation des espèces

Il s'observe que chaque clan possède une plante ou un animal sacré considéré comme totem pour ses membres. Ceux-ci ne doivent pas le manger ou même pas en toucher. En effet, dans l'imaginaire collectif, l'eau, la forêt et la brousse seraient des lieux hantés par des esprits. Ces esprits s'incarneraient dans les animaux sauvages ou aquatiques. C'est pourquoi il a été prévu pour leur gestion des Maîtres de l'eau, de la forêt et de la brousse (totem).

Les statistiques reprises dans le tableau ci-après nous ont permis d'appréhender les éléments de la nature ainsi que la capacité régulatrice des interdits.

Tableau n° 1 : Clans, totems et capacité régulatrice

	Kasambanza		Buma		Nyalukemba		Croisement des sites	
Réponses	Fréquence	%	Fré-quence	%	Fréquence	%	quences Cumulées	% Cumu-lé
Animaux	113	94,17	118	98,33	19	15,83	250	69,44
Arbres	5	4,17	2	1,67	0	0	7	1,94
Rivières/ Eaux	1	0,83	0	0	0	0	1	0,28
Ne sait pas et n'y croient pas	1	0,83	0	0	101	84,17	102	28,33
Total	120	100	120	100	120	100	360	100

De ce tableau : 69,4 % de nos enquêtés reconnaissent leurs totems dans les animaux et croient aux interdits traditionnels liés à ces animaux. Par contre, 28,3 % d'entre eux ne connaissent pas les totems de leurs clans et n'y croient même pas. Seule une minorité de 1,9 % ont des totems végétaux et 0,2 % ont des totems liés aux rivières ou aux eaux en général.

Globalement, à considérer la force protectrice des interdits liés aux totems, nous pouvons conclure qu'en RDC, les animaux (*éléments de flore*) sont plus protégeables par les normes sociales coutumières que les forêts et les cours d'eau (éléments de la faune).

Par ailleurs, au niveau segmentaire, les représentations des interdits liés aux totems contrastent par rapport aux sites d'enquêtes. Si pour les milieux ruraux et urbano-ruraux, notre enquête renseigne que les enquêtés respectent ces totems et croient fermement aux interdits y relatifs, dans les milieux urbains par contre, ici représentés par la ville de Bukavu, les interrogés n'ont pas connaissance des totems et n'y croient généralement pas.

L'inculturation des interdits à travers la mise en place des espaces sacrés-intouchables et protégés pourrait aider à l'instauration d'une autre forme d'écologie politique de la conservation des espèces animales et végétales en voie de disparition. Notre objet ici étant fondamentalement scientifique (*compréhension et explication*), il appartiendra aux praticiens (*nationaux et locaux*) de trouver des voies et moyens d'y parvenir dans le cadre d'une recherche appliquée.

3.1.6. Normes sociales et usages des terres

Tableau n° 2 : Modes de faire valoir les concessions foncières

	Kasambanza		Buma		Nyalukemba		Croisement des sites	
Réponses	Fréquence	%	Fréquence	%	Fréquence	%	Fréquences Cumulées	% Cumulé
Concession personnelle	39	32,5	101	84,17	92	76,67	232	64,44
Héritage coutumier	69	57,5	14	11,67	16	13,33	99	27,5
Métayage (contre récolte à partage)	3	2,5	1	0,83	0	0	4	1,11
Fermage locative (contre un paiement en espèce)	7	5,84	3	2,5	0	0	10	2,78
Squatter (on occupe sans rien payer)	1	0,83	1	0,83	0	0	2	0,56
Autres	1	0,83	0	0	12	10	13	3,61
Total	**120**	**100**	**120**	**100**	120	100	360	100

Les données reprises dans le tableau ci-haut indiquent que 64,4 % des terres occupées soit, 32,5 % à Kasambanza, 84,1 % à Buma et 76,7 % à Bukavu, répondent au régime de la propriété privée (individuelle). Viennent en deuxième lieu 27 % des terres occupées suivant la coutume (57,5 % à Kasambanza, 11,6 % à Buma et 13,3 % à Nyalukemba).

S'il peut être normal que cette prédominance soit effective dans les milieux urbains et, peut-être, urbano-ruraux où le statut des terres n'est pas précisé par la loi, il nous parait très expressif au sujet des entités rurales. 32,5 % des terres rurales, dites des communautés locales, sont en mutations. Les pratiques des fermes privées sur les terres dites de communautés locales contribuent à cette privatisation à tel enseigne que certains clans n'ont même plus d'espace de vie dans leur propre village.

Par ailleurs, les cessions des terres répondent à biens d'autres normes. C'est le cas de 2,7 % de nos enquêtés qui occupent la terre contre un paiement momentané en espèces ou de 1,1 % de ceux qui exploitent des domaines agricoles contre la promesse de partager, le moment venu, la récolte. Seul 0,5 % de nos partenaires de recherche exploitent des terres qui ne leur appartiennent pas, mais sans devoir débourser quoi que ce soit à qui que ce soit.

3.2. Pluralisme et hétérogénéité des coutumes

3.2.1. Normes sociales/milieux ruraux

Le pluralisme des normes sociales en matière de la propriété foncière est à la base des réalités multiples et souvent contradictoires rendant la gestion des terres difficile et trouble. Nous pouvons, par exemple, catégoriser les conflits entre Chefs coutumiers-villageois en trois types : les conflits liés au niveau d'étude, ceux liés au pouvoir spirituel des chefs et, enfin, ceux liés à l'insuffisance des espaces de vie.

Premièrement, le niveau d'étude constitue, à ce jour, un des critères majeurs pour la sélection d'un héritier qui doit succéder à son père/oncle à la tête de la chefferie ou du clan. Sur le terrain, 17 % de chefs coutumiers ont un niveau d'étude primaire ou post-primaire ; 67 % ont, au moins, un niveau d'étude des humanités ; 16 % d'entre eux sont porteurs d'un diplôme d'études supérieures/universitaires. Nous notons plusieurs cas de réticence de la part de ces enfants scolarisés pour accéder au pouvoir coutumier, réputé sorcier, fétichiste et rétrograde. Souvent, c'est après une longue discussion et insistance entre les anciens et l'héritier qu'un compromis est trouvé.

L'esprit scientifique (critique) ne semble pas s'accorder avec certains principes des normes sociales. La source de légitimité de l'autorité du chef traditionnel réside essentiellement dans des valeurs difficiles à prouver.

Nous avons observé sur les terrains la banalisation du fait traditionnel, de rites qui nécessitent l'utilisation de certains symboles par le chef lui-même. À Buma, particulièrement, les chefs coutumiers des clans s'adonnent plus à leurs activités personnelles, comme fonctionnaires de l'État ou d'une entreprise et, surtout, se livrent aux commerces et à la vente des terres qui leur prennent une grande partie de leur temps et dont les revenus ne profitent qu'à leurs intérêts personnels (famille occidentalisée : papa, maman et les enfants), alors qu'à Kasambanza les chefs coutumiers ont encore leur crédibilité traditionnelle quoiqu'ils s'adonnent également à la vente des terres. Ceci crée un sentiment de méfiance de la part de leurs sujets qui estiment que les chefs désacralisent le pouvoir traditionnel. Cependant, à cause de la crainte de la sorcellerie et des croyances mystiques, ces conflits demeurent souvent latents.

En réalité, cette pratique n'est pas propre à l'époque actuelle. Déjà, à l'heure de l'occupation coloniale, Héritier Mambi[111] rapporte qu'en contrepartie de quelques avantages de pacotille (sels, sucres, allumettes, cigarettes,...), les chefs coutumiers de l'époque, c'est-à-dire, les arrières grands-parents des chefs coutumiers actuels, avaient signé des accords avec les représentants des intérêts coloniaux, pour brader la quasi-totalité du territoire constituant l'actuelle République Démocratique du Congo. Et pourtant, selon les normes sociales, le chef coutumier devrait assurer le bien-être de sa population en distribuant équitablement la justice et les ressources de la terre et, en assurant la protection de la population locale.

Le problème réel, mais latent, qui s'intercale entre les chefs coutumiers et les paysans locaux est lié, dans toutes les entités sous étude, à l'insuffisance des terres pour les besoins locaux des communautés, l'insuffisance due en grande partie au statut foncier de nouveaux exploitants allochtones/autochtones privatisant la terre et à la gestion clientéliste des conflits fonciers. Cette gestion participe à la vampirisation de l'État.

Tout comme à l'époque de l'occupation coloniale, au lieu de veiller à la sauvegarde de l'héritage foncier communautaire, les chefs coutumiers d'aujourd'hui vendent et distribuent les terres du clan auprès des plus offrants, sans tenir compte des besoins de leurs communautés locales dont les terres ne suffisent plus à la subsistance des familles. Certains autochtones n'ont plus de terres à habiter dans leur propre village. L'un d'entre eux déclare : «*je suis devenu étranger sur la terre de mes ancêtres. Je n'ai plus la terre à cultiver ni celle où je peux construire une maison, puisque le chef coutumier de notre clan a presque tout vendu aux allochtones*»[112].

---

[111] Mambi Tunga-Bau, H., *Pouvoir traditionnel et pouvoir de l'État en RDC, esquisse d'une théorie d'hybridation des pouvoirs politiques*, Kinshasa, Mediaspaul, 2010, pp. 14-17.
[112] Entretien avec Maman Mpanga, Buma le 14 mars 2014.

La gourmandise de ces chefs coutumiers conduit souvent les membres de leurs clans à des spoliations au profit des bourgeoisies locales et urbaines, lesquelles entretiennent des rapports de complicité avec les autorités administratives formelles. Ces bourgeoisies sont, du fait de leurs relations avec ces autorités, les plus aptes à pouvoir mobiliser le droit positif et à diligenter l'enregistrement des terres à travers les rouages des administrations étatiques et, ainsi, apporter la preuve de la mise en valeur des concessions accaparées.

3.2.2. Normes sociales/Milieux urbano-ruraux

84,1 % des exploitants fonciers de Buma sont allochtones et propriétaires des terres. Ils ont obtenu ces lopins des terres en achetant cash, puis les ont enregistrés auprès de l'administration foncière, aliénant ainsi, pour toujours, les autochtones de leur héritage traditionnel foncier. 11,6 % sont autochtones et exploitent leur héritage coutumier. 2,5 % de ces exploitants fonciers sont des locataires mais autochtones et 0,83 % ont un contrat de métayage (contre récolte à partager) ; et 0,83 % exploitent des terres sans rien payer grâce à l'autorisation des chefs coutumiers.

Cette situation est à la base de multiples conflits entre les chefs coutumiers et les membres de leurs clans. Plusieurs clans se sont même disloqués. Les anciens supportent mal « *la contestation* » des actes posés par le Chef coutumier par certains membres de la Communauté, même lorsque ces actes sont contraires aux intérêts vitaux de ladite communauté. « *La manifestation d'opposition contre le pouvoir traditionnel n'est pas autorisée par la coutume* »[113].

Le matriarcat est encore plus complexe dans la gestion des terres que dans tout autre domaine de l'héritage. Le Fils d'un Son-

---

[113] Entretien avec Monsieur Adamo, chef coutumier d'un clan de Buma, Kinshasa le 29 juin 2014.

go (matriarcat) ne peut prétendre avoir accès aux terres du clan de son père. Il se voit attribuer l'utilisation des terres du clan de sa mère. Si la femme qui se marie perd en pratique le droit d'usage des terres de son clan, ses enfants le retrouvent. C'est un transfert matrilinéaire.

La femme dispose du privilège exclusif de transmettre le droit d'utilisation des terres et des ressources naturelles à ses enfants mais non pas le droit d'usage pendant qu'elle est mariée. Les hommes du clan, quant à eux, possèdent le droit d'usage (avec leurs femmes et enfants) mais n'ont aucun droit de transmettre ce droit d'usage à leurs femmes et progénitures. Ce système millénaire parait complexe pour un esprit occidental, mais il a fait ses preuves depuis des siècles, pour maintenir la paix sociale et la cohésion de chaque communauté.

À y regarder de près, qu'il s'agisse du patriarcat ou du matriarcat, les modes d'accès et d'usages de la terre, tels que normés ici, excluent les femmes de la tenure foncière perpétuelle. Déjà à la naissance, les filles et les garçons sont différemment socialisés, parce que n'étant pas perçus comme égaux. S'agissant des relations allochtones-autochtones, 64,1 % des conflits à ce stade relèvent de ce qu'on pourrait appeler multiples ventes du terrain par les chefs coutumiers. Ces derniers revendent, à plusieurs personnes, un même lopin de terre et auxquelles ils délivrent des « reçus/actes des ventes ».

« *On vous remet des documents authentiques de propriété, mais qui se révèlent faux, parce qu'on ne peut pas vendre une parcelle à deux personnes* »[114]. De plus en plus, tous les autochtones se considèrent comme vendeurs des terres[115]. L'autre explication résulte du contexte. Le chef coutumier de Buma est à moitié citadin et à moitié villageois. « *Notre père ne travaille plus, mais, il avait acheté*

---

[114] Entretien avec Crispin Kanzumba, Buma, le 1er juin 2016.

[115] L'anarchie provient du fait qu'en violation des normes tant coutumières que modernes, les enfants et neveux des chefs coutumiers vendent des terres.

pour nous un terrain ici à Buma auprès du chef Ngondjo mais, malheureusement, après la mort du chef, son successeur a revendu notre terrain à une autre personne et le litige se trouve au bureau du quartier »[116].

Du côté des allochtones acheteurs des terres, c'est essentiellement le besoin en habitat et en espace agricole qui se fait sentir.

3.2.3. Normes sociales/milieux urbains

Contrairement aux milieux ruraux et urbano-ruraux où les normes sociales sont dominées par les coutumes, en milieux urbains, les normes sociales résultent essentiellement des habitudes et pratiques non formelles mais connues et acceptées de tous. Dans ces milieux urbains, les ventes des terres consistent en un transfert définitif de la propriété. Après l'achat et la signature de l'acte de vente, en présence des témoins, l'acheteur n'a plus rien à devoir au vendeur, ancien propriétaire. Toutefois, nous avons constaté qu'à Bukavu l'on fait appel aux anciens propriétaires pour préciser les limites, en cas de conflits. En effet, 50 % des conflits fonciers enregistrés dans cette ville relèvent des problèmes des limites entre voisins.

La Terre est, du point de vue des coutumes urbaines, un capital socio-économique qui ne meurt pas, donc indestructible. Elle doit nécessairement passer à travers les mains de plusieurs générations des membres d'une même famille. Il s'agit d'une appropriation amputée, les pouvoirs du propriétaire sur son bien étant non plus absolus mais limités, sauf dans la durée : ils sont perpétuels, pérennes et immortels dans le contrôle et la gestion, tant que la terre n'a pas été vendue. Retenons que la terre est l'un des indicateurs du statut social en ville.

---

[116] Entretien avec Kadi, Buma, le 29 juin 2014.

3.3. Normes sociales et conflits fonciers

Tableau n° 3 : Principales sources des conflits fonciers

	Kasambanza		Buma		Nyalukemba		Croisement des sites	
Réponses	Fréquence	%	Fréquence	%	Fréquence	%	Fréquences cumulées	% Cumulé
Problème des limites	32	26, 67	5	4,18	60	50	97	26,94
problème de propriété	11	9,17	28	23,3 3	12	10	51	14,17
Problèmes de superposition des certificats (Titres formels)	0	0	4	3,33	34	28,34	38	10,55
Problème de multiple vente par le chef coutumier	4	3,33	77	64, 1 6	0	0	81	22,5
Problèmes de multiple vente par les autorités distinctes étatiques et/ou non étatiques	61	50,83	3	2,5	10	8,33	74	20,56
Autres problèmes qui génèrent des conflits	12	10	3	2,5	4	3,33	19	5,28
Total	**120**	**100**	**120**	**100**	120	100	360	100

Les données du tableau ci-haut indiquent que les querelles autour des limites des domaines fonciers constituent la première source des conflits fonciers, soit 26,94 % des enquêtés, vient ensuite le problème des multiples ventes de la même terre à plusieurs requérants. Cette pratique est exercée à 22,5 % de nos enquêtés par les Chefs coutumiers et à 20,5 % par les autorités étatiques distinctes. 10,5 % de nos enquêtés estiment, quant à eux, que la principale source des conflits fonciers est le phénomène de multiples ventes des mêmes terres par les conservateurs des titres fonciers qui superposent les certificats d'enregistrements légaux. L'appartenance du domaine représente une proportion de 14,16 % de nos enquêtés pour qui cette variable constitue la principale source des conflits fonciers.

En deuxième étage de nos analyses, les données de ce tableau permettent de bien percevoir l'hétérogénéité des réalités socio-foncières. Les causes des conflits n'étant pas les mêmes dans tous les sites, les réponses envisageables pour y remédier ne doivent pas, n'ont plus, être transposables d'une entité à une autre, ni d'un conflit à un autre au sein de la même entité.

S'il est vrai que dans les milieux ruraux, à la lumière des réalités vécues à Kasambanza, l'intervention désordonnée de l'État est la première source des conflits fonciers (50,9 % des conflits enregistrés), les problèmes des limites viennent en deuxième position avec 26,7 % des cas recensés, suivis d'autres causes multiples : 10 %. Pour la même question, les données reprises dans le tableau ci-haut indiquent que, pour le quartier urbano-rural de Buma, 64,16 % des conflits fonciers sont liés à la double vente des terres par les vendeurs coutumiers, 23,3 % des terres ont été contestées quant à la qualité du vendeur.

4,1 % des conflits sont liés aux limites des concessions acquises, 3,3 % des terres connaissent les problèmes de la superposition des titres légaux par les différents services de l'État, 2,6 % des conflits sont liés aux doubles ventes, mais, cette fois-ci, par les personnes différentes. 2,6 % des conflits enregistrés sont dus à d'autres causes. Il s'agit, notamment, de : non-respect ou modification des relations de reconnaissance, non-respect ou modification des modalités de paiement, modalité d'usage du sol, prix de vente contesté, acte de vente contesté, contestation de la superficie cédée, etc.

Par ailleurs, à Bukavu, les problèmes des limites des concessions représentent 50 % des cas enregistrés sur le terrain, suivis des problèmes de superposition des titres fonciers par les services étatiques, 28,3 % et de la contestation de la propriété querellée : 10 %

des cas enregistrés, ainsi que la double vente par les autorités étatiques : 8,3 %. Les autres sources des conflits représentent 3,33 % des cas observés à Bukavu.

Quel que soit le milieu, du rural à l'urbain, en passant au périurbain, la pression sur le foncier devient très forte et la plupart des conflits, près de 73 % des cas observés, perdurent durant des années, se transmettent et transcendent, souvent, plusieurs générations d'héritiers. À tel point qu'à Buma, des espaces vierges qui se négociaient à moins de 500 dollars américains en 2006, ont quadruplé le prix actuellement, en 2019.

Dans leurs stratégies de se prémunir contre les sources de conflits, les exploitants fonciers allochtones exigent, de plus en plus, des « papiers » lors des transactions et finissent par aller légaliser la transaction auprès de l'autorité foncière légale (pour Buma) et d'autres services de l'État, aboutissant ainsi à une hybridation de la procédure d'acquisition des terres. Généralement, les parties en conflits évitent de se rencontrer pour traiter à l'amiable des problèmes qui les opposent. Il se développe entre elles des médisances et/ou un climat froid qui amplifie les conflits et conduit à des prises de position radicales, débouchant à des procès judiciaires et/ou aux arbitrages-médiations des chefs coutumiers.

3.4. Perception d'acteurs-menaces à la sécurité foncière

Tableau n° 4. Principaux acteurs-menaces à la sécurité foncière

	Kasambanza		Buma		Nyalukemba		Croisement Sites des	
Réponses	Fréquence	%	Fréquence	%	Fréquence	%	Fréquences cumulées	% Cumulé
Chef coutumier	53	44,17	56	46,67	0	0	109	30,28
L'État central	67	55,83	54	45	110	91, 6 7	231	64,17
l'État local (chef de quartier, commune, etc.)	0	0	0	0	2	1,67	2	0,56
Usagers privés allochtones	0	0	8	6,67	7	5,83	15	4,17
usagers – privés Autochtones	0	0	1	0,83	0	0	1	0,26
Grands investisseurs	0	0	1	0,83	1	0,83	2	0,56
Total	**120**	**100**	**120**	**100**	120	100	360	100

De façon cumulée, 64,1 % d'enquêtés perçoivent les préposés de l'État comme la principale source d'insécurité face à leur domaine foncier. Par contre, 30,2 % d'entre eux se méfient plutôt de l'intervention des chefs coutumiers dans les Affaires foncières.

4,1 % d'enquêtés trouvent la principale menace foncière dans les usagers allochtones. 0,5 % de nos enquêtés se méfie des macro-investisseurs et seul 0,2 % considèrent les autres autochtones comme des menaces.

Une lecture contextuelle de ces données permet de détailler nos analyses. En effet, dans tous les sites visités, 55,8 % d'usagers de kasambanza, 45 % d'enquêtés de Buma et 91,6 % d'habitants de Nyalukemba trouvent que la principale menace contre les terres proviendrait des services de l'État central. Contrairement à l'imaginaire collectif, les fonctionnaires de l'État central sont perçus par la majorité de nos enquêtés comme la principale menace contre la sécurité foncière. Ceci contredit la certitude du ministre des Affaires foncières[117] qui affirme que la seule sécurité foncière résiderait dans le certificat d'enregistrement produit par les conservateurs des titres immobiliers ainsi que les services du cadastre et que, « *les Chefs coutumiers sont la cause principale de l'anarchie en matière de gestion des terres* ».

Il n'est pas moins important de remarquer que 44,2 % d'enquêtés ruraux de Kasambanza et 46,7 % d'enquêtés urbano-ruraux de Buma considèrent le chef coutumier comme la principale menace susceptible de faire disparaitre leurs exploitations. Donc, plus de 94,3 % d'exploitants fonciers congolais perçoivent, à la fois, les fonctionnaires de l'État et les autorités traditionnelles comme des principales menaces à la sécurité des terres.

Pour 4,1 % de notre population d'étude, la principale menace proviendrait d'autres acteurs privés allochtones pendant que 0,2 % considèrent les autochtones, dans l'ensemble, comme une menace et 0,5 % d'entre eux pensent que des menaces proviendraient des grands investisseurs. Toutes ces craintes constituent aussi des freins aux investissements dans les secteurs sous étude.

---

[117] Robert Mbwinga, Émission *Foi et Raison*, Radiotélévision catholique Elikya, captée à partir de Kinshasa le 22 mars 2015 entre 10h00 et 10h30.

97 % de nos enquêtés estiment que les systèmes coutumiers de gestion foncière et de conservation de la biodiversité n'ont pu être efficaces que dans un espace réduit et à l'échelle d'une communauté autochtone facilement contrôlable. La nouvelle configuration sociale de la RDC tendant à l'hétérogénéité des populations et à l'augmentation sensible du pluralisme institutionnel, il faut trouver le moyen d'inculturer les pratiques endogènes de gouvernance, de protection et de les adapter en tenant compte des nouvelles réalités démographiques, sociologiques et économiques.

Et pourtant, les Chefs traditionnels ne veulent plus se « *limiter* » à appliquer les coutumes dites foncières mais distribuent ces terres, non seulement aux bénéfices privés de certains membres de leurs communautés traditionnelles[118], mais aussi à la bourgeoisie allochtone[119]. Les conflits entre autochtones et allochtones se justifient par le fait que, les premiers se plaignent de l'accaparement de leurs terres, des terres de leurs ancêtres par les seconds, qui eux crient à la xénophobie et à l'insécurité foncière dans leur propre pays. Néanmoins, malgré les reproches faits au chef coutumier, pas moins de 77,4 % des enquêtés interrogés considèrent aujourd'hui utiles certains des rôles des chefs coutumiers, comme l'illustre clairement le tableau ci-dessous.

[118] Ce type d'accaparement des terres passe par les mécanismes des *conventions d'usufruitiers*.

[119] Lire à ce sujet toutes les conventions relatives à la vente des terres par les chefs coutumiers et des groupements.

3.5. Principaux mécanismes de résolution des conflits fonciers

Tableau n° 5 : Principaux modes de résolution des conflits fonciers

	Kasambanza		Buma		Nyalukemba		Croisement des sites	
Réponses	Fréquence	%	Fréquence	%	Fréquence	%	Fréquences cumulées	% Cumulés
Arrangements à l'amiable	7	5,83	2	1,67	6	5	15	4,17
Police ou instances judiciaires	53	44,17	92	76,67	101	84,16	246	68,33
Arbitrage du chef coutumier	60	50	21	17,5	0	0	81	22,5
Administration foncière	0	0	1	0,83	2	1,67	3	0,83
Recours à d'autres services étatiques	0	0	4	3,33	11	9,17	15	4,17
Total	120	100	**120**	**100**	120		360	100

68,33 % d'enquêtés, tous les sites cumulés, recourent auprès de la police et aux instances judiciaires pour chercher à résoudre les conflits liés à la terre. Mais ce recours se fait également à des proportions et pour des motifs différents selon les sites : 44,2 % en milieux ruraux, 76,6 % en milieux péri-urbains et 84 % en villes. Par ailleurs, 50 % d'enquêtés de Kasambanza et 17,5 % de ceux de Buma s'adonnent à l'arbitrage des chefs coutumiers. 4,16 %

d'entre eux préfèrent recourir à d'autres services étatiques en cas des conflits fonciers. Il s'agit des Chefs des quartiers, Bourgmestres des communes ou Chefs de collectivités, autres ministères... C'est un phénomène essentiellement urbain et urbano-rural puisque ne concernant que 9 % de nos enquêtés urbains et 3,3 % des ceux du milieu urbano-rural alors qu'en campagne, moins d'une personne (0 %) n'a cherché d'autres mécanismes de résolution des conflits fonciers.

Généralement, par crainte de la sorcellerie (à Kasambanza), des poisons (à Nyalukemba) et des menaces corporelles par les Kuluna (à Buma), les parties en conflits évitent de se rencontrer pour traiter à l'amiable les problèmes qui les opposent. Ainsi, s'amplifient-il des conflits qui finissent à des prises de positions radicales, débouchant à l'invitation des policiers, aux procès judiciaires et/ou aux médiations des chefs coutumiers ou chefs des quartiers. Seulement 0,83 % des enquêtés cumulés recourent à l'administration foncière légale pour chercher la paix autour des enjeux fonciers, ceux de Kasambanza n'y peuvent même pas parce qu'il n'existe pas, depuis 1960, un service foncier pour leur territoire de Bulungu. Néanmoins, les enquêtés de Bukavu-Nyalukemba sont un peu plus portés vers l'administration foncière formelle (2 %) que ceux de Buma à Kinshasa (0,8 %).

Il ressort de nos enquêtes au Tribunal de paix de Bulungu que 98 % des conflits sont liés aux terres, au Tribunal de Grande Instance de Kinshasa/N'Djili que 55 % des litiges tournent autour des conflits fonciers et immobiliers et, au parquet secondaire de N'Sele-Kinkole, le pourcentage des conflits fonciers s'élève à 75 %. Un autre fait qui sort de l'ordinaire est que, souvent, les acteurs aux conflits fonciers préfèrent s'adresser directement au Parquet de grande instance de Kinshasa/N'djili, alors qu'un Parquet fonctionne à N'sele-Kinkole.

En pratique, les chefs coutumiers disposent du pouvoir exclusif de gérer les terres, et leur autorité sur le groupe tend à aplanir les différends. De plus, les populations villageoises sont souvent étrangères au système normatif formel, elles ignorent les démarches et procédures juridiques à suivre en cas de litige. Malgré cette ignorance des procédures formelles, elles se tournent systématiquement vers les juridictions judiciaires, et ce, sans rompre le lien avec les normes coutumières. Les notables et Chefs coutumiers, privilégient la concertation sous *l'arbre à palabre*[120] qui n'est pas incompatible avec les juridictions formelles. La voie de la Médiation et de l'arbitrage préalable pourrait constituer une piste à exploiter dans le cadre d'une recherche appliquée sur la recherche des mécanismes efficients de résolution des conflits fonciers.

Les normes de règlement de conflits fonciers sont jugées hybrides puisqu'elles combinent des logiques coutumières, formelles et anarchiques. Au centre des institutions coutumières se trouvent le conseil du village sous l'arbre à palabre et le conseil de famille élargie à la résidence de l'oncle principal (Lembâ).

Il apparaît que le foncier est conflictogène. Les conflits sont parfois tragiques, mortels et n'épargnent aucune catégorie d'utilisateurs. Ils sont beaucoup très violents, lorsqu'ils opposent des villages à des villages, des groupements à d'autres groupements. Ils ont été beaucoup aggravés par le rétrécissement des espaces dus aux phénomènes sus évoqués des fermes (privatisation des terres).

S'agissant des procédures coutumières de la gestion des conflits intra-claniques, intrafamiliaux et intra-villageois, on note un respect à l'égard des parties en conflit. Au cours des procès, des enquêtes approfondies sont ouvertes par le conseil de village, aidé en cela par les féticheurs ou les vieilles personnes réputées être sorcières et sages. Les personnes en cause sont entendues. La parole

---

[120] L'arbre à palabre s'entend du lieu de réunion et de conseil de chaque village où se transmettent le savoir des anciens, la parole sacrée, afin de garantir la paix et la cohésion sociale. Cet arbre est un fait coutumier mais qui a des racines juridiques et sociologiques.

est donnée à chacune pour s'expliquer et organiser sa défense, le plus souvent à huis clos. Après avoir écouté toutes les parties et les témoins, les membres du conseil coutumier se donnent du temps pour se concerter, avant de prendre une décision.

Lorsque la décision est prise, les intéressés sont informés à huis clos. Mais l'information disposée au public, sous l'arbre à palabre, est communiquée autrement pour préserver la dignité des protagonistes et protéger leur honneur. Ce procédé met en évidence le respect que l'on doit au vaincu. Dans la pratique, on procède par serment pour rechercher la vérité. Les protagonistes sont invités à verser la salive, à souffler dans la calebasse-fétiche apportée par le Chef de village, à verser du sang des poulets, manger de la terre, invoquer ses ancêtres, avant de se soumettre à d'autres formalités, apparemment mystiques. Les protagonistes doivent jurer devant les sages notables qui sont réputés sorciers et en contact direct avec les morts et les esprits divers. Dans l'imaginaire collectif de nos enquêtés, ceux qui ont menti ou travesti la vérité s'en sortent avec des conséquences graves : morts, perte d'organes, perte d'un membre de la famille, sécheresse permanente dans les champs et les étangs des membres du clan, etc.

Dans la procédure coutumière, la portée des jugements ne se livre à aucune confusion. Il n'existe pas de cour d'appel ou de cassation à un autre degré de juridiction coutumière pour interpréter le verdict du chef de groupement. Les conflits, pour être résolus, font souvent appel à des alliés (cousinages) ou à des sages érudits en traditions. Le paradoxe engendré par l'existence de différents degrés de juridiction au niveau des modes formels étatiques de résolution des conflits n'existe pas là.

Les populations villageoises sont d'ailleurs choquées devant des jugements contradictoires prononcés par les tribunaux formels où, dans une même affaire opposant les mêmes protagonistes, elles se retrouvent avec deux verdicts. Dans le premier prononcé, les populations qui ont gagné le procès fêtent leur victoire. Dans un deuxième, après la demande d'appel faite par la partie vaincue, le deuxième jugement vient donner raison à celles qui ont perdu au premier jugement.

Et pourtant, en droit coutumier, tous les procès dans leur finalité recherchent la cohésion sociale, familiale et/ou communautaire. Certains verdicts sont même protégés, pour que les villages rivaux ne soient pas informés. Il y a une tendance à mettre en place, dans le village et ses environs, un système d'organisation et de gestion des informations pouvant ternir l'image du village : les villages où il y a trop de conflits entre les familles sont difficilement acceptés lorsque leurs habitants viennent demander en mariage des filles d'autres villages. Les valeurs sociales que les institutions locales tentent de défendre sont : l'esprit des ancêtres (règle suprême), la dignité humaine (honneur, la parole donnée), la cohésion communautaire (intérêt public), les clauses des pactes sociaux, les règlements locaux ou inter villageois, etc.

3.6. Perception des rôles coutumiers

Tableau n° 6. Perception des enquêtés des rôles fonciers jugés indispensables pour le chef coutumier

	Kasambanza		Buma		Nyalukemba		Croisement des sites	
Réponses	Fréquence	%	Fréquence	%	Fréquence	%	Fréquences cumulées	% Cumulés
Incarnation de la culture, maintien de la tradition et des rituels	4	3,33	3	2,5	15	12,5	22	6,10

Porte-parole de son peuple face à l'État et aux tiers	2	1,67	0	0	9	7,5	11	3,06
Chef-propriétaire – et gestionnaire des terres	0	0	10	8,33	16	13,34	26	7,22
Arbitrage des conflits	5	4,17	17	14,17	10	8,33	32	8,89
Aucun rôle indispensable	0	0	9	7,5	60	50	69	19,17
Tous les rôles sont indispensables	109	90,83	81	67,5	10	8,33	200	55,56
Total	120	100	120	100	120	100	360	100

Ici, nous voulons appréhender le degré de respect dont bénéficie le Chef coutumier de la part des acteurs impliqués dans les jeux fonciers. Malgré le destin de l'institution « chef coutumier » au cours de l'histoire de la RDC, et nonobstant le fait que la loi foncière formelle ne reconnaît pas au chef coutumier la compétence de gestion foncière[121], on a constaté sur les terrains que 55,5 % de nos enquêtés tiennent les Chefs coutumiers en estime et leur reconnaissent des rôles à jouer dans la gouvernance des terres, alors que 19, 1 % ne partagent pas cet avis. Par ailleurs, aucun enquêté rural de Kasambanza n'a osé contester le pouvoir du Chef coutumier dans la gestion des terres.

Les réponses de nos enquêtés furent très différentes en ce qui concerne l'estime réelle qu'a chacun pour les chefs et pour les normes coutumières. Globalement, seuls 6,1 % de nos enquêtés estiment que le Chef coutumier est l'incarnation de la culture, le gardien de la tradition et des rituels. Curieusement, près de 12,5 %

---

[121] Lire à ce sujet l'article 183 de la loi foncière tel que résumé par nous dans le tableau n° 7. Certes, la loi limite l'intervention du chef coutumier dans la procédure d'enquête préalable à la livraison des concessions rurales.

des personnes interrogées dans le milieu urbain (ville de Bukavu) déclaraient cela, alors que seuls 2,6 % des enquêtés de Buma et 3,3 % de ceux de Kasambanza n'ont pas pu en dire autant. Le reste des personnes interrogées, soit 93,9 % des enquêtés, était soit incertain, soit incapable de répondre précisément.

Par ailleurs, seuls 3 % de nos enquêtés reconnaissent au Chef coutumier le rôle de leur porte-parole. Là encore, c'est plus les gens qui vivent loin des chefs coutumiers, à savoir 7,5 % d'enquêtés urbains qui ont reconnu ce rôle aux chefs coutumiers. Ceux qui vivent chaque jour avec les chefs coutumiers ne pouvaient pas en dire ainsi. 0 % d'urbano-ruraux et 1,6 % des villageois ont répondu affirmativement à ce rôle social du Chef coutumier. Ceci montre que plus le temps passe, plus la démographie s'accroît ; plus l'influence de l'économie du marché se mondialise et plus les coutumes locales présentent des failles et perdent, localement, en valeur symbolique.

Ces chefs étaient influents grâce à l'efficacité de leur gestion qui a montré ses preuves, comme nous l'avons déjà dit, dans des sociétés à population réduite numériquement, facilement contrôlable et reposant sur le postulat de la présomption d'intérêts communs de la terre. Le développement accéléré des migrations et l'hétérogénéité progressive des populations, même villageoises, donnent un nouvel élan à la loi qui devient un référent, certes moins, sinon pas du tout utilisé, mais de plus en plus évoqué par les populations qui recourent plutôt aux institutions alternatives.

S'agissant de la perception du chef comme propriétaire et gestionnaire des terres, les réponses de nos enquêtés peuvent aussi être expliquées par l'influence culturelle en matière foncière. Deux principales logiques socio-foncières dominent les espaces fonciers sous étude. Il s'agit, pour Bukavu (Est du Pays) où 13,2 % d'enquêtés reconnaissent le Chef coutumier comme propriétaire des terres où vivent majoritairement des communautés traditionnelles, avec une organisation sociopolitique centralisée, dirigée par les chefs coutumiers (Bami). Ici, nous l'avons dit, la terre appartient au Mwami. Une deuxième logique socio-foncière, celle des habitants de Buma et de Kasambanza (Ouest du Congo), dont les enquêtés ont respectivement à 8,3 % Buma et 0 % à Kasambanza reconnu le chef coutumier comme propriétaire et gestionnaire des terres. Il s'agit ici des zones, composées des sociétés dominées par les structures claniques, dont chaque clan est propriétaire de ses propres terres pour lesquelles le chef du village ou de groupement n'a qu'un pouvoir symbolique.

Bien que ces deux zones de logique présentent des différences, il faut noter que certains enjeux touchent les deux zones avec presque les mêmes effets. C'est ainsi que, globalement, 8,8 % de nos enquêtés reconnaissent au Chef coutumier la compétence d'arbitrage ou de médiation des conflits fonciers. À ce sujet, il convient de souligner les faits suivants : l'exploitation minière par des sociétés étrangères entraînant le déplacement des populations qui occupent les terres concernées par l'exploitation minière, les déplacés de l'intérieur, les réfugiés qui veulent récupérer leurs terres déjà occupées par ceux qui sont restées ou qui sont revenus plus tôt et les migrants Mbororo qui fuient, avec les troupeaux, le dessèchement du bassin du Lac Tchad et cherchent les pâturages et ressources en eaux du bassin du Congo, l'extension et la création des zones protégées sur des espaces occupées par les populations sans mesure d'accompagnement, mais aussi les accumulations foncières enregistrées ces derniers temps par des élites urbaines (politiciens, commerçants, intellectuels…) originaires de ces milieux, ainsi que des organisations (Églises, ONG…).

De ces constats, l'idée d'oser imposer la coutume comme loi générale contribuerait non seulement à la vampirisation de l'État, mais serait aussi difficile à réaliser à cause de la diversité des normes coutumières, de leur caractère exclusif des non autochtones et de leurs insuffisances face aux nouvelles influences[122]. En effet, dans un contexte congolais où l'enjeu principal est la construction nationale, il serait dangereux d'ôter à la loi étatique son caractère rassembleur et égalitaire d'une part, et d'autre part, d'en faire la preuve de l'hégémonie d'une culture sur les autres. La loi doit donc se démarquer de la coutume paroissiale, tout en s'en inspirant et en s'inculturalisant en tenant compte de son écologie politique. Il s'agira de comprendre et d'expliquer la nécessité de matérialiser la décentralisation, de réexaminer la perspective, de négocier au niveau local la gouvernance du foncier et de proposer les codes, plans locaux et nationaux de gouvernance foncière.

3.7. Faiblesses et atouts du socio-pluralisme institutionnel

3.7.1. Quelques faiblesses

La première faiblesse des normes sociales tient à la compréhension du concept *communauté locale*. La loi foncière en parle mais ne la définit pas. Certains chercheurs[123] estiment que sa définition doit dépendre de la coutume qui la régit et qui l'organise. Ces chercheurs estiment que la communauté foncière originelle ou de base est le Clan. La jurisprudence congolaise ne s'écarte pas de cet entendement[124]. C'est aussi ce sens que le législateur du Code forestier a confirmé lorsqu'il définit à l'article 1er qu'il faut entendre par communauté locale « *une population traditionnelle organisée sur*

---

[122] Neguib Bouderbala explique qu'au Burundi, « par nature, la coutume est orale et d'une infinie diversité. En la séparant de son milieu et en la fixant, on lui fait perdre toute son efficience sociale. Lire, Bouderbala *et alli, Tendances d'évolution des législations agro foncières en Afrique francophone*, Rome, FAO législative study, 1996, p. 4e de couverture.

[123] Nsolotshi, M. *et alii, op. cit.,* Qui citent à ce sujet Malengreau, G., et Sohier, A., *Traiter élémentaire de Droit coutumier du Congo belge*, Bruxelles, Larcier, 1954, p. 142.

[124] Voir par exemple l'Arrêt de la CSJ, sous RC 1615 du 14 avril 1994, in Kifuabala Tekilazaya, *droit civil. Les droits réels fonciers*, Lubumbashi, PUL, 2005, p. 370.

base de la coutume et unie par des liens de solidarité clanique ou parentale qui fonde sa cohésion interne. Elle est caractérisée en outre par son attachement à un terroir déterminé ».

Sans qu'il ne soit question de nous perdre dans la discussion sur la nature de la communauté locale (clan, tribu, ethnie, société civile locale, population locale), il reste vrai que cette dernière conception est discriminatoire à l'égard des allochtones et étrangers, pourtant acteurs majeurs sur les terrains locaux et, de plus en plus, nombreux (à Kasambanza et majoritaire à Buma).

Héritier Mambi[125] estime qu'au regard de la configuration actuelle des populations vivant dans les milieux locaux, ces communautés foncières traditionnelles ne doivent pas être distinguées de l'État ou être opposées à celui-ci. Elles sont considérées comme des subdivisions de l'État de qui elles dépendent et qu'elles représentent au niveau local. Si tel est le cas, comment alors les représentants de l'État peuvent-ils exclure d'autres populations du même État ? Par ailleurs, vouloir réduire la communauté locale en une communauté tribale exclurait l'existence des communautés locales dans les milieux urbains. Or, il existe des communautés locales des quartiers et des communes urbaines.

En plus, même en milieux ruraux, les autochtones aussi connaissent des conflits fonciers entre eux, entre les familles de même clan. À cet égard, ils peuvent se focaliser autour des droits d'usages, de l'accès à la terre, ou encore du bornage des parcelles vendues ou cédées pour usufruit (fermes). Des groupes claniques différents sont également impliqués dans des conflits portant sur la terre, c'est le cas, notamment, des conflits entre agriculteurs et éleveurs, ou entre populations autochtones et leurs chefs coutumiers.

---

[125] Mambi Tunga-Bau, H., *op. cit.*, pp. 14-17.

3.7.2. Quelques atouts

L'histoire des pratiques traditionnelles de gestion foncière démontre que l'organisation politique précoloniale reposait sur un certain nombre de constances. La première est que le dirigeant, depuis le village jusqu'au niveau du groupement, n'agissait pas seul. À titre d'exemple, le chef de village était le plus âgé du premier clan arrivé au village. Dépositaire d'une expérience, de la connaissance géographique et historique de la contrée et d'une sagesse que lui conféraient ces atouts, il était assisté des chefs de famille qui l'orientaient, ce qui constituait une garantie de la communauté contre tout abus. Les villages groupés formaient un groupement administré par un chef de groupement qui agissait dans le sens du respect des coutumes et des traditions. Le pouvoir groupemental gouverne en prenant en compte les avis et conseils des Chefs des villages. C'est dire que l'individu était présent, d'une manière ou d'une autre, mais à travers des mécanismes hérités des traditions cultuelles éprouvées. Même le colonisateur s'entourait, dans bien de cas, des chefs indigènes parce qu'influents, profondément ancrés dans les réalités socioculturelles de leur milieu.

Dans le milieu rural, il nous a été difficile de voir un chef de ménage qui ne soit propriétaire de champ ou qu'on ait mis à sa disposition un champ, alors que dans les villes, les *maïbobo, shegué,* (sans-abri) sont courants. Dans les entités rurales, aucun homme ne se voit interdit de paître ses animaux dans les pâturages, sauf dans quelques cas exceptionnels (Mbororo en Ituri, Bas et Haut-Uélé, par exemple) où la violation de la règle locale a atteint un seuil intolérable[126].

---

[126] Dans tous les villages de Kasambanza, l'élevage des petits bétails se pratique en divagation. C'est plutôt l'élevage des Bovins (Grand Bétail) qui est régi par des conventions locales quant au pâturage. Entretien avec le Chef du village Kisia, le 29 mars 2016.

L'autre atout important se trouve dans la perception traditionnelle selon laquelle la terre est une maison commune, un don de Dieu ou des ancêtres. Logée dans cette vision sacrée, la terre et son contenu ne peuvent être assimilés aux autres biens. Ne l'ayant pas créée ou n'ayant pas été doté du pouvoir de la créer, l'homme se réduit à sa plus simple expression. D'où l'obligation pour lui de respecter les lois de la nature régissant la terre, au risque de mettre en colère ses ancêtres. Cette conception impose à l'homme des obligations envers la terre. D'ailleurs, c'est cette terre qui l'aura nourri toute sa vie, lui et tous les membres de sa famille et c'est en elle qu'ils passeront leur vie éternelle.

En plus, la terre est une source de pouvoir. Le Chef Kalunda du groupement Kasambanza, notre enquêté qui vient de décéder en 2018 relate que : « *pour être chef de groupement, il faut avoir été le premier occupant de la contrée, avoir fait des sacrifices aux génies pour qu'ils vous donnent leur accord de vous installer sur ladite terre. C'est à partir de ce moment que les génies délègueront leurs pouvoirs au premier occupant, qui prendra possession du Territoire et commencera à dessoucher (droit de hache) ou à brûler (droit de feu)* ». Ces droits résultant de la toute première occupation, confèrent au premier occupant des pouvoirs de chef des terres.

Ce droit du premier occupant, très abondant, devra se perpétuer. À partir de ce droit, le premier occupant devient le chef de toute la communauté (ancêtre). Ceux qui habiteront ces lieux y seront installés avec son autorisation et à la condition d'accomplissement symbolique et instantané d'un rituel : vin de palme, quelques paroles (kusaka). Ce rituel autorise l'occupant à s'installer et à utiliser la Terre dans des clauses purement sacrificielles, nourricières et de droit d'usage éternel.

Lorsqu'on ne connaît pas bien les institutions locales, on peut les qualifier d'arriérées et leur porter peu de crédibilité. Pour pénétrer ces institutions, il nous a fallu insister sur le mode de transmission des connaissances dans les sociétés traditionnelles et, enfin, sur le sens intrinsèque de la socialisation traditionnelle.

L'une des forces des institutions coutumières réside dans la légitimité des membres de ces institutions, le degré élevé de leur charge (ils sont responsables vis-à-vis des dieux, des ancêtres et des sujets ou partenaires) et surtout dans l'exécution rapide des décisions rendues par ces instances. Les décisions rendues sont non seulement acceptées, mais craintes de par leurs conséquences supposées ou réelles. Les récalcitrants savent bien ce qui les attend : sanctions fatales et sans appel. Une autre sanction extrême peut consister dans l'excommunication ou dans le bannissement (interdiction de séjour au village ou groupement)[127]. Toute la société soutient le verdict et l'accompagne. La propagation de la sanction a ses effets dans toutes les contrées avoisinantes. Généralement, l'individu indexé voit son nom transposé dans des chants et trompètes peu élogieux, chantés par les jeunes du village lors des événements (deuils, naissances, mariages, cérémonies diverses) du village (honte de la famille du récalcitrant).

Dans certains cas, l'épouse du récalcitrant, dans le chemin des champs ou de la rivière, est rejetée, exclue des cercles de conversation. Elle n'est plus invitée dans les cérémonies du village, ou lorsqu'elle se présente, elle est isolée et négligée (sanction sociale).

Conclusion

Ces normes sociales que nous venons d'étudier sont minimisées par les législateurs formels mais, en pratiques, les préposés de l'État et autres représentants des pouvoirs publics s'y réfèrent dans leurs actes liés à la gestion des terres. Ce qui pose problème et

---

[127] Pour les années 2015 et 2016, nous avons répertorié dans l'ensemble des villages du groupement Kasambanza et des environs, huit personnes interdites de séjourner dans leurs propres villages. Généralement, pour des raisons liées à la « sorcellerie ».

invite à se poser des questions. Comment expliquer que la loi formelle ignore les normes et pratiques sociales acceptées par la majorité des populations, fonctionnaires de l'État y compris, alors que tous vivent de ces normes non étatiques, les connaissent mieux que la loi formelle qui, pourtant prescrit que *nul n'est censé l'ignoré* ? Tous les acteurs, étatiques et non étatiques, nationaux et étrangers, respectent ces coutumes et les acceptent. Le Chapitre suivant va essayer de comprendre l'esprit et la lettre du pluralisme normatif formel qui accompagne les gouvernementalités foncières.

Chapitre quatrième

NORMES ET ADMINISTRATIONS FORMELLES DE GESTION FONCIÈRE

Introduction

L'intervention étatique dans la gestion des terres est au centre des crises politiques et économiques qui ont secoué la RDC depuis l'arrivée du colonisateur en 1885 jusqu'à ce jour, en 2019. Les conflits fonciers multiformes persistent à travers tout le pays et dans tous les milieux ruraux, urbano-ruraux et urbains à cause, entre autres, d'une mosaïque complexe des textes, d'organes et d'acteurs approximativement formels qui interviennent, au nom de l'État mais contre les intérêts étatiques, dans la gestion des affaires publiques.

L'une des sources de l'insécurité des droits fonciers réside dans l'existence de ce contradictoire pluralisme institutionnel formel en matière de gestion foncière et des ressources naturelles et environnementales. En effet, plusieurs dispositions légales et administrations publiques ayant le foncier dans leurs attributions coexistent les unes avec les autres et ne sont pas forcément en harmonie : le Code foncier, le Code forestier, le Code minier, le Code agricole, la législation sur la décentralisation, etc. Bien que la loi foncière de 1973 consacre une gestion formelle domaniale avec une exclusivité au ministère ayant les Affaires foncières dans ses attributions[128], sur le plan pratique, la majeure partie des terres est gérée sans tenir exclusivement compte de ces multiples régimes de l'État et, au sein

---

[128] Art. 53 de la loi foncière, *op. cit.*

de ce qu'il convient de nommer « l'État », figure également des acteurs publics informels, officiels et officieux.

Même en milieux urbains et urbano-ruraux, notamment à Bukavu et à Buma, la gestion foncière formelle souffre de beaucoup des pathologies quant à la nature des normes et des structures administratives compétentes. La situation de Bukavu se caractérise par une occupation dite anarchique des sites et le développement d'un marché foncier qui, tout en étant sous le contrôle des préposés de l'État, échappe aux intérêts de l'État.

Dans les lignes qui suivent, nous allons, en premier lieu, expliquer la genèse et la trajectoire de ce pluralisme formel avant de procéder à l'examen d'un répertoire de quelques textes officiels et organes administratifs régissant, ou ayant eu la prétention de régir la terre et les ressources y contenues. L'objectif visé est de faire une analyse critique des normes et administrations formelles en vue de les comprendre.

4.1. Génétique et trajectoire du pluralisme institutionnel formel

Sur terrain, nous avons noté plusieurs conflits opposant les fonctionnaires de l'État, tantôt entre eux-mêmes, tantôt, entre eux et les acteurs privés. Très souvent, ces conflits sont dus à la superposition des titres fonciers d'origines étatiques et aux trafics d'influences de la part des agents publics agissants parfois officiellement, souvent officieusement. Chaque fonctionnaire (ou groupes des fonctionnaires) se bat pour faire triompher le titre qu'il a émis.

Tout part du concept léopoldien de « *biens sans maîtres* », contenu jusqu'à ce jour dans l'article 377 de la loi foncière. Le législateur foncier s'est inscrit dans la continuité des mécanismes léopoldiens de « terres vacantes » qui ont permis à l'administration coloniale de ramasser la quasi-totalité des 2.345.409 Km^2 de l'État indépendant du Congo. La loi foncière permet aux conservateurs des titres immobiliers, de pouvoir déposséder, pour le compte de l'État, certains Congolais de leurs biens immobiliers ou fonciers. Ce mécanisme consiste, soit à déclarer un bien sans maître pour le verser, par conséquent, dans le domaine du patrimoine de l'État. C'est exactement ce que Léopold II avait fait en décrétant l'existence de deux types des terres au Congo : terres des communautés locales composées des villages et une superficie de 5 km^2 autour des villages ainsi que les terres vacantes, considérées comme biens sans propriétaire, par conséquent, appartenant à l'État.

Nous avons observé 93 cas à Kinshasa et 34 à Bukavu où les préposés de l'État ont retiré du patrimoine de l'État les concessions qui venaient d'y être versées pour en faire bénéficier les membres de leurs familles, biologiques, tribales et politiques. Nous avons également observé dans la ville de Bukavu une montée d'existence, sur les mêmes parcelles, de deux ou trois titres de propriétés (certificat d'enregistrement). Ceci crée des litiges qui permettent, à terme, aux acteurs officiels et leurs complices de s'accaparer desdites concessions.

Rappelons que les actes reconnaissant l'AIC et l'EIC furent signés en contrepartie d'une liberté commerciale sans droits de douane, du principe d'égalité de traitement et, pour la France, du droit de préemption sur le Congo[129]. Guy-Adjeté Kouassigan[130] écrivait à ce sujet que dans les régimes juridiques européens des biens, chaque chose est soumise au despotisme total de son propriétaire. Chaque fond de terre est le royaume de son propriétaire. Cette conception, radicalement opposée à la conception coutumière sus-

---

[129] Gustave Rolin-Jacques souligne que ce n'est ni une colonie belge, ni une colonie allemande, ni une colonie anglaise, ni une colonie ayant pour métropole un État déterminé, sa métropole est l'ensemble des États représenté à la conférence de Berlin.

[130] Kouassigan G.-A., « Propriété foncière et développement. Tendances générales et options négro africaines », in Benoist J.-P., Gurtner P. *et alli*, *Le village piégé*, 1979, p. 283.

évoquée des rapports entre l'homme et la terre, est en harmonie avec la philosophie économique européenne ayant prévalue aux fondements de l'État congolais actuel. Il s'agit d'une économie capitaliste, individualiste, dans laquelle la concurrence, les intérêts privés et la lutte l'emportent sur la collaboration et, où tout ce qui est communautaire est, *a priori*, considéré comme une entrave à la liberté d'action de l'individu.

Dans le contexte congolais, l'État s'est déclaré propriétaire, mais plus, selon la dernière constitution, celle de 2006, souverain du sol et du sous-sol. Il est donc, théoriquement, le seul souverain qui normalise, administre et attribue des droits d'usages différenciés selon que les usagers sont des personnes physiques ou des personnes morales, de nationalité congolaise ou non. Jusqu'à ce jour, l'État congolais continue d'user de diverses techniques de monopolisation de la terre. Il exige des sociétés traditionnelles, et ce, depuis la colonisation belge, qu'elles se moulent dans l'État.

En adoptant ce type de rapports provenant des sociétés occidentales de type marchand, les différents gouvernements congolais d'après l'indépendance, n'ont manifestement pas compris que cette institution s'oppose, fondamentalement, aux statuts de bien des sociétés congolaises non marchandes mais communautaristes. Sans doute, pour inciter les populations congolaises à adopter plus rapidement la nouvelle institution importée, l'État, par sa loi foncière de 1973, niait les droits coutumiers, ignorait l'autorité traditionnelle en se déclarant unique propriétaire et seul gestionnaire du sol et du sous-sol. Par ce principe, l'État s'appropriait l'espace-terrain (fondement pour habitation), l'espace-ressource (richesses du sol et du sous-sol), l'espace-vie (environnement, oxygènes, aliments…) et l'espace-cimetières (interaction éternelle avec les esprits des ancêtres).

À ce sujet, Guy-Adjété Kouassigan[131] note que « *pour l'État et son administration foncière, la propriété n'est pas un droit. Elle est une fonction sociale. Le propriétaire détenteur d'une richesse a, du fait qu'il détient cette richesse, une fonction sociale à remplir ; tant qu'il remplit cette mission, ses actes de propriétaire sont protégés. S'il ne la remplit pas ou la remplit mal, il la perd* ». Donc, ce sont ceux qui ont les moyens de mettre les terres en valeur qui bénéficient des titres fonciers. Par ces mécanismes, la condition du droit de propriété foncière postcolonial devient la capacité de pouvoir et non plus, la capacité à avoir. Qui peut économiquement et financièrement possède formellement et non, il possède, donc, il a et peut investir.

Ainsi, la Belgique coloniale ne s'est pas seulement imposée à la RDC, elle s'est aussi exportée comme modèle. Cette exportation institutionnelle a eu comme conséquences : le foisonnement de groupes normatifs et une pluralité des administrations chargées de gérer la même chose foncière. Si le constat de l'inadaptation socioculturelle des institutions exportées n'est pas nouveau, la persistance de l'importation institutionnelle durant la période postcoloniale étonne et conduit à s'interroger sur les mécanismes de sa perpétuation, soixante ans après l'indépendance.

L'une des justifications du maintien de l'importation institutionnelle, en déphasage avec les cultures et contextes locaux, réside dans la prépondérance des acteurs extérieurs à la RDC dans l'initiative de la création institutionnelle. La réappropriation du contrôle de l'intelligence normative et du processus législatif formel, par un meilleur encadrement de l'expertise étrangère et de l'initiative législative, nous semble importante. Or, avec la démocratie électoraliste, la qualité des gouvernants étant le reflet de la qualité des gouvernés, une population ignorante ne peut que voter d'autres ignorants pour la représenter parce que l'intelligence est, pour elle, une turbulence et la réussite relèveraient d'ordre mys-

---

[131] Kouassigan G.-A., *op. cit.*, pp. 257-307.

tique, occultiste et que le respect des règles éthiques est considéré comme la caractéristique des *Yuma, Lembesse*, faible d'esprit. Face à une ignorance collective et à la banalisation des valeurs morales et éthiques qualifiées de subjectivité, l'innovation est considérée comme une faute et, l'assiduité au travail est assimilée à l'orgueil[132].

Avec la colonisation, puis la mondialisation[133], la terre, le vent (oxygène), l'eau douce, l'énergie du soleil, les ressources environnementales prennent une valeur marchande, mais les populations locales continuent à fonctionner selon leurs entendements soit en recourant à la loi formelle, soit aux normes sociales, soit encore, aux pratiques dont les logiques de normalisations sont non apparentes parce que camouflées en arrière fond mental de chaque acteur.

Le droit formel congolais est caractérisé par des impulsions étrangères aux contextes locaux qui sont suscitées à coup d'incitation financière des institutions de la communauté internationale, des institutions de Bretton-Woods, (Banque mondiale et Fonds monétaire international). Amorcée sous la colonisation, cette tendance a semblé se poursuivre jusqu'à la révision du Code minier en 2018 et à la veille des élections de décembre 2018 au cours desquelles, pour la première fois, le Gouvernement congolais a refusé toute contribution financière, matérielle et technique des États qui se sont autoproclamés « Communauté internationale ». Cet acte

---

[132] Dans l'imaginaire collectif congolais, les professeurs d'universités et chercheurs scientifiques sont des « occultistes, mystiques, satanistes ». Il faut donc décourager les enfants à embrasser une telle carrière. Voici qu'en 2019, le Grand Congo ne compte qu'à peine 2.500 docteurs à Thèses répertoriés.

[133] Aymar Nyenyezi et Mushagalusa Mudinga notent qu'il est reproché à la mondialisation contemporaine d'avoir pénétré sa logique du marché dans la sphère sociale, affaiblissant ainsi les droits progressivement acquis par les peuples au prix des luttes sociales. Lire, Nyenyezi Bisoka, A., et Mushagalusa Mudinga, E., « Accès à la terre des subalternes. Institutionnalisation des inégalités et violence de l'État en Afrique des Grands Lacs », Bukavu, 2014.

d'indépendance a valu à Joseph Kabila une grande campagne de diabolisation dans les médias occidentaux.

Bien avant, lors des différentes codifications en 2002, les agences de coopérations ont continué à contrôler l'initiative et le contenu des réformes des lois. Il s'agissait des conditionnalités et des incitations financières. Les bailleurs des fonds ont toujours été des acteurs clés dans la définition et la mise en œuvre des politiques publiques face aux acteurs étatiques chargés de la gestion foncière et des ressources naturelles or, en matière de coopération, celui qui donne, définit la stratégie d'utilisation et dirige[134]. En dépit ou même à cause du pluralisme d'entendements, des stratégies de ces « partenaires » occidentaux et la lutte entre eux sur le terrain du projet de législation congolaise, la réforme du Code foncier est toujours en chantier, depuis 2002. Ces experts désignés par les bailleurs de fonds imposent des concepts qui n'ont pas d'assises opérationnelles dans les contextes locaux. Il s'agit, notamment, des concepts tels que : réfugiés climatiques, communautés locales, bien commun de l'humanité, etc., contenus tous dans les codes et lois ayant bénéficié de l'appui technique de ces « experts en généralités » sans expertises spécifiques locales.

Les normes foncières importées dans les véhicules conceptuels flous n'ont pas rendu justice aux communautés traditionnelles dépossédées de leurs terres au cours de chaque réforme au motif Onusien qu'« il ne faut exclure personne » d'où la nécessité de prendre en compte les intérêts et avis des migrants, des réfugiés, des allochtones, des investisseurs étrangers, des Pays voisins, des groupes armés rebelles et agresseurs, etc. Par ces mécanismes, durant le premier cinquantenaire de la RDC, les communautés traditionnelles

[134] En plus de l'aspect hégémonique et néocoloniale des États qui imposent à la RDC les politiques publiques, nous soulignons ici la responsabilité interne des différents Gouvernements congolais, avec la politique de la main tendue, se plaisent à rester sous la coupe des financiers internationaux qui, en définitif, dirigent la RDC.

tout entières sont chassées des aires dites protégées[135] ou occupées par les miniers sans indemnisation ou avec les indemnisations sous-évaluées.

Par ailleurs, sous prétexte Onusien de « *minorités vulnérables* », l'on a toléré les présences et mouvements migratoires très nuisibles des groupes armés, des migrants illégaux avec leurs cheptels (Peuls mbororo armés, FDLR, Maï-maï,...) y compris dans les Parcs et réservées à faunes et à flores, dans les montagnes, forêt équatoriale et zones lacustres difficilement accessibles. Les migrants Mbororo, par exemple, ont joué un rôle majeur à l'islamisation des zones couvertes par leurs trajectoires migratoires. Nous avons observé une montée en nombre des édifices réservés au culte musulman. Selon un de nos enquêtés, ces Mosquées sont construites, en pleines forets[136]avec les financements des « *Frères* » du Qatar. Par son Communiqué du 3 juin 2019, la Communauté musulmane de la RDC a dénoncé l'occupation de son siège à Kinshasa par des personnes qui prêchent le djihadisme[137].

La Partie Est de la RDC présente depuis 2010 les conditions favorables au développement de l'extrémisme violent. L'État islamique y a déjà revendiqué, dans la première moitié de l'an 2019, deux attaques terroristes. Jusqu'ici, en Afrique le terrorisme était circonscrit dans les zones désertiques du Maghreb, du Sahel et de l'Afrique de l'Ouest. Ailleurs, en Europe et Amérique, il s'est con-

---

[135] Pour le Sud-Kivu, Aymar Nyenyezi (2014, *op. cit.*) rapporte que des familles des peuples des forêts dits Bambutis se sont vus expulsées de la forêt de Kahuzu-Biega pour y créer une réserve de gorilles. Et, au Katanga, les cas similaires sont très fréquents pour les intérêts miniers.

[136] Il faut rappeler que la quasi-totalité de la partie Est-Swahiliphone de la RDC couvre les zones de l'ancien Empire Arobo islamique du Maniema, qui y a existé préalablement à la colonisation occidentale. C'est-à-dire que le terrain offre les atouts à l'islamisation. Que le lecteur ne confonde pas la Religion Islam (que nous respectons) et l'extrémisme violent qui conduit au terrorisme et qui, généralement, se fonde sur une certaine interprétation du Livre sacro-saint de l'Islam « le Saint Coran ».

[137] Communiqué disponible en ligne sur https//actualité.cd/2019/06/03.

centré dans les zones urbaines. Le genre de terrorisme en gestation en RDC sera de type nouveau. Si l'on n'arrive pas à l'attaquer et le tuer dans son embryon génétique, il faudra prévoir beaucoup des ressources scientifiques, financières, humaines, matérielles et temporelles pour apprendre à faire la guerre anti-terroriste dans les zones forestières, montagneuses et entrecoupées des lacs, rivières et fleuves, hautement compliqués. Je crains que la génération des dirigeants qui devra affronter ce problème n'abdique, que les populations locales y adhèrent massivement en représailles au néocolonialisme et que l'État islamique, qui a échoué au Moyen-Orient, ne finisse par trouver un terrain propice au cœur de l'Afrique et s'y installe de manière durable. Ainsi, la vampirisation de l'État pourra conduire à la fin des frontières actuelles de l'État-nation en RDC ou à leur émiettement.

S'agissant de ce néocolonialisme vampirisateur de l'État, la RDC en a fait l'expérience à travers les conditionnalités lors de la rédaction des codes de 2002 (miniers, eaux, agricole, et forestier) et, la pression des investisseurs du secteur minier a, particulièrement, été grande lors de la réforme du Code minier promulgué en 2018. Cette pression a été appuyée par les États européens et américains du nord (USA et Canada) qui sont allés jusqu'à financer l'organisation de l'opposition au régime Kabila[138]. Avant ce divorce entre Occidentaux et le régime Kabila, les réformes de 2002 dans ce secteur résultaient du dialogue avec la Banque mondiale, le Fonds monétaire international et une pluralité d'investisseurs occidentaux.

---

[138] Le fonds des Européens (France, Belgique, Suisse…) a été investi pour organiser la rencontre de Genève entre tous les candidats Présidents de la RDC issus des regroupements de l'Opposition politique. Par ailleurs, les mêmes États, exclus du processus électoral par le pouvoir de Kinshasa ont financé la Commission épiscopale nationale du Congo (*CENCO*) pour organiser une mission d'observation électorale de 40.000 Observateurs. Les USA sont allés jusqu'à déployer un contingent des commandos à Libreville pour pouvoir intervenir à Kinshasa, en cas des violences post-électorales.

Non seulement content d'inscrire la réforme législative parmi les conditionnalités des décaissements des fonds et de leur assistance financière en faveur de la RDC, ces institutions sont allées jusqu'à proposer des éléments du contenu des codes, mais aussi, à envoyer leurs experts pour y travailler et à donner leur avis ou veto, pour ou contre la présence de tel ou tel autre experts local dans les rouages de la réforme institutionnelle. Il est intéressant de constater que les législations issues de ces processus d'expertise internationaux ne modifient pas le système colonial mais, plutôt, s'insèrent dans sa continuité. Une fois cette « *assistance internationale* » boudée, ces néo colons sont allés jusqu'à appuyer le changement de régime politique, par le départ du Kabilisme. Ce dernier a aussi mis en place des mécanismes et stratagèmes de sa survie politique à travers ce qu'il convient de nommer : l'Art de perdre la présidence de la République pour pouvoir gérer la quasi-totalité des Institutions provinciales et nationales du Pays.

Une analyse approfondie de la trajectoire de ces importations institutionnelles permet de démontrer la présence d'une vision de la terre et des ressources naturelles qui s'inscrit en nette contradiction avec des perceptions locales des mêmes ressources. Ces importations institutionnelles s'appuient donc, très souvent, sur des prémisses erronées résultant d'une transposition des diagnostics sociaux sans observation empirique des faits. C'est ainsi que, cette importation institutionnelle impose formellement le contrôle étatique du système foncier et la propriété exclusivement privée de la terre, en contradiction avec le mode de gestion collective qui caractérise les réalités locales, coutumières.

À compter des années 2000, la RDC a produit des institutions formelles, normes et organes, relatifs aux ressources environnementales, entre autres, la loi d'orientation agricole, le nouveau Code minier de 2018 qui porte la redevance d'exploitation minière à 10 % contrairement à celui de 2002 qui la portait à 2 %, le Code des hydrocarbures, le Code forestier, le Code du tourisme, le Code environnemental… Ce pluralisme formel ne va pas sans poser des multiples problèmes, dans la mesure où il se pose fréquemment la question de savoir si le droit foncier doit avoir la primauté sur le droit de la ressource naturelle concernée ou le contraire.

Le rôle des experts, généralement occidentaux et/ou congolais (africains) occidentalisés, demeure prépondérant dans la préparation des réformes institutionnelles destinées à régir des questions aussi vitales que sont la terre et les ressources naturelles. Le recours aux experts intervient, quel que soit l'outil utilisé pour promouvoir la réforme : conditionnalité, incitation, droit de regard et de contrôle après un processus de financement et, même, dans les cas des processus résultant d'une initiative exclusivement endogène à l'instar du processus électoral de 2018, droit d'évaluation et de certification. À travers ces mécanismes d'importation d'expertises, les institutions ont conservé et perduré les caractéristiques de leur filiation coloniale. Elles restent influencées par la conception occidentale qui ignore et/ou sous-estime les réalités locales, jugées rétrogrades. Ce droit d'application mécanique, qui préexiste aux conflits et aux réalités du terrain, impose ses solutions, généralement non négociables, aux parties.

Certes, l'extraversion n'est pas forcément négative. L'ouverture à l'extérieur étant inévitable dans ce siècle de la mondialisation et le recours aux experts étrangers peut présenter quelques avantages[139]. En effet, au-delà de leur qualification et de leur expérience d'une grande variété des contextes différents, ils peuvent être crédités d'une neutralité du point de vue des enjeux nationaux. Cette neutralité peut garantir, dans une certaine mesure, l'objectivité. Même leur faible connaissance des contextes locaux pourrait également constituer un atout, en les demandant de s'associer à des

---

[139] Lire à ce sujet Fatoumata Ouattara, « Une étrange familiarité. Les exigences de l'anthropologie chez soi », in *Cahiers d'études africaines* (en ligne), mis en ligne le 30 septembre 2007, consulté le 23 avril 2018. URL : http://journals.openedition.org/etudesafricaines/4765.

experts nationaux qui ont effectué réellement des recherches empiriques récentes, et qu'on laisse à chaque expert sa liberté d'esprit, des méthodes et d'usages conceptuels et des jargons à employer pour rendre compte de la réalité observée. Certaines réalités sociologiques ne sont communicables que par les concepts locaux qui manquent des correspondants textuels dans les langues françaises et anglaises. D'où la nécessité de réinterroger la place des langues africaines dans le processus de la production et de la communication scientifique. Depuis trois années académiques, dans le cadre de son paradigme de la « *déprogrammation positive des mentalités* », Célestin Musao[140] et ses collaborateurs font intervenir dans les enseignements académiques, conférences et colloques, les musiciens, les acteurs non académiciens, les clameurs, slameurs et poètes… ils nomment cette approche « *co-construction des savoirs* ».

Il s'agit là, d'une perspective d'inculturation des savoirs et d'approches. Sous cette perspective, il appartiendra aux législateurs (nationaux et locaux) de définir les rôles réciproques assignés aux experts nationaux et internationaux. C'est cela le combat qui est mené par l'Association euroafricaine pour l'Anthropologie du changement social et du développement (APAD) et le Conseil pour le développement de la recherche en sciences sociales en Afrique (Codesria), celui d'effectuer des recherches empiriques et théoriques rigoureuses en vue de la déconstruction-reconstruction des sciences sociales en Afrique. Les chercheurs congolais sont encore loin de s'engager dans ce combat, et beaucoup l'ignorent même. Ils continuent à appliquer et à enseigner des théories qui avaient été inventées pour les coloniser, les « chosifier » et justifier l'exploitation de leurs ressources, etc.

---

[140] Le Professeur Célestin Musao Kalombo Mbuyu, titulaire des Chaires d'Histoire politique et administrative du Congo, Théories des organisations et Géographie politique est Directeur de l'Observatoire de la Gouvernance, un Laboratoire des Recherches et d'Enseignements à l'Université de Kinshasa.

Pour des raisons de concision, dans les pages suivantes, sans être exhaustif, nous allons analyser les interactions, les implications et les contradictions formelles entre cinq de ces institutions : Code foncier et ses administrations, Code agricole et ses administrations, Code minier et ses administrations, Code forestier qui manque à ce jour plusieurs de ses organes d'application ainsi que la justice et ses juridictions. L'objectif est de comprendre les effets du pluralisme d'entendements et expliquer le comment d'est-ce qu'il faut les mécanismes pour « réinventer » les sciences de l'État actif en RDC et en Afrique.

4.2. Normes et Administrations foncières

L'évolution du régime foncier congolais sera analysée à travers trois périodes : sous l'État indépendant du Congo, sous le Congo belge, et sous le Congo indépendant.

4.2.1. Sous l'État indépendant du Congo

Boniface Kabanda insiste sur le fait que ce sont les structures privées, du reste commerciales, qui ont créé l'État indépendant du Congo. La conférence de Berlin n'avait fait qu'officialiser ce que tout le monde connaissait déjà. Pour contourner l'opinion publique belge qui, au début, était hostile à l'entreprise coloniale et pour faire face aux grandes puissances, le Duc de Brabant[141], futur Léo-

---

[141] Pour l'histoire, Léopold de Saxe Cobourg, père de Léopold II est un Allemand naturalisé anglais, sénateur et mari de la princesse Charlotte avec dotation de 50.000 livres qui obtiendra le royaume par les démarches anglaises qui concouraient à lui trouver un royaume d'abord en Grèce puis aux Philippines et enfin, en Belgique. Marié à la Princesse française Louise d'Orléans, c'est le 24 juillet 1833 qu'est né de leur union le prince King Louis-Philippe Mari-Victor Léopold qui deviendra Léopold II. C'est de par ses origines (Allemand naturalisé Anglais) et le mariage de son père, Léopold 1er (avec la Princesse de France, Louise d'Orléans), que les puissances (Angleterre, Allemagne, France et USA), avaient trouvé en Léopold II, un agent international (Citoyen du monde) et redevable tout autant, la

pold II, devait cacher, par des stratégies des camouflages, sa passion d'avoir une colonie, en se cachant derrière des structures internationales à visées humanitaires et curiosités scientifiques comme l'AIC, le CEHC ou l'AIA. Par ces stratégies, Léopold II s'affirma en homme d'affaires incontestable et en bon stratège[142].

De là, affirmer comme certains auteurs que l'EIC fut une affaire personnelle de Léopold II est une affirmation discutable. Même son nom « *État indépendant* » signifiait que c'était un territoire libre de commerce, d'exploitation et d'activités pour les ressortissants des puissances présentes à la conférence de Berlin. Tout monopole et imposition ou taxation y était interdit et Léopold II n'y a été qu'un Administrateur à l'instar de tous les administrateurs des entreprises multinationales. Anton[143] relativise bien lorsqu'il note qu'au « *point de vue financier, le nouvel État était, l'œuvre personnelle de son souverain, qui avait mis de grandes sommes d'argent dans les entreprises de l'association internationale comme cofondateur d'abord, et comme propriétaire de celle-ci ensuite* ».

En effet, les dépenses léopoldiennes sont incontestables. Le Roi-Souverain dépensa à lui tout seul 11 millions et demi de Franc-Or. Ndaywel-è-Nziem[144] et Jean Stengers estiment ces dépenses léopoldiennes à plus ou moins 10 millions de Franc, Pierre Joce et Rosine parlent plutôt de 19 millions. Quoi qu'il en soit, Musao Kalombo enseigne que « *Léopold II avait mis sa fortune personnelle dans l'entreprise coloniale au point de risquer la faillite* ». Ce

---

personne la mieux indiquée pour protéger les intérêts de chaque puissance au sein de l'État dit indépendant du Congo, un territoire libre.

[142] Willequet, J., *Le Congo et la Weltpoltik*, (1894-1914), cité par Boniface Kabanda Matanda, *op. cit.*, p. 81.

[143] Anton, G., *Le régime foncier aux colonies* ; rapports présentés à l'Institut colonial international, seconde édition publiée sous les auspices de l'institut, Bruxelles, 1904, p. 39.

[144] Pour plus de détail, lire Ndaywel-è-Nzieme, I., *Histoire générale du Congo de l'héritage à la République Démocratique du Congo*, Paris-Bruxelles, Afrique, 1998, pp. 208-307.

cela qui soutient les thèses des tenants de la paternité léopoldienne de l'État indépendant du Congo.

Mais, au regard des statuts du Comité d'études du haut Congo, des origines des acteurs ayant contribué à la création de ses associations génitrices (AIA, CEHC, AIC) et surtout en tenant compte des exigences formulées dans l'acte de Berlin à l'égard de Léopold II pour lui reconnaître l'EIC, nous disons que l'État indépendant du Congo était une société à participation, mieux une colonie internationale. En effet, on lui reconnut l'EIC à trois conditions majeures : 1. Liberté de Commerce pour toutes les puissances et leurs citoyens, 2. Absence des droits de douane et, 3. Occupation effective par l'administration coloniale. Depuis 1885 jusqu'à la rédaction de cet ouvrage en 2019, ces trois conditions ont continué à hanter les relations entre les dirigeants de la RDC et les États occidentaux. De Léopold II à Joseph Kabila, les dirigeants politiques congolais ont été chassés du pouvoir à cause des enjeux sous-entendus dans ces conditions. Les plus nationalistes, Lumumba et L. D. Kabila, ont été carrément assassinés à cause du Congo, les plus chanceux ou stratèges, Kasavubu, Mobutu et Joseph Kabila, se sont retirés du pouvoir vivants juste aux moments où les pressions devenaient mortelles.

D'ailleurs, Léopold II lui-même n'ignorait pas qu'il était trop vulnérable face à l'Allemagne, à la France, au Portugal et à l'Angleterre et que l'antagonisme entre ces puissances était à craindre. En plus, la naissance, la croissance et même la mort des projets léopoldiens dépendaient de ces puissances. Lesquelles puissances étaient également créatrices de la Belgique. Joseph Kabila le savait mieux et, Félix Tshisekedi, élu Président congolais en 2018, n'ignore pas que le nouveau Code minier lui légué par Kabila, qui porte la redevance à 10 % est anti-intérêts occidentaux et va à l'encontre du principe acté à Berlin : *liberté d'exploitation du Congo sans paiement des droits de douanes et d'impôts*. Il s'agit, dans certaines de ses dispositions fiscales, du premier Code nationaliste de la RDC.

Sur le plan juridique, L'EIC était né dès l'autorisation du Parlement belge accordé à Léopold II d'être son Souverain : une union personnelle. La spécificité du régime colonial de l'EIC résida dans le fait que cet État fut considéré, dans la mentalité et le comportement des populations issues des grandes puissances, comme un *business international*[145], une colonie sur laquelle le commerce de toutes les nations jouirait d'une complète liberté sans paiement des droits locaux[146]. Ce fut donc un espace libre, indépendant d'une puissance quelconque ou, dépendant à la fois de toutes les puissances signataires de l'Acte de Berlin. Le Souverain Léopold II n'était qu'un des actionnaires désigné gestionnaire puisqu'il était un citoyen cosmopolite susceptible de bien protéger les intérêts de chaque puissance. Il était originaire ou avait un lien familial au sein de la majorité de ces puissances. Cela explique, partiellement, l'existence du phénomène de pluralisme des logiques différentes dans la conduite des affaires de cet État international : bien commun de l'humanité occidentale.

À peine devenu Roi-Souverain de l'EIC, Léopold II déclarait l'existence de deux types de terres : terres indigènes et terres vacantes. Les terres indigènes étaient celles qui étaient occupées (*villages*) et cultivées (*5 km² autour des villages*) par les populations autochtones. Les terres vacantes étaient celles qui représentaient tout le reste. Cet acte d'autorité ne sembla inquiéter personne aussi bien du côté des autochtones que du côté des partenaires coloniaux, au moment de sa prise.

---

[145] Vangroenwegbe, D., *Du sang sur les lianes. Léopold II et son Congo*, collection Grands Documents, Bruxelles, Didier Hatier, 1986, p. 17.

[146] Lire l'Acte général de la conférence de Berlin du 26 février 1885 et la Déclaration relative à la liberté du commerce dans le bassin du Congo, ses embouchures et dispositions connexes.

Le législateur de l'EIC a donc considéré que les autochtones n'avaient pas de régime foncier et que les terres de l'État indépendant du Congo, visiblement non occupées par les autochtones, étaient des terres sans maître. Pour preuve, en 1909, Vauthier écrivait à ce sujet que « *lorsque l'État affirme son droit de propriété, c'est qu'il se trouve en présence du néant du fait d'appropriation privée... l'appropriation individuelle au Congo n'existe pas, même sur le sol des villages et des cultures*[147] ».

Le roi Léopold II décréta ensuite que les *terres vacantes*, ainsi que tout ce qui y était rattaché, appartenaient à l'État indépendant du Congo, il venait donc de ramasser presque la superficie totale de l'actuelle RDC. Le décret du 31 juillet 1912 stipule que : « *toutes les choses sans maître appartiennent à la colonie* ». Il s'agit d'un cas d'accaparement des terres. Mais soulignons aussi que le Code civil[148] qui a introduit, en RDC, la propriété civile à l'occidental visait, non seulement les indigènes mais, aussi, les autres européens. Ces derniers n'avaient pas encore compris que Léopold II osait rouler tout le monde en contournant ou en violant carrément les recommandations lui formulées à la Conférence de Berlin.

Au-delà du caractère autoritaire de cette mesure, se lisait déjà l'absolutisme du nouveau maître absolu de l'État indépendant du Congo qui cherchait, non seulement à confisquer les indigènes, mais aussi, à rouler ses coactionnaires. Cette mesure impliquait, en effet, l'expropriation pure et simple et sans contrepartie des populations noires de leurs terres et des populations blanches de leurs droits et libertés sur le Congo. Elle niait toute existence aux sociétés autochtones, leur mode de production, leur système de gestion foncière, leur agriculture, leur tradition et même leur capital de vie et de développement. Sont désormais considérées comme terres vacantes et donc propriété de l'État indépendant du Congo, toutes les terres non *effectivement* occupées ou cultivées par les indigènes.

---

[147] Vauthier, *Le régime foncier du Congo Belge*, S.L et S.D., 1909, p. 13.
[148] Article 12 de l'ancien Livre II du Code civil.

Du point de vue des populations autochtones de l'époque, cette notion d'effectivité était un non-sens, un critère dépourvu de toute réalité pratique puisque le sol, le soleil, l'eau et l'air n'étaient nullement des éléments finis, définis ni délimités par l'occupation[149]. De l'autre côté, celui des Européens, les biens sans maîtres qui reviennent à l'État indépendant du Congo, leurs reviennent à eux, puisque l'EIC, c'est eux. En réalité, la notion d'effectivité et de terres vacantes vient briser les liens considérés par le Congolais précolonial comme indissociables entre individus et la terre. La terre devient, par un simple décret, propriété du conquérant érigé en État.

Par la suite, la législation formelle décréta quatre types des terres ci-après : les terres indigènes (villages + *5 km tout autour des villages*), les terres vacantes (domaine exclusif de l'État), les terres concédées (par l'État aux entreprises) et le domaine de la couronne (propriété privée de Léopold II). Les terres indigènes sont celles occupées, à titre collectif ou individuel par les autochtones conformément à leurs pratiques traditionnelles : agriculture de substance et habitation. Ces terres furent soumises à la coutume.

Les terres en possession des non-indigènes, les contrats y afférents datant d'avant le 1er juillet 1885 furent reconnus valables : il s'agit des terres concédées à l'époque de l'empire arabo islamique du Maniema aux Arabes de la partie Est du Pays ainsi que celles concédées par Léopold II aux entreprises privées occidentales, aux missions catholiques et à ses ami(e)s. Ces terres furent enregistrées et soumises à la législation de l'État indépendant du Congo allant

---

[149] À cette époque, aucun prophète, aucun féticheur-marabout, aucun scientifique ne pouvait s'imaginer que quelques deux siècles plus tard le sol (avec le problème d'habitation et d'agriculture), l'eau (avec la question du changement climatique et de la désertification, par exemple du bassin du lac Tchad, qui prélude la guerre de l'eau en Afrique), l'air (avec le crédit-carbone, la question de l'oxygène et de la détérioration de la couche d'ozone) et l'environnement (avec autant d'espèces végétales et animales menacées de disparition) deviendront des biens économiques, rares et à la base des nouvelles guerres.

jusqu'à les soumettre aux impôts et taxes. C'est l'une des causes principales de l'avènement de la campagne anti léopoldienne par les mêmes puissances qui avaient consacré Léopold II, souverain de l'EIC.

Selon le Roi-Souverain[150], les agents de l'EIC devaient prendre les mesures « *nécessaires pour conserver à la disposition de l'État les fruits des terrains domaniaux, notamment l'ivoire et le caoutchouc* ». Il existait un véritable bras de fer entre les sociétés de Thys et les agents de l'EIC, qui allaient jusqu'à obliger les indigènes à leur vendre, et à eux seuls, l'ivoire sous peine de punition.

Le roi lui-même exerçait régulièrement des pressions sur le Gouverneur général, comme on peut le lire dans un extrait de sa correspondance : « *il importe d'activer promptement... le développement bien nécessaire de nos récoltes d'ivoire et de caoutchouc. L'État ne peut maintenir son existence qu'au moyen de très larges et très fructueuses récoltes* »[151].

Une lettre du Gouverneur général Wahis aux commissaires de district illustre bien les résultats de la pression exercée par les autorités de l'EIC : « ... *celui qui dans ces parages* (lisez le domaine de la couronne) *achèterait du caoutchouc, inciterait ainsi les indigènes à exploiter le domaine privé, et il s'associerait à un délit prévu par la loi. Pour mettre fin à une telle exploitation illicite, le commissaire de district devra, de préférence, punir les principaux délinquants, c'est-à-dire les indigènes eux-mêmes et les mettre administrativement et judiciairement en demeure de livrer à l'État le caoutchouc récolté sur le domaine privé. Cela le dispensera probablement de poursuivre devant les tribunaux ceux qui achètent le produit ; car il est désirable de ne leur intenter des poursuites*

---

150 « Histoire administrative de l'EIC », article disponible sur https://wikipedia.org, consultée le 10 février 2014.

151 Lettre du Roi Léopold II, envoyée au Gouverneur général Wahis, le 4 avril 1892 citée par Daniel Vangroenwegbe, *op. cit.*, P. 4e de couverture.

que si l'on ne parvenait pas à maintenir nos indigènes dans la légalité... »

Le reste des terres, constituées de terres vacantes, forma le domaine de l'État dont une partie devint le domaine privé du Roi Léopold II, le domaine de la couronne. Il faut souligner que c'est le décret de juillet 1885 qui a importé du droit de propriété de type européen dans l'État indépendant du Congo. Les domaines publics et privés de l'État sont devenus source du droit de propriétaire parce que depuis 1885, deux systèmes d'appropriation du sol ont coexisté et se sont trouvés en conflit en RDC. L'EIC a introduit une appropriation du sol de type « Romain » : la propriété individuelle et exclusive[152]. Les noirs eux ne connaissaient que la propriété collective et non exclusive.

Après 1892 et le décret d'octobre qui signalait la fermeture de nombreuses régions aux sociétés, sous-entendu leurs intégrations au domaine de l'État, le roi allait pouvoir faire exploiter cette vaste étendue et faire récolter le caoutchouc sous forme d'impôts exigés à la population et, même à certaines entreprises coloniales qui étaient censées bénéficiers du principe de libre circulation des personnes et des biens sans droits de douane, sans impôts ni taxes. Le règne de la terreur allait battre son plein. C'est ainsi que le Roi-Souverain va s'approprier également « *la force productrice humaine* ». C'est ce que le postfacier de cet ouvrage a appelé le « *recours au potentiel productif de la population indigène* »[153].

---

[152] L'Ordonnance du 31 juillet 1885 stipule : « aucun accord, convention ou contrat que les commerçants européens (portugais, anglais et hollandais, etc.) ont signés avec les indigènes pour l'occupation du sol, ne sera reconnu par le Gouvernement, ni protégé par lui ». Les deux décrets, du 17 octobre 1889 et du 29 septembre 1891 ainsi que les quatre circulaires d'exécution, constituent pour l'État l'application du principe de domanialité universellement admis dans tous les États européens, en sont les textes de base.

[153] Lotoy Ilango Banga, J.-P., *Le rôle du pouvoir traditionnel dans la mobilisation des masses laborieuses en milieu rural au Zaïre*, mémoire de licence en Sciences politiques et administratives, UNILU, 1985.

Mugangu écrit, à propos de l'occupation européenne du sol africain avant 1876, que certaines théories de droit international antérieur au XVIIIe siècle considéraient l'Afrique, terre inconnue comme une *res nullius*. S'y installait qui voulait sans qu'aucun titre juridique ne soit nécessaire. Les premiers établissements portugais sur les deux faces du continent africain s'étant constitués ainsi. Au jour même de la notification aux puissances de la constitution de l'EIC l'Administrateur général au Congo prit une ordonnance relative à l'occupation des terres à travers tout le nouveau territoire[154]. Par cette ordonnance, l'Administrateur général a voulu marquer d'une part une rupture entre l'ancien et le nouveau régime en ordonnant qu'à partir de la présente proclamation, aucun contrat ni convention passé avec des indigènes pour l'occupation à un titre quelconque des parties du sol « *ne sera reconnu par le Gouvernement et ne sera protégé par lui* ». Les droits ne pouvant naître qu'en se conformant aux règles du nouvel État[155]. L'objet du premier acte fut de cristalliser les droits acquis à l'époque antérieure au 1er juillet 1885.

Si les non-indigènes avaient, à partir de cette ordonnance la faculté de disposer de leur propriété foncière entre vifs ou pour cause de mort et entre eux, ils ne pouvaient plus acquérir un quelconque droit réel ni sur les terres appartenant aux communautés traditionnelles, ni sur celles faisant partie du domaine de l'État sans autorisation de celui-ci. Par cette disposition, l'État se voulait être à même de contrôler toute l'occupation du sol sur l'ensemble de son territoire et pourtant, il s'agissait d'un territoire « indépendant ».

Mais progressivement, les terres occupées par les indigènes furent réduites. L'État s'appropria toutes les terres qu'ils n'exploitaient pas directement. Le Gouverneur général en exécution du

---

[154] Mbemba Mulopo, M., « Nouveau Régime foncier Zaïrois et l'expropriation pour cause d'utilité publique », in *Annales de la faculté de Droit,* Kinshasa, UNIKIN, 1974.

[155] Kalambay Lumpunga, G., *Régime foncier et immobilier,* Kinshasa, PUZ, 1989, pp. 5-25.

décret du 5 décembre 1892, avait pris un arrêté invitant les commissaires des districts et les chefs d'expéditions à délimiter les droits des indigènes sur les terres occupées par eux (...), c'est-à-dire délimitées en fait, à des portions de terres habitées des droits des indigènes[156]. En somme, sous l'EIC, le Roi n'était qu'un Souverain apparent mais les souverains effectifs, non apparents, furent les puissances signataires de l'Acte de Berlin. L'État, déjà vampirisé à sa naissance, et ses populations noires n'avaient aucune souveraineté.

4.2.2. Terres sous le Congo belge

La cession de l'EIC à la Belgique fut la conséquence des pressions émanant principalement du monde des affaires occidental, des médias et d'ecclésiastiques protestants. L'absence d'humanisme en faveur des indigènes affichée au premier plan par les adversaires de Léopold II n'était qu'une stratégie d'action politique. En effet, cette cession coïncide avec la mutation d'intérêts économiques. Sous l'EIC, les intérêts se logeaient dans une économie de cueillette du caoutchouc, d'huile de palme et de l'ivoire d'éléphants. Ces ressources étaient abondantes dans les provinces orientales, de l'équateur, du kivu et du kwilu. Sous le Congo belge, le regard se tournera vers les provinces du grand Katanga, du grand Kasaï et du grand Kivu à cause de la découverte des minerais. Or, Léopold II venait, en violation de l'Acte général de Berlin, d'instaurer la taxation des produits à l'EIC, la domanialité des terres et certains monopoles d'affaires (*domaine de la couronne*).

Dans le traité de cession du 18 novembre 1907, la Belgique avait réitéré sa volonté de respecter les droits acquis en ces termes : « S*a Majesté le Roi souverain déclare céder à la Belgique la souveraineté des territoires composant l'EIC, tous les droits et obligations qui y sont attachés, l'État belge déclare accepter cette cession*

[156] Sur le terrain nous avons observé que l'administration coloniale avait effectué un travail de délimitation des espaces, clan par clan, village par village.

et faire siennes les obligations de l'EIC (...), et s'engage à respecter les conditions au Congo, ainsi que des droits acquis légalement reconnus à des tiers indigènes et non indigènes[157] ».

Sous le régime colonial belge, trois textes ont régi formellement le domaine foncier de la colonie : la Charte coloniale (loi) du 18 octobre 1908, le décret du 20 juillet 1907 sur l'emphytéose et l'usufruit ainsi que le décret du 31 mars 1934.

L'article 5 de la Charte coloniale assigne au Gouvernement colonial, entre autres missions, l'amélioration des conditions matérielles d'existence (…) et le développement de la propriété, et l'art. 15 de la même charte traitent des règles relatives aux diverses sortes de concessions.

Rappelons aussi que cette cession et ces concessions se faisaient selon la volonté du législateur élu uniquement par les Belges sans la participation des indigènes. L'article 15 susvisé était en principe applicable à tout le domaine privé appartenant à la colonie. Or, pendant cette période, la gestion des terres était faite par des lois, un personnel motivé et formé, ce qui a permis la quasi-absence des conflits fonciers mais aussi, l'organisation du secteur fiscal foncier et immobilier. En réalité, l'époque de la colonie belge a connu quatre pouvoirs concédant (et non propriétaires) en matière foncière[158], à savoir :

- la Colonie ;
- le Comité spécial du Katanga (CSK) ;
- la Compagnie de chemins de fer du Congo supérieur aux Grands Lacs africains (CFL) ;
- le Comité national du Kivu (CNKI).

Chacun de ces pouvoirs concédant avait une zone dans laquelle il avait un droit de céder une portion des terres. Et à ce propos, les

---

[157] Article 7 du traité du 18 novembre 1907 relatif à la cession de l'EIC à la Belgique.
[158] Lire les articles 15 à 22 de la Charte coloniale du 18 octobre 1908.

terres qui furent concédées n'étaient pas vacantes mais occupées par les populations indigènes que l'on a dû chasser.

Malgré l'existence de divers pouvoirs concédant, nous pouvons dire que l'article 15 de la Charte coloniale a été appliqué sur tout le territoire colonial. Les pouvoirs concédant ont disparu à la veuille de l'indépendance. La Belgique avait en effet, dissout le Comité spécial du Katanga (et bien d'autres entreprises du portefeuille) à 3 jours de l'indépendance du Congo pour favoriser les intérêts belges au détriment du Congo dans la perspective de la loi de l'option, consistant à demander aux entreprises de choisir entre le droit belge et le droit de la colonie. Les deux Comités du Kivu et celui du Katanga avaient conclu plusieurs conventions depuis leurs créations jusqu'à leur dissolution.

Le décret du 20 juillet 1907 sur l'emphytéose et l'usufruit, vint organiser ces deux droits réels énumérés à l'article 1er alinéa 2e du décret du 31 juillet 1912, parce que d'abord bien organisé, l'emphytéose peut suffire dans la plupart des cas à assurer la mise en valeur des terres domaniales. Il ne sera plus nécessaire de recourir nécessairement au système de grandes concessions en pleine propriété. Ce fut une faute que la colonie continuât de se dépouiller définitivement des terres qui lui appartenaient, puisque considérées comme *biens sans maître*, et ne conservât de son immense domaine qu'une faible portion pour les temps à venir. Voilà déjà là, les prémisses du phénomène que nous conceptualisons comme la vampirisation de l'État : priver l'État de ses intérêts vitaux, par ses propres fonctionnaires agissant au nom de l'État, pour leurs intérêts personnels.

Enfin, le décret du 31 mars 1934 réglemente le travail de délimitation des terres indigènes, par son coût et son inutilité pour la colonie fut condamnée en 1937. Mais la colonisation exigeait que l'État colonial continue à accorder des concessions et cessions avec la garantie, à leurs titulaires, de ne pas être inquiétés dans l'exercice de leurs droits. Dès lors, une procédure nouvelle était nécessaire. Le législateur du 31 mars 1934 subordonna à une enquête toute demande de cession ou de concession. Il permit de renoncer officiellement à la délimitation systématique des terres indigènes, et indirectement de déterminer les terres vacantes, car l'enquête ne devra désormais s'effectuer qu'en cas de demande de cession ou de concession des terres rurales.

En somme, dans le système normatif et administratif que la Belgique a doté son ancienne colonie, la gestion foncière coloniale n'était pas une gestion de développement local, la théorie des biens vacants fut utilisée comme instrument de la politique du gouvernement colonial pour mieux exploiter les ressources du Congo en faveur de la Belgique.

4.2.3. Foncier sous le Congo indépendant (1960-2019)

Musao[159] relève : une mauvaise gestion des terres qui transparaît par l'importance des conflits fonciers devant les cours et tribunaux, l'ignorance de la loi foncière par la population et par ceux qui devaient l'appliquer, le manque de volonté politique de respecter la loi foncière, l'impunité, le manque de matériel informatique pour les techniciens du cadastre. Nous ajoutons à ces constats, l'existence d'un pluralisme institutionnel contradictoire en matière de gestion foncière. La crise foncière est aujourd'hui amplifiée par l'intervention désordonnée et plurielle des services publics et des préposés de l'État qui agissent, non pas pour l'intérêt collectif mais pour des intérêts partisans.

---

[159] Musao Kalombo Mbuyu, C., (dir.) *Abécédaire de l'État de la Nation 50 ans après. Diagnostic multisectoriel, vision et stratégies du développement durable en RDC*, Kinshasa, Médiaspaul, 2010, p. 45.

a. **Esprits institutionnels des Affaires foncières congolaises**

Le régime foncier postcolonial en RDC peut être appréhendé en deux étapes : maintien du régime foncier colonial et la rupture avec celui-ci.

S'agissant du maintien, la loi fondamentale a pratiquement reconduit le régime foncier hérité de la colonie. Ensuite, quelques textes pris pendant cette période méritent d'être signalés. Il s'agit entre autres de la loi dite Bakajika[160]. Elle annulait toutes les cessions et concessions successivement accordées par l'État indépendant du Congo, par la colonie belge et par tous les autres pouvoirs concédant avant le 30 juin 1960. Cette loi a été complétée par une ordonnance qui invitait les bénéficiaires à introduire de nouvelles demandes dans un délai déterminé.

La rupture se constate à travers la loi n° 80-008 du 18 juillet 1980 qui attribue à l'État le sol et le sous-sol comme sa propriété exclusive, inaliénable et imprescriptible. En conséquence, cette institution norme abolie l'appropriation privative du sol. Le nouveau régime foncier et immobilier a cessé de poursuivre l'évolution du régime foncier colonial.

Par ailleurs, la Constitution du 18 février 2006, telle que modifiée à ce jour, n'affirme plus, comme toutes les autres constitutions antérieures, le principe de l'appropriation publique des terres et des ressources naturelles. Chacune de ces anciennes lois fondamentales congolaises reprenait l'expression habituelle : *« le sol et sous-sol appartiennent à l'État »*. L'article 9 de la constitution en vigueur[161] énonce plutôt que « *l'État congolais exerce la souveraineté permanente sur les ressources naturelles* ».

Deux tendances se dégagent autour de l'interprétation de cette disposition constitutionnelle. La première soutient que l'expression

---

[160] L'Ordonnance-loi n° 66 /343 du 7 juin 1966 est communément appelé loi Bakajika.

[161] Constitution congolaise du 18 février 2006, *op. cit.*

« *souveraineté* » employée par le constituant, renferme bien l'idée de la propriété et véhicule, dès lors, l'idée que l'État continue à détenir un droit de propriété sur les terres et les ressources y contenues. La seconde tendance estime que, par cette disposition et celles des articles 34, 56 et 57 de la même constitution, le constituant a voulu arracher à l'État l'appropriation des terres en confortant ainsi les droits fonciers coutumiers, collectifs et individuels, sur les terres et ouvrir une porte à l'appropriation privative des terres, qui irait au-delà du modèle concessionnaire, sans pour autant l'abolir. Cette seconde tendance soutient que le bilan de l'application de ce principe n'a pas permis d'encourager les investissements fonciers-agricoles et la valorisation des terres congolaises, sinon la marginalisation des communautés locales qu'elle a occasionnée dans les milieux ruraux. À l'alinéa 2 de l'article 9, le constituant précise que « *les modalités de gestion et de concession du domaine de l'État, visé à l'alinéa précédent, sont déterminées par la loi* ».

En attendant cette loi, qui tarde aussi à venir, voilà déjà 14 ans, la loi dite foncière du 7 juin 1966, qui a été ajustée en 1971 et 1973 et publiée au journal officiel le 20 juillet 1973[162] se maintient en vigueur malgré ses insuffisances et son vieillissement en déphasage avec les réalités et pratiques sociales actuelles. L'article 53 de cette loi portant régime général des biens, régime foncier et immobilier et régime des sûretés dispose que le *sol est la propriété exclusive, inaliénable et imprescriptible de l'État*.

Par cette disposition, l'État congolais a nationalisé le sol, mettant ainsi un terme, d'une part, au régime de la propriété foncière et, d'autre part, à la distinction entre terres domaniales et terres indigènes, consacrée par le principe d'effectivité léopoldienne. L'article 385 de la loi sus-évoquée dispose que *les terres occupées par les communautés locales deviennent, à partir de l'entrée en vigueur de la présente loi, des terres domaniales*. Malheureuse-

---

[162] L'art. 53 de la loi du 20 juillet 1973, *op. cit.*

ment pour l'État, cette nationalisation formelle du sol, sans être effective, sur le plan des pratiques sociales, a conduit simplement à la précarité des droits de jouissance.

En effet, l'exercice des droits de jouissance sur le sol est assujetti formellement à l'obtention d'un certificat d'enregistrement. Pour les terres rurales, encore entre les mains des communautés coutumières, la quasi-totalité jouit en l'absence de ce certificat étatique. À part les fermes y érigées avec une multiplicité des papiers d'origines diverses (étatiques et non étatiques), aucun clan ne possède un quelconque certificat d'enregistrement. Cette absence de certificat formel fait fuir les investisseurs formalistes (occidentaux et occidentalisés) qui ne peuvent pas signer des accords sur base des normes traditionnelles mais attire, tout de même, les investisseurs orientaux, chinois en l'occurrence. En effet, dans l'entendement du législateur congolais, le certificat d'enregistrement demeure un titre privé attestant la propriété privative et pourtant, les terres villageoises, nous l'avons déjà dit, appartiennent, les unes aux clans (ensemble des familles), les autres aux Mwami (Chefs coutumiers). Sous d'autres cieux, il existe déjà des titres collectifs de propriété foncière.

S'agissant des terres urbaines, 37,5 % de nos enquêtés possèdent ces certificats légaux. Certes, plus de la moitié des Congolais urbains occupent des terres sur base de certains papiers qui n'ont rien à voir avec les certificats d'enregistrement, seul titre foncier juridiquement légal. Ce certificat confère, selon les cas, un droit de jouissance perpétuel ou temporaire appelé concession perpétuelle ou ordinaire.

La concession perpétuelle est le droit que l'État reconnaît à une personne physique de nationalité congolaise de jouir indéfiniment de son fonds de terre aussi longtemps que sont remplies les conditions de fond et de forme prévues par la loi. Les étrangers et les personnes morales, ne devraient avoir droit, qu'à la concession ordinaire, dont la durée ne peut dépasser 25 ans. Cette dernière est toutefois renouvelable au gré de l'État. En cas de non renouvellement, la loi prévoit dans certaines hypothèses (emphytéose, superficie), une indemnité pour le concessionnaire. Celle-ci ne peut dépasser les 3/4 de la valeur actuelle et intrinsèque des immeubles incorporés au fonds.

En pratique, nous avons rencontré sur terrain, des personnes étrangères détentrices des concessions perpétuelles. En effet, il existe en RDC un moratoire, voté au parlement, permettant aux étrangers de jouir de tous les droits civils et politiques au même titre que les nationaux.

b. **Organes et procédures administratives de gestion des terres**

Le sol, formellement propriété souveraine de l'État, est géré théoriquement par les administrations publiques. Des fonctionnaires investis de la qualité de conservateur des titres immobiliers délivrent aux particuliers des certificats d'enregistrement dans leurs circonscriptions foncières respectives. La compétence formelle, pour décider de l'attribution d'un terrain, varie toutefois en fonction de la superficie et de la localisation du terrain sollicité. Sont habilités légalement à attribuer une concession, selon le cas, le Parlement, le Président de la République, le ministre des Affaires foncières, le Gouverneur de Province et le conservateur des Titres immobiliers. Le tableau ci-après détermine les compétences en matière foncière en RDC, telles que recommandées par le Code foncier de la RDC[163].

Tableau n° 7. Compétences formelles en matière foncière

Autorités	**Terres rurales**	**Terres urbaines**	**Acte officiel**
Parlement	2000 ha et plus	Plus ou égales à 100 ha	Loi spéciale

[163] *Journal Officiel de la RDC, Code foncier*, n° spécial, 5 avril 2006, p. 24.

Président de la République	1000 ha à 2000 ha	De 50 ha à 100 ha	Ordonnance présidentielle
Ministre des Affaires foncières	200 ha à 1000 ha	De 10 ha à 50 ha	Arrêté Ministériel
Gouverneur de Province	Moins de 200 ha	Moins de 50 ha	Décision du gouverneur de province
Conservateur des titres fonciers	Moins de 10 ha	Moins de 50 ares	Certificat d'enregistrement

Source : résumé sur base de l'article 183 de la loi foncière

Comme on le voit, l'État congolais s'est attribué un droit suprême sur le sol et, il ne peut partager celui_ci avec qui que ce soit. C'est un droit supérieur à tout autre pouvoir foncier que n'importe qui devrait prétendre sur le sol. L'État ne peut pas le transmettre à quelqu'un. Et, personne ne peut l'acquérir, quel que soit le temps pendant lequel il est en possession du sol. Ce principe est d'ordre public en matière foncière en RDC. Il trouve son fondement, non seulement dans la souveraineté de l'État, mais aussi, dans la responsabilité pour celui-ci d'assurer le développement intégral de la nation et en ce que, économiquement, ce développement a pour principal support le sol d'où l'on tire principalement toutes les matières premières.

En réalité, ce droit n'est pas contesté dans la vision coutumière, et même dans les pratiques sociales dites « anarchiques » en matière de gestion, usages et marchés fonciers. Ce que les communautés traditionnelles semblent revendiquer, c'est une reconnaissance sur les terres de leur attachement traditionnel, d'un droit de jouissance bien défini et protégé à l'instar de celui du concessionnaire muni du certificat d'enregistrement perpétuel. Quant aux communautés locales non coutumières (urbaines, urbano-rurales et, même rurales), le souhait majeur est de voir leurs manières de vivre, leurs logiques d'usages des terres prises en compte dans les lois formelles.

En effet, sans tenir compte d'autres acteurs pouvant interagir dans l'action publique, la norme formelle de propriété foncière confère à l'État les pouvoirs ci-après[164] :

- Occuper ou jouir (lui-même) d'un terrain de son territoire par son affectation à un organisme public.
- Affecter certains terrains à l'usage public ou à l'usage de tous, notamment, les terres de routes, de stades, de marchés... pour l'exercice des libertés populaires.
- Accepter la jouissance de certaines terres non loties, non affectées et non concédées, conformément aux coutumes locales.
- Concéder certaines terres aux particuliers pour la réalisation de mises en valeur afin d'assurer le développement national. Cette prérogative est la plus étendue et la plus fréquente qui puisse inquiéter les droits fonciers des communautés locales et de ses membres. Car l'affectation des terres à l'usage ou au service public est rare, et généralement tolérée, sinon souhaitée par tout le monde à condition qu'elle se fasse en bonne intelligence avec les entendements locaux. Par ailleurs les décisions de lotissement, d'expropriation et d'autres asservissements ne relèvent pas du droit de propriété foncière, mais plutôt, des prérogatives exorbitantes de l'État, comme il peut les exercer du reste sur les biens mobiliers (réquisition, saisie conservatoire...) et autres immobiliers des particuliers.

L'article 61 de la loi foncière dispose que la *concession est le contrat par lequel l'État reconnaît à une collectivité, à une personne physique ou morale, de droit privé ou public, un droit de jouissance sur un fonds aux conditions et modalités prévues par la*

---

[164] Nsolotshi *et alli*, *Statut et protection juridiques des droits fonciers en vertu de coutume et usages locaux en RDC*, disponible sur www.google.cd, consulté le 15 mars 2016.

présente loi et ses mesures d'exécution. Les conditions de fond pour conclure une concession sont : l'appartenance du terrain au domaine privé de l'État[165], la qualité de congolais personne physique lorsque le contrat tend à accorder la concession perpétuelle au requérant[166] et la mise en valeur préalable du terrain sollicité en concession[178].

La procédure impérative dans l'octroi d'une concession foncière en RDC se présente comme ci-dessous. Mais d'emblée, il y a lieu de noter que dans cette procédure de concession on distingue nécessairement les terres rurales et les terres urbaines. Ces dernières sont toutes les terres de villes et de leurs dépendances administratives ainsi que les terres des localités officiellement déclarées urbaines. Les autres terres sont rurales.

1re étape : la lettre de demande de terre du requérant qui sollicite la concession est adressée à l'autorité foncière compétente[167]. On distingue les autorités foncières compétentes proprement dites, chargées de signer le contrat de concession au nom de l'État propriétaire, les autorités de validation de contrat de concession ainsi que les autorités foncières par délégation[168].

2e étape : l'enquête préalable, pour les terres rurales, et les décisions du plan parcellaire et d'offre des terrains au public, pour les terres urbaines. L'enquête préalable est exécutée par l'administrateur du territoire ou son délégué sous contrôle du *commissaire de district*[169] et du gouverneur de province, avec avis éventuel du procureur de la République[170]. Les décisions de plan parcellaire (ou lotissement) et offre des terrains au public sont prises par le gou-

---

165 Art. 54 à 57 de la loi foncière.

166 Art. 58, 80 et 93 de la loi foncière.

167 Art. 190 et suivants de la loi foncière.

168 Art. 183 de la loi foncière et 14 de l'ord. 74/148 du 2 juillet 1974.

169 Nous avions déjà souligné que le district n'existe plus, la loi foncière doit s'adapter.

170 Art. 193 à 203 de la loi foncière.

verneur de province sous contrôle du ministre des Affaires foncières[171].

3e étape : le mesurage et bornage, faits par le service du cadastre saisi par l'autorité foncière et aux frais du requérant[172].

4e étape : la signature du contrat de location ou d'occupation provisoire, par l'autorité foncière compétente pour une durée de 3 ans ou 5 ans selon les cas. Lorsque le terrain demandé n'est pas encore mis en valeur afin de lui permettre de réaliser cette condition, *sine qua non*, pour l'octroi de droit de jouissance proprement dit[173].

5e étape : le constat de mise en valeur, par le service de cadastre[174].

6e étape : la signature du contrat de concession proprement dit par l'autorité foncière compétente, suivie immédiatement de l'établissement, par le conservateur des titres immobiliers, du certificat d'enregistrement du droit de jouissance concédé. Ce certificat constitue le titre créateur et probatoire du droit de jouissance concédé lequel devient inattaquable deux ans après son enregistrement. Après ces deux ans, toute action en annulation ou en résolution du contrat de concession n'opère pas la rétrocession du terrain. La violation de l'une ou l'autre de ces conditions, de fond ou de forme, entraîne la nullité du contrat de concession qui implique aussi la nullité de certificat d'enregistrement et du droit qu'il avait établi, sauf si cette nullité intervient deux ans après établissement valable du certificat d'enregistrement.

---

[171] Art. 63 de la loi foncière et les art. 3 à 5 de l'ordonnance n° 74-148 portant mesures d'exécution de ladite loi.

[172] Art. 68, loi foncière et art 1 du décret du 20 juin 1960 sur le mesurage et bornage des terres.

[173] Art. 58, 144 et 154.

[174] Art. 58, 157,162 loi foncière et art. 8 de l'ordonnance portant mesures d'exécution.

Formellement, deux ans après l'obtention du certificat d'enregistrement, celui-ci devient inattaquable. Les actions dirigées contre lui ne sont recevables qu'en dommages et intérêts. Lorsqu'il a été obtenu par erreur, par surprise ou par fraude, on peut poursuivre son titulaire pour faux en écriture et la destruction d'un tel certificat peut être ordonnée par le Juge. La loi sanctionne par ailleurs d'une peine de prison (2 à 6 mois de servitude pénale et 5 à 50 milles francs congolais d'amende), tout acte d'usage et de jouissance d'une terre qui n'est pas fondé sur un titre régulier.

Elle sanctionne de façon particulièrement sévère (6 mois à 5 ans de servitude pénale) tout contrat de concession conclu en violation de ses dispositions impératives ou contraires aux dispositions d'ordre urbanistique. En d'autres termes, l'occupation informelle (pratique) d'un terrain de même que l'usurpation des fonctions en matière foncière sont formellement réprimées.

En extrapolant les données de nos enquêtes, 98,5 % des Congolais ont leur place en prison parce qu'en toute impunité, la loi foncière de 1973, constituant la référence principale en matière foncière en RDC, demeure inappliquée. Il y a donc contradiction entre les prescrits des lois et les pratiques sociales en matière foncière[175]. Ceci pose un vrai problème de la légitimité de la loi formelle.

c. Avis des usagers par rapport au patrimoine foncier de l'État

Le patrimoine de l'État est composé de deux domaines : le domaine public et le domaine privé de l'État. Font partie du domaine public de l'État, les rivages du fleuve Congo, le sol et le sous-sol de la mer territorial, les marchés, les routes, les rivières,

[175] Les terres urbaines et les terres rurales répondent, selon la loi dite foncière, à des régimes différents, en plus, la loi ne définit pas clairement les terres urbano-rurales et enfin, les législations sur les ressources naturelles ont primauté sur la législation foncière.

les lacs et tous les autres domaines de l'État mis à la disposition de l'usage public. Par contre, le domaine privé de l'État se compose de l'ensemble des biens immobiliers de l'État n'appartenant pas au domaine public et géré selon les règles du droit privé. Or, par des procédés d'expropriation pour cause d'utilité publique et pour causes économiques, l'État tient à réintégrer dans son domaine, les terres privées dites abandonnées en les attribuant à des particuliers ou à des institutions qui s'engagent à les mettre en valeur.

En dépit ou à cause de ces multiples dispositions légales, la crise et l'anarchie en matière de la gouvernance foncière sont amplifiées par l'intervention désordonnée de l'État, à travers ses nombreux services, dans le secteur foncier. L'administration foncière est affaiblie et dispose de peu de moyens humains, financiers et matériels de contrôle des terres. Le système de conservation des archives est vétuste et ne facilite pas la traçabilité des titres, ce qui occasionne des duplications dans le processus d'octroi des droits sur la terre.

En milieu rural, l'éloignement des services fonciers (160 km), la dominance des pratiques coutumières et anarchistes vis-à-vis des dispositions légales constituent des enjeux importants. Aussi les conflits entre les autorités coutumières et administratives sont en défaveur d'une gestion efficace des ressources foncières. Par-delà tout, les préposés de l'État agissent et établissent des titres contre les intérêts vitaux de l'État. À titre illustratif, le gouverneur de la ville de Kinshasa est une autorité formellement établie dans la gouvernance foncière. Il signe une attestation de propriétaire après que les services de cadastres aient envoyé le géomètre pour mesurer et borner la concession concernée. À cette étape, le géomètre établit une fiche cadastrale, qui est un document de service qu'il ne devrait pas remettre au concessionnaire. Après cette étape, le concessionnaire peut solliciter une autorisation de bâtir auprès des services d'urbanisme et habitat et/ou une autorisation d'exploitation agricole.

Or, 26 % de nos enquêtés de Buma, 13 % de ceux de Nyalukemba, et 2 % de ceux de Kasambanza ont déjà mené, sans succès, des démarches formelles auprès des conservateurs des titres fonciers de leurs ressorts respectifs pour enregistrer leurs concessions. En moyenne, 44 % des tenants des certificats que nous avons interrogés nous ont affirmé qu'en plus d'exigences légales, ils ont impliqué des relations informelles et autres facteurs clientélistes, pour pouvoir faire avancer leurs dossiers auprès des fonctionnaires de l'État.

La procédure légale d'acquisition des terres aboutit, souvent, à une symbiose normative et administrative, impliquant des acteurs, tant formels qu'informels, officiels et officieux mais générant en même temps une troisième famille normative : celle des normes pratiques alternatives qui ne sont ni étatiques ni coutumières mais circonstancielles, stratégiques et perpétuellement dynamiques.

Par ailleurs, 74 % de nos enquêtés de Buma n'ont jamais osé faire enregistrer leurs concessions foncières. Contradictoirement, 87 % de ceux de Bukavu ont leurs papiers alors qu'à Kasambanza 98 % d'enquêtés possèdent des papiers coloniaux ou ceux d'autres services publics. Là encore, l'obtention des telles autorisations est compliquée pour des raisons reprises dans le tableau suivant.

Tableau n° 8. Jugement d'enquêtés sur la procédure légale d'enregistrement des terres

	Kasambanza		Buma		Nyalukemba		Croisement des sites	
Réponses	Fréquence	%	Fréquence	%	Fréquence	%	Fréquences cumulées	% cumulés
Procédures normales	0	0	0	0	0	0	0	0
procédures complexes	75	62,5	54	45	48	40	177	49,17
Procédures lentes	20	16,67	0	0	12	10	32	8,89
Procédures floues	25	20,83	66	55	60	50	151	41,94
Total	120	100	**120**	**100**	120	100	360	100 %

Il s'agit dans ce tableau de comprendre le jugement que les enquêtés se font des procédures légales d'enregistrement des terres. La majorité de nos enquêtés (49,16 %) jugent les procédures comme étant complexes et 41,94 %, les trouvent floues. En sommes, 91,1 % de nos enquêtés ne comprennent pas les procédures d'enregistrement des terres (complexes et floues). Aucun enquêté n'a jugé les procédures formelles d'enregistrement des terres comme étant normales.

Par ailleurs, ceux qui semblent comprendre ces procédures, 8,8 % de nos enquêtés, l'ont jugé lente. Par contre, les avis se diffèrent, d'une entité à une autre, lorsqu'on aborde, dans nos *focus groups* et entretiens libres, la question du *pourquoi de ce jugement*. L'on se rend compte que le flou et l'incertitude se démarquent davantage dans les milieux urbano-ruraux parce que la loi foncière est muette au sujet des terres urbano-rurales. Il n'y a aucune procédure spécifique pour ces terres caractérisées par une cohabitation non métissée entre le pouvoir traditionnel, le pouvoir de fait et les pouvoirs publics.

Tous nos enquêtés ont admis qu'il y'a un intérêt certain à se faire enregistrer et cet intérêt est lié à la sécurité de l'exploitation (86 % à Kasambanza, 28,7 % à Buma et 100 des enquêtés de Bukavu) et à l'accès au crédit bancaire (100 % des bukaviens, 71,3 % des enquêtés de Buma et 11 % à Kasambanza) ainsi, si les mécanismes d'administration changeaient, tous (100 % d'enquêtés, lors des enquêtes qualitatives, tous terrains confondus) sont prêts à enregistrer leurs exploitations auprès de l'État et la majorité aimerait que ces changements s'orientent vers la simplification des démarches d'enregistrement par la mise en place localement des guichets d'enregistrement foncier, la réduction du coût d'enregistrement et d'impôt foncier payable au bénéfice des entités locales autonomes.

d. Pluralité d'acteurs et vampirisation de l'État

Au-delà de la complexité et des confusions qui caractérisent les procédures formelles de gestion des terres, les acteurs mettent en place des mécanismes et procédures pratiques en matière d'obtention et de sécurisation des terres. Ainsi, nous parvenons à une triple cohabitation entre la procédure légale-publique (théorique), traditionnelle-illégale mais légitime et pratique informelle mais stratégique. Chaque norme est mobilisée par les acteurs qui garantissent son efficacité dans les jeux autour d'enjeux en présence. Il existe en effet, des normes implicites régissant les pratiques locales, des normes étatiques et non étatiques, nationales, locales et internationales qui interagissent et expliquent les gouvernementalités d'acteurs en présence.

Les enjeux en cause dans ces procédures pratiques sont de nature multiple : appropriation des terres, défense et reconnaissance des droits fonciers, accès à des ressources stratégiques, etc. Malgré l'ignorance de l'autorité coutumière dans le système d'administration foncière consacrée par la loi foncière formelle, la réalité démontre que ce dernier joue, en pratique, un rôle important dans les procédures (rurales et urbano-rurales) d'attribution et de transfert de droits fonciers. L'État, par contre, est l'une des victimes d'une politique foncière dirigée par ses propres fonctionnaires. Ces derniers, individuellement ou en partenariat avec les particuliers, vampirisent l'État au nom de l'État et pour leurs intérêts personnels.

Comme nous venons de le faire remarquer, la gestion des terres reste soumise à une panoplie d'acteurs, des pouvoirs, des stratégies, des procédures, des normes et administrations et, par conséquent, d'intérêts divergents qui entrent souvent en compétition. D'une part, les acteurs locaux agissent toujours en marge des normes formelles, d'autre part, il persiste d'interférences et d'entremêlements entre acteurs étatiques et acteurs privés, chacun cherchant, individuellement ou en alliances, tantôt publics-publics, tantôt publics-privés ou, tantôt encore, privés-privés, à se procurer des moyens de survie individuels qui aboutissent à ce que Jean-François Bayard[176] appelle la « politique du ventre » quand il dit que « *l'État subsaharien est une ressource permettant le pillage des richesses à des fins privées de ceux aux grands ventres* ».

Par ailleurs, il s'observe un conflit des compétences foncières entre différents ministères étatiques. Formellement, il revient au ministère des Affaires foncières de gérer les terres, il est aussi for-

---

[176] Bayard, J.-F., *L'État en Afrique. La politique du ventre*, Paris, Fayard, 1989, 1re page de couverture.

mellement admis que[177], la prérogative de planification des affectations des terres du domaine public de l'État incombe au ministère ayant l'aménagement du territoire dans ses attributions, agissant en collaboration avec le ministère ou l'organisme public dont relève le secteur d'activité du domaine public à ériger. L'acte juridiquement établi, qui devrait constater la planification et qui devrait en constituer l'instrument, est le plan d'aménagement. Malheureusement, il n'existe pas. En l'absence du plan d'aménagement du territoire, il y a une compétition sauvage entre les exploitants de ressources non renouvelables (*mines, pétrole*), des ressources renouvelables (*forêts, Parcs agro-industriels, écosystèmes, parcs nationaux*). Cette compétition défavorise sans cesse les agriculteurs, particulièrement dans les zones riches en ressources minières où sont généralement octroyées les concessions aux dépens des communautés locales mais aussi, en défaveur de l'État.

Les attributions foncières s'effectuent en dehors de l'intérêt public. Des pratiques sociales, contrôlées plutôt par les fonctionnaires de l'État, méconnaissent totalement les règles du droit formel et les normes coutumières. C'est la loi du plus fort, celle de la puissance publique utilisée au nom de l'État mais au profit des personnes privées qui l'emporte. Ce processus, que nous conceptualisons comme étant la vampirisation de l'État remet en cause les frontières établies entre sphère publique et sphère privée.

En réalité, l'État congolais exerce théoriquement un monopole foncier par le biais de domanialité, en excluant juridiquement, mais pas sociologiquement, les populations locales, les chefs coutumiers et tous les autres acteurs privés, nationaux et internationaux, de la gouvernance foncière. Pour la majorité de nos enquêtés, si la ressource foncière est appropriable, l'espace foncier ne constitue pas une propriété. Ainsi, l'accession au certificat d'enregistrement,

---

[177] Lire à ce sujet l'ordonnance n° 08/074 du 24 décembre 2008 fixant les attributions des ministères.

procédure très longue et coûteuse, n'est pas du tout une réalité, même dans les zones urbaines.

e. **Réforme foncière toujours en chantier depuis 2012**

La réforme foncière congolaise était initiée en 2012 et est encore en chantier en 2019, elle avait été pensée, initiée et appuyée par l'ONU-Habitat[178] qui travaille sur les questions foncières congolaises depuis 2009 et contrôlée financièrement par la Banque mondiale. Le Gouvernement, de son côté, avait accepté l'idée de réforme en la justifiant par des problèmes d'ordre politique, sociaux, culturels et économiques ainsi que l'ineffectivité et l'inadaptabilité aux conditions actuelles de la loi foncière vieille de 47 ans. Cette réforme devrait aboutir sur des principes de participation, de décentralisation, de respect de l'environnement, des droits humains de certaines catégories de la population. En ce sens, et An Ansoms[179] et ses assistants de recherches soulignent que *cette réforme s'inscrit dans une vision qui s'aligne sur les propositions des bailleurs de fonds, dont la Banque mondiale*.

En effet, la Banque mondiale[180] encourage la reconnaissance et la participation des acteurs locaux dans la gestion foncière. À partir de là, tout se passe comme s'il suffit de reconnaître la participation des acteurs locaux pour s'assurer de l'amélioration d'une gouvernance formelle. Disons avec Cote[181] qu'il est erroné de vou-

---

[178] Trefon, T., (dir.), *réforme au Congo (RDC). Attentes et désillusions. Conjonctures congolaises*, Tervuren/Paris, Musée royal de l'Afrique centrale/L'Harmattan, coll. « Cahiers africains », n° 76.

[179] Nyenyezi Bisoka, A., Karubara, D., Ansoms, A., « Dynamique de conflits fonciers et processus de réforme foncière en RDC : repenser l'insécurité foncière à partir de l'approche de la *political ecology*, in Marysse, S., Omasombo, J., *Conjonctures congolaises. Percée sécuritaire, flottements politiques et essor économiques*, Paris, L'Harmattan, coll. « Cahiers africains », 2013, pp. 56-79.

[180] Jadis, cette institution financière internationale considérait l'autorité et les coutumes traditionnelles comme étant des obstacles aux investissements agricoles. Lire à ce sujet, Barber B., *L'Afrique subsaharienne. De la crise à une croissance durable*, Washington. D.C. 1989, p. 53.

[181] Cote, M., *op. cit.*, p. 42.

loir proposer une définition générale et figée de l'insécurité foncière eu égard à la diversité des contextes sociaux, culturels, politiques… Cette vision importée conceptualise, de façon erronée la question foncière à partir « *des relations entre humains et la terre plutôt qu'entre les humains à propos de la terre et de ses ressources* »[182].

Pour Aymar Nyenyezi précité, la réforme foncière ainsi pensée par les bailleurs de fonds devait s'inscrire dans plusieurs programmes prédéfinis pour la RDC dont : le programme quinquennal du Gouvernement 2012-2016, la lettre de mission du ministre des Affaires foncières 2013-2017, le programme de réforme du secteur agricole, le programme de stabilisation et de pacification des zones post-conflits, le programme national REED+, les initiatives de politiques foncières de l'Union africaine.

La lecture de ces documents montre une vision prédéfinie de la notion de l'insécurité foncière telle que comprise par les acteurs internationaux. Dès lors, le rôle reconnu à la participation et à la reconnaissance des acteurs locaux dans ce processus et, notamment, dans la définition de la sécurité ou insécurité foncière ne vaut que lorsque la proposition s'inscrit dans ces schémas. Même le Gouvernement, malgré ses marges de manœuvre, continue, depuis la colonisation jusqu'à ce jour, de reproduire la même logique d'action dans les créations institutionnelles.

Ces lignes des conduites tracées par les bailleurs de fonds restent prisonnières d'une approche mondialisatrice qui cherche à universaliser les pratiques et les logiques d'actions dans tous les secteurs.

---

[182] Lavigne Delville, P., « Quelles politiques foncières pour l'Afrique rurale ? ». Texte disponible sur www.documentation.ind.fr/ex/doc/pleins-textes.cd, consulté le 10 mars 2017.

4.3. Institutions foncières et Affaires agricoles

La RDC importe pour plus de 1,5 milliard de dollars en 2015, des denrées alimentaires alors que le Pays dispose de 80 millions d'hectares de terres arables. Sur ces 80 millions d'hectares, 4 millions sont irrigables. La diversité des climats et l'abondance de l'eau permettent à la RDC d'avoir jusqu'à quatre récoltes par an. Avec d'importantes ressources en pâturage, la RDC peut avoir un cheptel d'au moins 40 millions de têtes. Avec deux fleuves, les lacs et les rivières, le potentiel est estimé à 700.000 tonnes de poissons[183]. Si cet immense potentiel était géré judicieusement, il pouvait nourrir toute l'Afrique.

Malgré ces potentialités et le fait que la croissance démographique progresse alors que la production agricole régresse (taux annuel de 3,3 %) – les exportations agricoles, café, huile de palme, quinquina, thé, etc., se sont presque taries, déséquilibrant la balance des paiements de la RDC. Plus de 90 % des terres agricoles ne sont pas mises en valeur par des particuliers qui s'en sont accaparées. Les projets agro-industriels s'en vont en faillites[184], les importations de produits alimentaires s'accroissent [185]. Depuis 2007, l'onde de choc du Code minier de 2002 a exproprié des fermiers, petits et grands, particulièrement au Kivu et au Katanga.

Le secteur agricole de la RDC est régi par la loi portant principes fondamentaux du secteur agricole[186]. En son article 18, il est

---

[183] Matata Ponyo, A., *Pour un Congo émergent, entretien avec Kibambi Shintwa*, Paris, Privé, 2016, p. 61.

[184] Bisa Kibul M., et Kapinga Kayembe N., « La Géopolitique du et d'autour du Parc agro-industriel de Bukanga-Lonzo au Congo-Kinshasa », in *Usawa*, nouvelle série, juin 2019. Publié aussi dans les actes des Journées scientifiques de l'Observatoire de la Gouvernance, Université de Kinshasa, du 18 au 20 mars 2019.

[185] Rapport annuel-2015 de *Banque centrale du Congo.*

[186] *Journal officiel de la RDC*, n° spécial, portant principes fondamentaux du secteur agricole articles 18, promulguée le 24 décembre 2012.

reconnu, à chaque communauté locale, les droits fonciers coutumiers exercés sur ses terres conformément à la loi. L'ensemble des terres reconnues à chaque communauté locale constitue son domaine foncier de jouissance et comprend des réserves des terres de cultures, de jachère, de pâturage et de parcours, et les boisements utilisés régulièrement par la communauté locale. L'article 389 de la loi foncière annonce, comme on l'a dit précédemment, une ordonnance présidentielle qui devrait régler les modalités de jouissance des terres des communautés locales, mais qui n'a jamais vu le jour. Près de quarante ans plus tard, la loi portant principes fondamentaux du secteur agricole, promulguée le 24 décembre 2012 stipule que les *représentations des conseils consultatifs en provinces (articles 8, 9) jouent le rôle de commission foncière locale*. Cette démarche au lieu d'être prise dans le domaine foncier découle du secteur agricole qui n'a pas vocation première de gérer la terre, mais plutôt, la production agrovétérinaire.

C'est vrai que pour assurer le décollage agrovétérinaire de la RDC, il faut sécuriser les acteurs ruraux dans leur diversité, leur permettre l'accès équitable au foncier, garantir la sécurité de leurs investissements, la gestion efficace et si possible préventive de différends fonciers. Ce souci peut expliquer et aider à comprendre les ambitions foncières de la loi fondamentale du secteur agricole qui comporte des dispositions en matière foncière.

Déjà le processus de création de cette loi fut mouvementé. En avril 2010, le Sénat congolais, après plus de 50 séances de travail associant de nombreuses et contradictoires compétences, nationales et étrangères, a pu voter un texte pour la loi fondamentale agricole dont l'article 11 instaurait le Comité foncier agricole qui devait avoir pour mission de :

1. Concilier les parties en conflit portant sur les terres agricoles des communautés locales.
2. Participer aux enquêtes préalables à la concession des terres rurales dont la procédure est prévue par la loi foncière.

3. Contrôler, au moins une fois l'an, ou sur réquisition du Gouverneur de province, l'effectivité de la mise en valeur des terres concédées par l'État et, si nécessaire, proposer la reprise de ces terres par l'État en cas d'absence ou d'insuffisance de mise en valeur prévue par la loi et/ou par le contrat.

Après de vives réactions venant des milieux financiers, des ONG internationales et des Ambassades européennes, le texte est arrivé à l'Assemblée nationale, en deuxième lecture. À ce stade, le projet de loi va élaguer une bonne partie des dispositions foncières[187] qui, selon l'Assemblée nationale, n'étaient pas attractives pour les investisseurs. En réalité, il s'agissait des dispositions qui ne rentraient pas dans les logiques et définitions des bailleurs de fonds telles qu'expliquées plus haut. La loi agricole votée en mars 2011 ne garantit, ni les intérêts de l'État, ni ceux des communautés locales.

L'entendement de l'Assemblée nationale venait principalement d'une commission technico-juridique, constituée sur instruction du Président de la République[188] après demande et appui des institutions financières internationales. Cette Chambre basse reformule, en août 2012, l'article 16 de loi portant principes fondamentaux du secteur agricole jugé litigieux et discriminatoire. En réalité et cela a été déclaré, la révision de cet article 16 avait pour objectif de sécuriser les investissements étrangers. À ce sujet, Kasongo[189], un des

[187] L'article 16 de la loi agricole avait suscité de vives réactions tant dans le secteur privé que dans les Ambassades. Cédant à ces pressions, la Président de la République avait autorisé la constitution de la commission spécifique, pilotée par IFPRI pour réviser cet article, afin de rendre la loi attractive pour les investisseurs. La commission mise en place avait conclu sur la nécessité de rédiger les décrets d'application de la loi foncière manquants depuis quarante ans.

[188] Joseph Kabila avait adressé, en date du 10 décembre 2013, une lettre au Gouvernement et à l'Assemblée nationale, concernant la révision de la loi portant principes fondamentaux du secteur agricole en vue de sécuriser les investissements dans ce secteur.

[189] Entretien avec Kasongo, représentant des paysans de Bulungu, Lusanga, le 25 mars 2016.

paysans de Bulungu, s'interroge sur le pourquoi de tant d'empressements pour sécuriser et encourager les investissements étrangers, alors que les paysans congolais attendent depuis plus de 60 ans.

Selon les analystes de la FAO et du PAM, « la lutte contre la pauvreté et la stimulation durable de la croissance économique passent par la sécurisation des investissements et aussi par la clarification de la jouissance des terres des communautés de base qui assurent 95 % des productions agricoles de la RDC ». Une telle analyse suscite certaines interrogations : qui doit clarifier ce que les usagers trouvent clair ? Clarifier par rapport à qui et à quoi ? D'ailleurs, ces 5 dernières années, sous cette vision étrangère à la culture locale, près de 900 millions de dollars américains ont été engagés par les bailleurs de fonds en agriculture de la RDC, avec un impact médiocre.

L'atelier national sur la réforme foncière de juillet 2012 a inséré dans sa feuille de route, l'exigence de textes d'application sur les terres des communautés de base. Ce processus de réforme, initié depuis 2012 sous le financement des bailleurs des fonds risque également d'aboutir à un mécanisme non bénéfique ni par l'État, ni par les acteurs locaux. Mais cela ne pourra pas mettre en danger les chances de l'effectivité de la réforme parce que les fonctionnaires de l'État, y trouveront leurs comptes personnels. Dans cet ouvrage, ce n'est nullement la question de l'efficacité de ce processus qui nous intéresse, mais bien plus, la question des logiques d'actions des acteurs qui sous-tendent ce processus de réforme qui nous a paru pertinente dans le cheminement de cette réforme qui est, depuis 2012, en chantier, mais déjà très coûteux aussi bien en temps qu'en ressources matérielles, financières que humaines.

La prédominance des participants aux travaux de la réforme foncière, à 95 % proviennent des villes, font ombrage aux problèmes des terres agricoles dites des communautés locales, quasi non représentées dans le débat[190]. Ceci permet de dire qu'en RDC, les politiques publiques en matière foncière ne prennent pas en compte les logiques locales de la gestion agricole ainsi que les préoccupations environnementales des communautés rurales. Les logiques extérieures priment et s'affrontent, elles-aussi, jusqu'à définir, trois lois[191] agricoles ayant des dispositions contradictoires censées être la politique sectorielle agricole du Gouvernement.

Il s'agit : 1. du Document intérimaire de Stratégie de Réduction de la Pauvreté daté de mars 2002, qui est un document de travail actualisé, et republié en février 2005 et réactualisé, en 2015. 2. Le Programme minimum de Partenariat pour la Transition et la Relance. Un document rédigé par le Gouvernement en mai 2004, avec l'appui de la Banque Mondiale, du PNUD et de la mission des Nations Unies au Congo. Ce document décrit les orientations de la plupart des politiques sectorielles du pays et, notamment, celles concernant le développement rural, le secteur agricole et l'aménagement du territoire. Il complète et opérationnalise les stratégies définies dans le DSRP-I. et DSRP-II. 3. Le document final de stratégie de lutte contre la pauvreté (DSRP-F), qui remplace le PMPTR, il a été complété et validé par les institutions internationales. Il vise la croissance pro-pauvre et la dynamique communautaire. Le DSRP-F évalue le secteur agricole comme un secteur *à potentiel de croissance rapide*. Les documents de politiques sectorielles rédigées par le Gouvernement de la RDC s'inscrivent autour de trois axes stratégiques (correspondant aux objectifs globaux d'un éventuel programme de relance) : Réduction de la pauvreté des plus pauvres, nécessité d'une relance rapide et soutenue et obligation de réaliser des interventions viables dans la durée.

---

[190] Même lorsque les représentants des communautés locales sont invités dans le débat, ils demeurent minoritaires à tout point de vue.

[191] DSRP-I et II : Document intérimaire de Stratégie de Réduction de la Pauvreté, mars 2002 et actualisé en février 2005 ainsi que le PMPTR : Programme minimum de Partenariat pour la Transition et la Relance.

Pour ce qui est de la vision endogène de l'État lui-même, le foncier, comme réservoir de la biodiversité, des mines et des minerais, de l'environnement et d'écosystème est un enjeu gigantesque. L'État n'arrive pas à s'en approprier au risque d'énerver les partenaires financiers et leurs puissants États qui garantissent, la vie, la survie, l'avenir, les intérêts des hauts fonctionnaires agissants au nom de l'État. Ils possèdent également une grande capacité de nuisance au régime politique en place. On ne voit pas bien la stratégie endogène, n'est fut-ce que dans l'inscription des réformes à impact foncier à l'agenda politique des autorités étatiques. Certains [192] pensent même que la réforme foncière n'est pas une priorité à l'heure actuelle et d'autres, souvent les mêmes, considèrent que la réforme foncière est une affaire des bailleurs des fonds qui ont forcé cette réforme tout comme les réformes minières, environnementales, forestières et agricoles.

Le Chef de la collectivité Luniungu[193] estime que le Gouvernement congolais n'a pas de moyens financiers suffisants pour mener à terme une grande réforme foncière d'où il faut laisser cette charge aux bailleurs des fonds qui, plus que l'État, tirent le maximum d'intérêts du sous-sol congolais. Or, il a été prouvé que l'imposition d'un *référentiel*[194] qui n'a pas été inculturé ni suffisamment contextualisé ne permet pas, depuis la colonisation jusqu'à ce jour, la gouvernance foncière de développement.

---

[192] Entretien avec les agents du Ministère des Affaires foncières, de l'Urbanisme et Habitat et le personnel de la Commune de la N'Sele à Kinshasa et de la Commune d'Ibanda à Bukavu.

[193] Entretiens compilés de mars 2016 à la collectivité Luniungu.

[194] Nyenyezi Bisoka, A., Karubara, D., Ansoms, A., *op. cit.*, pp. 56-79.

4.4. Terres et gouvernementalités minières

4.4.1. Au commencent des enjeux miniers en RDC

Au moment de l'institution de l'État indépendant du Congo, la RDC avait un capital international marchand. Ayant compris que l'enjeu n'était plus ni dans le caoutchouc et le copal, ni dans l'ivoire, la noix ou l'huile de palme, Léopold II céda aux pressions de la campagne antiesclavagiste en déplaçant son centre d'intérêt des terres forestières des provinces de l'Équateur et du Kwilu vers les terres minérales des provinces du Katanga et du Kivu. Le minerai représente alors le nouvel enjeu de l'heure. Ainsi, Albert Thys[195] créa en 1889 la Compagnie du Congo pour le commerce et l'industrie. Cette compagnie fut associée au Comité spécial du Katanga pour occuper l'espace foncier et y exercer les droits de premier occupant lorsque les autres industriels seront attirés par les mines.

L'Union minière du Katanga, une entreprise multinationale était créée en 1906 avec comme associé le Comité spécial du Katanga, la Tanganyika concessions Ltd, la Société générale de Belgique et la compagnie du Katanga[196]. La société forestière et minière du Congo (FORMINIERE) actuelle Minière de Bakwanga (MIBA), créée en 1906 comptait parmi autres actionnaires des Américains en vue d'une certaine répartition géopolitique et géostratégique du gâteau colonial.

Si Léopold II s'était précipité à créer les sociétés minières vers les années 1906 c'était pour assurer sa garde face à la campagne

---

Albert Thys, d'origine Allemande est un ancien officier d'ordonnancement de Léopold II, très considérable dans le domaine économique de l'EIC, il était considéré comme « l'homme aux coups bas de Léopold II ». Même la première banque congolaise (BCDC) fut créée avec la participation agissante d'Albert Thys.

[196] Pour plus de précision sur les parts de chacun et les nationalités des associés, lire Kabanda Matanda, B., *op. cit.*, p. 464.

anti léopoldienne[197] qui débutât stratégiquement contre la politique de la domanialité. Elle sera de plus vive avec à la tête les ressortissants britanniques, le consul Roger Casement et le journaliste Morel, notamment.

Les terres congolaises regorgent beaucoup de ressources naturelles. Ce qui lui a valu le qualificatif de « scandale géologique ». Félix Mupande[198], note que de 2005 à 2009, l'État congolais a pu délivrer plus de 600 titres miniers. En 2012, on est arrivé à 3500 droits miniers. La RDC abrite les premières réserves mondiales de Cobalt et les quatrièmes de cuivre. Son potentiel minier est encore plus grand parce que seuls 14 % du pays est cartographié géologiquement[199]. Ceci dit, les activités minières sont porteuses de grands espoirs de développement socio-économique. Elles sont pourtant génératrices des impacts considérables sur l'environnement, l'eau douce et le foncier de manière générale qui font planer une menace grave d'effondrement généralisé des écosystèmes et d'autres secteurs d'investissement, notamment l'agriculture et l'habitat.

---

[197] S'agissant de la campagne anti léopoldienne, l'Acte Général de Berlin du 26 février 1885, spécialement à son article 4 alinéa 3 avait prévu que les puissances se réservaient de décider au terme d'une période de vingt ans si la franchise d'entrée sera maintenue en dépit de l'Acte général de Bruxelles du 2 juillet 1890. Effectivement, quatre ans avant le terme échu, les acteurs issus de ces puissances commencèrent une « campagne » en vue d'échoir Léopold II, qui avait institué des monopoles et violé les closes de l'Acte général de Berlin. Le Roi lui-même savait que ses cousins allemands, anglais, les Français et les Américains n'étaient plus avec lui.

[198] Mupande, F., *Domaine minier de la RDC : défis et contraintes*, communication inédite présentée à l'occasion des journées minières organisées en 2012 à l'occasion de dix ans d'anniversaire du Code minier en RDC sous le titre « Code minier congolais, dix ans après : Enjeux et perspectives », FIKIN-Kinshasa, 2012.

[199] Matata Ponyo, A., Discours inédit à l'occasion du vernissage de son ouvrage intitulé « Pour un Congo émergent », Université Catholique du Congo/Campus de Limete, Kinshasa le 16 mars 2016.

4.4.2. Brève histoire normative du secteur minier

Depuis l'État indépendant du Congo, les substances minérales précieuses, n'ont cessé d'attirer les investisseurs miniers venant de différents horizons. Ce qui avait amené le Congo belge, par le décret du 16 décembre 1910, tel que modifié et complété par le décret du 16 avril 1919, à réglementer la recherche et l'exploitation minière uniquement dans le Katanga. Ce décret sera abrogé et remplacé par celui du 24 septembre 1937 pour l'ensemble du territoire national.

Ce dernier décret est resté en vigueur jusqu'en 1967, année de la promulgation de la première législation minière du Congo dit encore indépendant en 1960, par l'ordonnance-loi n° 67/231 du 3 mai 1967 portant législation générale sur les mines et les hydrocarbures. Cette dernière a été, à son tour, abrogée par l'ordonnance-loi n° 81-013 du 2 avril 1981 portant législation générale sur les mines et les hydrocarbures. N'ayant point apporté une grande innovation dans le secteur[200], la loi minière de 1981 sera remplacée, sous l'impulsion des bailleurs de fonds, par celle de 2002 qui, à son tour, est remise en cause par le Code minier de 2018. Ici, nous comptons analyser essentiellement les deux derniers codes.

4.4.3. En 2002 : Code minier néocolonial ou d'attraction d'investisseurs ?

De 2002 à 2017, le domaine minier de la RDC était régi par un Code minier ayant pour ambition déclarée « d'attirer les investis-

[200] En effet, le législateur avait estimé que la loi de 1981 n'a pas été incitatif des investissements dans le secteur et avait « un impact négatif » sur la production minière du pays et sur les finances publiques. C'est dans ce contexte que la loi de 2002, voulue plus incitative des investissements, avec des procédures allégées d'octroi des droits miniers fut édictée.

seurs après une longue période de guerre »[201] ainsi que le Règlement minier[202] et les arrêtés sectoriels pris en exécution ou en application de ces textes juridiques. Formellement, le Code minier de 2002 avait été mis en place pour accroître l'attractivité du Pays.

En 2018, seize ans après que ce Code minier soit entré en vigueur, vu sous l'aspect d'interaction avec le secteur foncier, ce Code minier a démontré plusieurs faiblesses. Il existe des conflits entre le Code minier et la loi foncière, entre le titulaire d'un droit minier et le détenteur d'un droit foncier ; le Code minier et les principes fondamentaux de l'agriculture ; Code minier et la loi portant Code des investissements ; Code minier et la loi portant Code des douanes : sur ce dernier point, le Code minier a prévu un régime douanier privilégié, en faveur du titulaire de son titre et ce, contre le droit fiscal et celui de douane.

Sous l'association internationale du Congo (AIC) et sous l'Acte général de Berlin, la politique de défiscalisation n'avait pas donné de fruits escomptés[203], ce qui conduisit à l'Acte général de Bruxelles de 1890 qui porte témoignage de la théorie de l'échec de la politique sectorielle.

Le Colonisateur lui-même apprit la leçon et réduisit la défiscalisation sous l'État indépendant du Congo et sous le Congo belge en la limitant aux seuls projets de développement orientés dans la logique de l'économie mixte. Il a fallu à la RDC de Joseph Kabila, 16 ans pour comprendre cette réalité avant de revenir sur la fiscalisation minière.

Néanmoins, le Code minier de 2002 avait le mérite de préciser son cadre institutionnel, c'est-à-dire, les organes qui interviennent

---

[201] Journal officiel spécial du 15 juillet 2002, loi n° 007/2002 du 11 juillet 2002 portant Code minier. Titre premier, chapitre premier, p. 5.

[202] Lire le décret n° 038/2003 du 26 mars 2003 portant règlement minier.

[203] La défiscalisation mal maîtrisée a conduit à l'institutionnalisation de l'injustice fiscale et qui s'observe, aux dires de Boniface Kabanda précité, à travers la création successive au Congo de l'enfer fiscal, du purgatoire fiscal et du paradis fiscal.

dans l'application de ses dispositions suivant les prérogatives leur reconnues respectivement, à savoir : le Chef de l'État, le ministre des Mines, le Gouverneur de Province, le Chef de Division provincial des Mines, la Direction des Mines, la Direction de Géologie, le Cadastre minier et la Direction de Protection de l'Environnement.

Ce Code a organisé le secteur de sorte qu'en dehors du Ministère des Mines, ses services et ses organes prévus dans le Code et chargés de son administration, aucun autre service ou organisme public ou privé n'ait compétence pour faire appliquer ses dispositions et ses mesures d'application[204] et pourtant, les mines sont contenues dans le sol et dans les eaux. Il faut relever qu'en marge de cette prévision, le Code de 2002 reconnaît certains pouvoirs au chef de l'État. Ce dernier est compétent pour :

- Classer, déclasser ou reclasser les substances minérales en mines ou en produits de carrières et inversement ;
- Déclarer, classer ou déclasser une zone interdite à l'activité minière ;
- Déclarer, classer ou déclasser une substance minérale en substance réservée ;
- Confirmer la réservation d'un gisement soumis à l'appel d'offres fait par arrêté du Ministre[218].

Le Gouverneur de Province est, pour sa part, compétent pour :

- Délivrer les cartes de négociant des produits d'exploitation artisanale.
- Décider de l'ouverture des carrières pour les travaux d'utilité publique sur les terrains domaniaux[205].
- Délivrer les autorisations pour l'utilisation de l'eau[206].

---

[204] Lire ici l'article 16 du Code minier.
[205] Article 11 du Code minier de 2002.
[206] Article 283 Code minier.

Le Cadastre minier, service public décentralisé est le service qui gère au quotidien toutes les procédures d'octrois des droits miniers et de carrières. Il est chargé de l'inscription :

- de toutes les demandes des droits miniers ou de carrières octroyées et délivre les certificats afférant à chaque titre octroyé ainsi que des décisions de refus ;
- de tout retrait, annulation et déchéance des droits miniers ou de carrières ;
- des mutations et amodiations des droits miniers ;
- des sûretés minières ;
- l'instruction cadastrale des demandes des droits miniers et/ou de carrière ;
- l'extension des droits miniers ou des carrières à d'autres substances ;
- la coordination de l'instruction technique et environnementale des demandes des droits miniers ou de carrières ;
- la délivrance de l'attestation de prospection ;
- la certification de la capacité financière minimum des requérants de droits miniers et de carrières de recherche ;
- la conservation des titres miniers et de carrières ;
- la tenue du registre de retombes minières suivant un cadastre national ouvert à la consultation du public ;
- de constater les renouvellements des droits miniers et/ou de carrières ;
- de notifier les avis des instructions minières aux requérants ;
- de délivrer les titres miniers et de carrières ;
- d'émettre ses avis en cas de classement, de déclassement ou de reclassement d'une zone interdite ;
- de radier l'inscription du périmètre minier ou de carrière sur la carte cadastrale.

Il est l'autorité de décision en matière de mutation et d'amodiation de droits miniers et de carrières. Il a aussi le pouvoir de notaire en matière d'authentification des actes d'hypothèque, d'amodiation et de mutation de droits miniers et de carrières. Pour couvrir ses frais, il est autorisé à percevoir et à gérer les frais de dépôt des dossiers et les droits superficiels annuels par carré. Il est donc placé sous la tutelle des Ministères ayant les Mines et les Finances dans leurs attributions.

En outre, le Cadastre minier utilise un système de base des données dénommé fléxiecadastre, un logiciel sud-africain qui permet de découvrir très rapidement si le périmètre sollicité est libre ou occupé ou s'il est compris dans une zone protégée, ou interdite à l'activité minière.

La Direction chargée de la protection de l'environnement minier relevant du Ministère des Mines est chargée de :

- la définition et de la mise en œuvre de la réglementation minière en matière de protection de l'environnement ;
- l'instruction technique en relation avec les opérations de recherche des substances minérales classées en mines et en carrière ;
- l'instruction technique d'Études d'impact environnemental, en sigle ÉIE, présentée par les requérants des droits miniers ou de carrières d'exploitation.

Il convient de souligner que les droits miniers sont constatés par des titres miniers délivrés par le Cadastre minier et dénommé respectivement : Certificat de Recherche, Certificat d'Exploitation, Certificat d'Exploitation des Rejets et Certificat d'Exploitation des Petites Mines. Tandis que les droits de carrières sont constatés par des titres de carrières délivrés toujours par le cadastre minier et dénommés respectivement : Certificat de recherche des produits de carrières, Certificat d'exploitation de carrière permanente et Certificat d'exploitation de carrière temporaire.

S'il est observé qu'il existe une superposition des dispositions légales et des organes administratifs, notamment les cadastres foncier et minier de 2002, il nous parait indispensable de souligner que le Code minier de 2002 reconnaît expressément certains droits fonciers aux titulaires de certains titres miniers. Il s'agit notamment du Permis d'exploitation, du Permis d'exploitation de Rejets, Permis d'exploitation de Petites Mines, de l'Autorisation d'exploitation de Carrières Permanente. Outre les droits attachés à son périmètre, le titulaire a le droit d'occuper les terrains nécessaires à son activité et aux industries y compris la construction[207]. En effet, le titre XI du Code minier traite des relations des titulaires des droits miniers et/ou de carrières entre eux et avec les occupants du sol traité.

4.4.4. Entrecroisements entre titres miniers et de carrières

La Prospection dans les carrières existantes est interdite[208]. Les empiètements entre titres miniers ne sont pas permis, sauf dans les cas suivants :

- Les périmètres des recherches sont superposables entre eux pour des substances minérales différentes ;
- Le périmètre d'un droit minier de recherche peut être superposé sur le périmètre d'un droit d'exploitation de carrière temporaire ;
- Le périmètre d'un droit minier d'exploitation peut être superposé sur le périmètre d'un droit de carrières de recherche ou d'exploitation temporaire ; de ce fait, cette partie du périmètre de carrière de recherche est éteinte d'office ;
- Le périmètre d'un droit de carrières d'exploitation peut être superposé sur le périmètre d'un droit minier de recherche ou, avec le consentement du titulaire ou par décision du ministre, sur une partie du périmètre d'un permis d'exploitation[209].

---

[207] Art. 283 du Code minier.
[208] Art. 17 du Code minier.
[209] Art. 30 du Code minier.

4.4.5. Entrecroisements et télescopages entre titres miniers et autres titres

Toute occupation de terrain privant les ayants-droit de la jouissance du sol et/ou toute modification rendant le terrain impropre à la culture entraînent, pour le titulaire des droits miniers, à la demande des ayants-droit du terrain et à leur convenance, l'obligation de payer une juste indemnité correspondant soit au loyer, soit à la valeur du terrain lors de son occupation, augmentée de la moitié[210].

En cas de litige, le règlement à l'amiable est préféré, faute de quoi, les indemnités seront allouées par le tribunal compétent[211]. En vue de préserver les droits des occupants du sol, le règlement minier[212] dispose que le titulaire d'un droit minier doit prévoir une indemnisation des populations en cas de déplacement de leur lieu d'habitation.

L'octroi de l'autorisation d'exploitation de carrière est subordonné, notamment, à la présentation de la preuve écrite du consentement du concessionnaire foncier, si la superficie faisant l'objet de la demande d'autorisation d'exploitation de la carrière est située dans le périmètre foncier de ce dernier[213]. L'octroi de cette autorisation ne peut être refusé que si, notamment, le propriétaire du titre foncier refuse de bonne foi de donner son consentement à l'ouverture de la carrière[214].

Au moins trois mois avant de déposer sa demande, le requérant envoie une sollicitation du consentement du concessionnaire foncier. Ce dernier est tenu de répondre endéans 30 jours à compter de la réception de la demande du consentement. À défaut, pour le

---

[210] Art.281 du Code minier.
[211] *Idem.*
[212] Art. 452 litera e.
[213] Arts. 154 litera d et 159 litera b, Code minier.
[214] Art. 155 du Code minier.

requérant de recevoir la réponse dans le délai prescrit, le consentement est réputé accordé ! Même lorsque le consentement est refusé avec motivation, le requérant peut demander, par écrit, au ministre de rejeter la réponse pour « mauvaise foi »[215]. La loi ne prévoit aucune preuve du consentement préalable du concessionnaire foncier lorsque le périmètre minier sollicité se retrouve dans la concession foncière de ce dernier. C'est uniquement en ce qui concerne le droit de carrière d'exploitation que la preuve de consentement est requise, cependant le ministre des Mines peut rejeter, sur demande du requérant, le consentement du concessionnaire foncier refusant l'ouverture de la carrière sur le périmètre couvert par son droit pour mauvaise foi. L'on comprend donc que, d'une façon ou d'une autre et, même, de toutes les façons, le consentement sera obtenu ou contourné et que le concessionnaire foncier n'a d'autre choix que de collaborer au bénéfice du concessionnaire minier.

Par ailleurs, le détenteur d'une carte d'exploitant artisanal est tenu d'indemniser les exploitants agricoles pour tout dommage engendré par son activité (art. 112 Code minier). Il ressort de l'analyse de tout ce qui précède qu'en dépit du fait que nul ne peut être privé de son droit de jouissance régulièrement acquis, sauf en cas d'expropriation pour cause d'utilité publique, l'investisseur minier se réserve le pouvoir et le droit d'étendre ses activités même sur des concessions foncières dont les droits de jouissance sont reconnus aux occupants du sol. Donc, les titulaires des droits miniers ont formellement, le droit d'exproprier tout concessionnaire foncier en vue d'exercer leurs opérations minières ou de carrières.

S'agissant des Zones interdites à l'activité minière[216], si l'intérêt public l'exige, le Président de la République peut déclarer une zone interdite aux activités minières et/ou travaux de carrières. Cette

---

[215] Art. 302 et 303 du règlement minier.

[216] L'exemple-type de la déclaration du classement d'une zone interdite aux activités minières et/ou aux travaux de carrières est celui du Décret présidentiel du 27 janvier 2004 dans la zone de Shinkolobwe (Mine d'uranium).

déclaration ne décharge pas le titulaire des droits miniers ou de carrières de ses obligations préexistantes à cette déclaration[217]. Cependant, une juste indemnité lui est payée. En cas de désaccord, le titulaire lésé peut faire recours ou entamer des voies judiciaires[218].

Cette analyse montre que le secteur minier connaît des incohérences avec d'autres secteurs connexes notamment, forestier, foncier et conservation de la nature. Le Code minier de 2002 permet également d'octroyer des droits miniers et de carrières même sur des périmètres réservées aux aires protégées, sur des concessions forestières et même sur des concessions foncières, sans considération des restrictions ou règles prévues par des textes juridiques qui régissent ces secteurs. Ce qui entraîne un chevauchement tant de compétences que d'espaces entre le secteur minier et les autres secteurs.

En outre, ce Code prévoit des mesures incitatives aux investissements, et celles qui se rapportent à l'évaluation préalable des impacts potentiels des activités minières sur l'environnement dont les modalités d'application sont prévues par le décret du 26 mars 2003 portant Règlement minier. On dénombre la dévastation de la biosphère, la destruction des habitats des animaux, la pollution des eaux de surface et des eaux souterraines par le rejet des effluents de traitement de minerai, des érosions qui entraînent la désertification du milieu ambiant, la pollution de l'air, le déclin des populations animales, pour ne citer que ceux-là.

On constate que l'expansion des activités minières sur le territoire se fait sans égard aux impératifs de la préservation de l'environnement en dépit des normes établies par les instruments juridiques précités. De sorte que, les télescopages entre les carrés

---

[217] Art. 6 du Code minier.
[218] Art. 4 du règlement minier.

miniers et les concessions forestières, foncières, agricoles ainsi que les aires protégées se dénombrent de plus en plus.

La dégradation de l'environnement et la gestion rationnelle des ressources naturelles constituent l'un des plus grands défis de gouvernance en matière environnementale face aux conséquences dues à l'exploitation à la fois non intelligente, non cohérente et non coordonnée de ces ressources naturelles. De sorte que les ressources protégées dans les différents secteurs, notamment minier, forestier, eau, et conservation de la nature ne sont pas les mêmes et la superposition des domaines sectoriels a engendré de graves conflits d'intérêts lorsque le privilège est reconnu à un secteur, sans considération des valeurs protégées par l'autre secteur connexe.

Il faudra donc que, les législateurs congolais (nationaux et locaux) arrivent à harmoniser les divergences entretenues entre les codes de différents ministères. Or, en majorité, ces législateurs, à l'instar de leurs électeurs, n'ont ni compétences intellectuelles, ni consciences d'enjeux et des jeux techniques encore moins de hauteur éthique et morale pour y parvenir. Pour eux tout est stratégiques et politisables et les intérêts personnels, financiers et politiques sont supérieurs à toute règle et conditionnent les comportements.

La superposition des cadastres est aussi un problème majeur. Le Code minier[236]affirme, par ailleurs, que les droits découlant de la concession minière sont distincts de ceux des concessions foncières de sorte qu'un concessionnaire foncier ou une communauté locale ne peut se prévaloir de son titre ou de ses droits coutumiers pour revendiquer un droit de propriété quelconque sur les substances minérales contenues dans le sous-sol. Et au point XI, article 2 portant relations des titulaires des droits miniers ou de carrières avec les occupants du sol, ce Code souligne la primauté des droits miniers sur les autres droits[219] dont, notamment, le droit agricole, alors que la loi foncière reconnaît, pour le régime des terres rurales, les terres appartenant aux communautés locales. Sur le terrain, cette situation se traduit par de nombreux cas de superposition de titres, occasionnant ainsi des conflits entre les usagers bénéficiaires, mais aussi une véritable compétition entre les différents services publics, chacun porté à défendre le titre qu'il a émis.

On constate que le pays s'est doté d'une législation qui a fait la promotion et a sécurisé l'activité minière des investisseurs, tandis que les terres occupées par les Paysans congolais sont restées au même stade qu'au jour de la promulgation de la loi foncière en 1973. Le cadastre minier couvre déjà 48 % des terres de la RDC. À cela s'ajoutent les concessions forestières, pétrolières, les aires protégées liées à la conservation de la nature et prochainement les espaces liés à la séquestration du carbone. Le ministère de l'Environnement se démarque et prend de l'avance dans le zonage du territoire et sa cartographie. Les parcs nationaux représentent 258.049 km^2, soit 11 % de la surface du territoire congolais.

Est-ce ces limites qui ont exigé la réforme du Code minier en 2018 ?

4.4.6. Sens et contresens de la réforme minière de 2018

a. Contexte géo-politico-économique de la réforme

La révision du Code minier de 2002 a été votée par les deux chambres du Parlement en février 2018 et promulgué par le chef de l'État en mars 2018. En 2002, le pays se trouvait dans une longue période des guerres. Il a fallu que le régime de Kinshasa déroule le tapis rouge pour que les miniers reviennent, osent investir et que leurs puissants États trouvent les raisons intéressantes de stopper

[219] Sauf consentement des autorités compétentes, nul ne peut occuper un terrain réservé au cimetière, contenant des vestiges archéologiques ou un monument national, des installations de la défense nationale…

leurs appuis aux agresseurs, groupes armés et autres commissionnaires de cette guerre. Le législateur de 2002 a donc fabriqué un Code minier (et la plupart des codes depuis 2002) à la hauteur des intérêts d'investisseurs.

Selon les autorités formelles[220], qui ont utilisé un discours souverainiste et moins diplomatique[221], le temps de réformer le Code minier de 2002 était arrivé en 2018. Citant le rapport du cabinet d'audit Mazars, le Président de la Gécamines affirme qu'en 2016, *« les sociétés internationales minières présentes au Katanga ont réalisé 2,6 milliards de dollars de revenus, sur lesquels seulement 88 millions ont été versés à la Gécamines. C'est inacceptable ! Maintenant, ça suffit. Ils se sont assez enrichis sur le dos du pays, il faut que le Congo s'y retrouve. Il faut que le pays retire les dividendes de ses richesses naturelles »*.

Parmi les méfaits recensés officiellement à la charge d'investisseurs miniers, figure des investissements surestimés, un surendettement entretenu artificiellement et une production minorée pour éviter de payer des taxes… en conséquence, le Patron de la Gécamines voudrait reprendre les permis aux opérateurs si les renégociations des contrats échouent. En réalité, au-delà des arguments souverainistes évoqués, le relâchement du régime Kabila par les États occidentaux[222], co-bénéficiaires (avec le régime Kabila) des mannes minières du pays, serait la raison officieuse qui justifierait cette réforme qu'on peut qualifier de : *perdons ensemble*.

---

[220] Albert Yuma et Martin Kabwelulu, respectivement PDG de la Gécamines et ministre des Mines.

[221] Le président de la Gécamines a, par exemple, qualifié les pratiques de ses partenaires de *délictueuses*. Au premier rang des accusés, le Suisse Glencore, qui exploite les mines de cuivre et de cobalt de Kamoto et de Mutanda, parmi les plus importantes du pays.

[222] Entre 2016 et 2018, l'Union européenne, les USA et le Canada ont particulièrement exercé un activisme diplomatique anti Kabila aussi bien sur la scène internationale qu'à l'intérieur de la RDC. En pleine campagne électorale de décembre 2018, les USA ont déployé un contingent de 80 Commandos à Libreville pour faire pression sur Kinshasa.

Par ailleurs, la situation managériale de la Gécamines en 2018, malgré les plans de relance d'Albert Yuma, se présente comme suit : un surendettement à hauteur de 1,5 milliard de dollars, un outil industriel délabré et archaïque (à Kolwezi, Kipushi et à Lubumbashi), des effectifs pléthoriques du personnel, plus de 11.000 salariés à la fin de 2016, souvent recrutés sans avis de vacance de poste et sur base des recommandations clientélistes et du militantisme politique pro-pouvoir du régime Kabila. Une gouvernance des ressources humaines, matérielles, financières et temporelles floues qui fait que la Gécamines qu'hérite le Régime Félix Tshisekedi (coalition FCC-CASH ou Kabila-Tshisekedi) issu des élections de décembre 2018, n'a d'une entreprise minière que son nom et sa faible production annuelle d'à peine 11.000 tonnes de cuivre en 2017, contre près de 500.000 dans les années 1980.

C'est avec de telles caractéristiques que l'autorité de 8 dernières années de la Gécamines rêve de relancer son entreprise au rang de leader de la filière Cobalt au monde. Le problème de la Gécamines réside dans la crise managériale, un manque de volonté politique capable de canaliser les ressources publiques vers les intérêts publics. Mais aussi une crise d'intelligence stratégique et de vision à même de nouer des accords directement avec des constructeurs automobiles et des fabricants de batteries au lieu de toujours passer par des négociants comme Glencore, qui détient un tiers de ce marché.

Les représentants de Glencore, ont affirmé que « plus personne n'investira dans la RDC avec le nouveau Code minier » et qu'ils n'hésiteront pas à « faire valoir leurs droits à la stabilité contractuelle en allant devant les tribunaux de la justice arbitrale internationale contre la RDC ». Sur le terrain politique, Glencor a financé, en 2017 et 2018, des rencontres de l'opposition congolaise au régime de Kabila dans l'intention de parvenir à l'alternance politique et, surtout, à l'alternative de cette réforme minière qui porte la fiscalité minière de 2 à 10 %. En face, les stratèges du Kabilisme ont réussi à mettre en place l'Art de prendre la présidence pour pouvoir gérer la quasi-totalité des institutions provinciales et nationales du Pays.

Le ministre des Mines a affirmé officiellement que le nouveau Code minier doit « *rééquilibrer le partage des revenus extractifs entre les investisseurs et les autorités* ». Constatez qu'il n'a pas dit entre investisseurs et le trésor public. Les intérêts des autorités congolaises ne sont pas, nécessairement, les intérêts de l'État congolais. Il s'agit donc d'un Code de correction des fourchettes de partage des revenus entre les alliés d'affaires et partenaires politiques internes et externes, officiels et officieux, nationaux et étrangers. Ces jeux d'acteurs reflètent l'image du phénomène de la vampirisation de l'État[223].

L'industrie de transformation locale et l'exploration en propre du sous-sol congolais, dont le ministère des Mines annonçait la reprise en 2011, n'ont jamais commencé jusqu'à la fin effective du mandat de Joseph Kabila en 2019. Le secteur minier n'a cessé de vivre au rythme des affaires liées au manque de transparence quant à la manière dont ont été octroyées certaines licences minières ou dont les partenariats publics-privés ont été noués. Depuis 1990 et, bien avant, le fameux *cheval minier* de l'économie congolaise est malade des gouvernementalités vampirisatrices qui l'entourent : ces quinze dernières années qui précèdent 2019, il représentait, selon la conjoncture, de 80 à 95 % des exportations du pays, mais seulement 7 à 15 % des recettes de l'État. La Gecamines n'entraîne plus d'impacts sociaux à sa suite. La loi sur la sous-traitance, qui devait doper les PME locales, n'a pas pu bouger les choses, le secteur minier en étant pour une bonne part exempté.

Les revenus miniers représentent chaque année autour de 10 milliards de dollars de revenus à l'exportation, mais proviennent presque entièrement de l'extraction pure et non de la transforma-

---

[223] Entretien avec un Directeur de la fonction publique, ministère des Mines-RDC, Kinshasa, le 30 mars 2018.

tion à plus haute valeur ajoutée et plus de 2/3 de ces 10 milliards finissent dans les poches d'individus, hauts fonctionnaires de l'État et leurs complices.

Actuellement, les prix des minerais extraits en RDC sont en hausse sur le marché mondial. Le cours du cuivre, dont le sous-sol katangais regorge, a gagné 14,5 % en 2016, puis 13,3 % en 2017. Les diamants, que l'on trouve en abondance au Kasaï, ont grimpé de 9 % entre 2013 et 2017. L'or, présent dans le Kivu et en Ituri, a gagné 13 % en 2017 après un bond de 8,6 % en 2016. Quant au coltan, utilisé dans les smartphones, dont le Kivu est richissime, son cours s'envole en hauteurs : près de 60 % en 2017 et la tendance va en progressant en 2018 et 2019. Quant au cobalt, indispensable pour la fabrication des batteries des véhicules électriques, environ la moitié du marché mondial en cobalt, soit 66.000 tonnes sur 123.000 tonnes, provient de la RDC. En un peu plus de six mois, son cours a presque triplé, pour s'échanger à 38 dollars la livre au dernier trimestre 2017.

Paradoxalement, l'État vampirisé n'investit pas dans les infrastructures paraminières : l'électricité, les routes, les infrastructures de santé et d'éducation, l'eau… Les miniers qui s'en sortent sont soit, ceux qui ont investi beaucoup ou, soit encore, ceux qui n'investissent pas un sou et qui se contentent d'envoyer des creuseurs et qui achètent leur production à vil prix. Généralement, ce sont les Chinois qui agissent ainsi et, eux, on les entend peu par rapport à la nouvelle réglementation minière, les acteurs chinois sont en dehors des normes, d'intérêts étatiques et locaux et même des radars. Les Chinois s'accommodent mieux avec le sous-développement local.

Du côté d'investisseurs occidentaux, des fortes pressions et réactions contre la réforme minière sont venues des milieux financiers internationaux, des entreprises multinationales minières, des ONG internationales et des milieux diplomatiques et journalistiques aussi bien occidentaux que de leurs commissionnaires locaux. Outre les réactions et initiatives, sécuritaires et politiques, les Pays occidentaux dont, notamment, le Canada, qui possèdent d'énormes intérêts miniers en RDC ont manœuvré contre la réforme du Code minier en 2018. Il est intéressant de constater aussi que tous les États qui avaient pris part à la conférence Berlin de 1884-1885 se sont prononcés, officiellement et/ou officieusement, contre cette réforme minière, souveraine du Congo.

Joseph Kabila, Chef de l'État congolais de 2001 à mars 2019, a dû recevoir les investisseurs avant la promulgation dudit Code, et ce, malgré et aux dépens du délai légal, entre le vote et la promulgation de la loi. Selon Papy Tamba[224], « *ces investisseurs avaient demandé au Chef de l'État de bloquer la promulgation du Code minier révisé en 2018 et, en contrepartie, leurs puissants États allaient fermer les yeux sur le prolongement de ses mandats à la tête du Pays. Chose que Kabila a refusé* ».

Mark Bristow[225] a affirmé publiquement que le régime Kabila *risque de tout brûler* sur son passage au pouvoir. Ce nouveau Code minier *n'a rien à voir avec celui discuté en présence de tous les partenaires sectoriels entre 2012 et 2015 dont la promulgation avait finalement été suspendue du fait du contexte économique minier maussade*. Il a été rédigé sans interaction avec les miniers et ce alors que les autorités « *n'ont pas réussi à résoudre des problèmes sociaux cruciaux dans le pays, tels que le travail des enfants dans les mines* ». Comment comprendre qu'une législation fasse non seulement l'objet des discussions avec les investisseurs étrangers, mais aussi, que ce dernier, tente de bloquer la promulgation d'une loi au motif que la résolution des problèmes sociaux des populations n'est pas effective ? Au nom de quel principe ces investisseurs s'instituent-ils porte-paroles de la population congolaise ? Pourquoi

---

[224] Tamba, P., communicateur de la Majorité Présidentielle Kabiliste propos tenus à l'émission « Grand Débat » de la chaine congolaise Télé 50, émission rediffusée et captée à trois reprises durant la période du 23 au 30 décembre 2018.

[225] De nationalité sud-africaine, Patron fondateur de Randgold, opérateur de la mine d'or de Kibali en Ituri, dans le nord-est de la RDC.

les autorités congolaises acceptent-elles de consulter les étrangers dans les matières souveraines et s'abstiennent-elles de consulter les populations concernées ? Comment comprendre et expliquer l'inertie de ladite population exclue, ignorée et expropriée ?

L'ONG Global Witness[226], spécialisée à des questions de transparence, affirme que 750 millions de dollars de recettes fiscales versées par les entreprises minières à des organismes étatiques, ministères, Gécamines, Administrations provinciales… se sont évaporées entre 2013 et 2015. Durant cette période, l'ONG estime qu'à peine 6 % des revenus miniers sont arrivés dans les caisses de l'État. Le reste a pris des destinations soit des comptes bancaires privés, soit des poches individuelles des hauts préposés de l'État. En fait, les préposés de l'État ont bénéficié de la collaboration des industriels miniers et des banquiers pour que ces sommes d'argent empruntent des itinéraires autres que le Trésor public.

Ces batailles et jeux stratégiques entre les ténors du régime Kabila et leurs anciens partenaires occidentaux se sont poursuivis jusqu'aux élections de 2018 au cours desquelles, Kinshasa a refusé non seulement toute contribution occidentale dans leurs organisations, mais aussi, toute observation et présence occidentale dans le processus de leur déroulement. De leurs côtés, les occidentaux ont utilisé des moyens camouflés, intervenir à travers le financement de la conférence épiscopale du Congo et le déploiement de plus ou moins 40.000 observateurs pour s'assurer du contrôle occidental sur les nouveaux dirigeants de la RDC. Au-delà de tout, les Américains, après avoir déployé un contingent des commandos pour pouvoir intervenir au Congo à partir de Libreville au cas où il y'aurait violences post-électorales, ont infligé des sanctions contre trois dirigeants de la Commission électorale nationale indépendante[227]

---

[226] www.jeuneafrique.com/459110/economie/rdc-global-witness-organismes-detat-co-responsables-de-fuite-capitaux/. Consulté le 29 mars 2018.

[227] Il s'agit du Président Corneille Nanga, du Vice-président Norbert Basengezi Katintima et du Fils de ce dernier. Les trois personnes ont vu leurs avoirs être

qui auraient détourné plus d'un million des dollars destinés au processus électorale et les auraient logés dans les banques américaines. C'est cela un des exemples concrets du phénomène de la vampirisation étatique de la part de ces dirigeants de la CENI.

Au-delà des données objectivement vérifiables, ces sanctions se justifieraient, politiquement, par le fait que les animateurs de la Commission électorale nationale indépendant (CENI) ont joué le jeu du Kabilisme pour déjouer les calculs géostratégiques des Occidentaux en RDC post-électorale. En donnant la Présidence de la République à un opposant qui a la popularité dans les rues congolaises[228], ils ont anéanti la possibilité d'un soulèvement populaire qui aurait facilité l'intervention occidentale. Par ailleurs, devenu allié majoritaire du nouveau Président (et de sa popularité), le Kabilisme a conservé le contrôle de toutes les institutions provinciales et nationales et réussit ainsi à s'opposer à la révision du Code minier de 2018, cette fois-ci, avec l'appui de « la base de l'UDPS ».

De leur côté et avant même les élections, les opérateurs miniers occidentaux s'étaient déclarés prêts à supporter davantage de taxes, mais de manière graduelle. « *Nous serions ravis de payer plus si nous étions sûrs que cela profite aux communautés*

---

gelés aux USA et leurs personnes interdites d'y séjourner pour avoir « *détourné près d'un million des dollars du contribuable congolais* ». Les cités ont, au cours du deuxième trimestre 2019, engagé un Cabinet d'avocat américain pour la défense de leurs intérêts aux USA.

[228] La victoire à l'élection présidentielle du candidat de l'UDPS, Félix Antoine Tshisekedi a été contesté au sein de l'opposition conduite par Martin Fayulu, candidat de la coalition Lamuka. Les occidentaux, la CENCO et d'autres observateurs ont affirmé qu'ils détenaient des preuves qui attestent la victoire du candidat président Martin Fayulu à la présidentielle de 2018. Le Kabilisme s'est mué en observateur intéressé d'une lutte qualifiée par le FCC d'interne à son opposition — dont la CENI (supposée indépendante) était arbitre. Après avoir contesté sa victoire « *volée à Fayulu* », l'occident et la Commission des Évêques du Congo ont fini par reconnaître le pouvoir de Félix Tshisekedi qui s'est coalisé avec le FCC, le Kabilisme.

et à la région où nous travaillons »[229]. Les autorités étatiques posent le Principe de traiter l'application de ce Code au cas par cas. Le nouveau Code minier ne cible pas la corruption qui a gangréné le secteur minier et tous les autres secteurs étatiques, ces dernières années. Et pourtant, dans une tribune publiée dans le Financial Times les représentants de l'Institut pour la gouvernance des ressources naturelles (NRGI), qui a publié plusieurs rapports sur la RDC, ont reconnu que la corruption avait atteint des niveaux inquiétants sous le régime de Joseph Kabila.

En réalité, durant 18 ans à la présidence de la RDC, l'État n'avait jamais traduit en justice un seul haut fonctionnaire pour fait de corruption, mauvaise gestion ou détournements, vols des deniers publics. Tous les dignitaires cités ou soupçonnés de gabegie financière étaient couverts par le régime politique. La seule sanction consistait à la permutation vers des responsabilités nouvelles. Sous ce règne, il n'y a eu ni motion de censure ni motion de défiance qui ait abouti dans les deux chambres du Parlement, devenues caisses de résonnance du régime.

Selon Martin Kabwelulu, *si Glencore ne veut pas du nouveau Code minier, je n'ai pas besoin de lui en RDC. Les groupes chinois représentent actuellement 70 % d'investissements dans le secteur, c'est déjà une réalité*[230]. Déclaration d'un ministre des Mines dont le régime politique a attiré les investisseurs miniers jusqu'à leurs fabriquer, en 2002, un Code minier à leur mesure économique. En effet, ce ministre des Mines, tout comme le patron de la Gecamines, a passé beaucoup de temps en Chine en 2017 pour pouvoir compter sur Pékin, ses groupes extractifs, acheteurs de minerais, sociétés d'infrastructures et, surtout, ses moyens financiers considérables pour leur confier de nouveaux gisements ou bien re-

---

[229] Robert Friedland, patron d'Ivanhoe Mining, présent au Katanga, souligne son manque de confiance dans la gestion des recettes minières par les autorités ou la Gécamines.

[230] Martin Kabwelulu à Jeune Afrique lors de Mining Indaba.

prendre ceux dont ils auraient exproprié les opérateurs occidentaux. « *Mon modèle pour la croissance de la Gécamines, c'est celui que nous avons établi avec le groupe China Nonferrous MetalMining (CNMC), qui va exploiter les gisements de Deziwa et Écaille C, près de Kolwezi, dont il va progressivement nous transférer les clés et la production* ». Pour Albert Yuma, « au lieu de demeurer un actionnaire minoritaire, ce partenariat va donner les moyens à la Gécamines de redevenir un véritable opérateur minier ».

Les groupes chinois en question s'intéressent principalement au cuivre et au cobalt. La présence des miniers comme China Molybdenum, China Minmetals ou CNMC n'a pas encore dopé les productions congolaises. L'extraction de 1,1 million de tonnes de cuivre en 2017, n'a augmenté que de 6,9 % en un an, et ce malgré la hausse des cours. Par ailleurs, il sera difficile pour la RDC de compter seulement sur la Chine.

Fils Kayembe Lubadi[231] qui a consacré une recherche à la comparaison entre les coopérations RDC-Partenaires traditionnels et sino-congolais affirme que *l'opposition des partenaires traditionnels, occidentaux, aux contrats sino-congolais, loin du souci de promouvoir les intérêts de la RDC, se justifiait par le fait que l'environnement structurel mondial connaît des rapports de compétitions qui opposent des acteurs pour la défense des intérêts géopolitiques et géostratégiques. La Chine s'était posée à l'opposé des intérêts occidentaux qui ont toujours été maîtres de la RDC*. Ces occidentaux, créateurs de l'EIC à la conférence de Berlin, ne pouvaient pas laisser une RDC stratégique sous le contrôle d'une Chine stratège.

---

[231] Kayembe Lubadi, F., *Place de la coopération dans le processus de développement de la RDC : essai d'analyse comparative entre les coopérations RDC-Partenaires traditionnels et sino-congolaise*, Mémoire de DEA en SPA, UNIKIN, 2018.

Comme on s'en rend compte, ce Code minier de 2018 est, lui aussi, issu des tractations entre acteurs, nationaux et étrangers[232]. Selon la majorité de nos personnes-ressources, le régime Kabila a voulu réagir face à la position politique prise par les États d'origine de ces investisseurs. Ces États ont exercé des pressions envers Joseph Kabila pour qu'il quitte le pouvoir en décembre 2018. Ce Code est une réaction, une arme de combat politique, une sanction économique contre l'ingérence politique étrangère mais, ne s'est pas attaqué aux mécanismes vampirisateurs de l'État.

4.4.6. Code minier de 2018 : qu'a-t-on réformé ?

Par rapport au Code minier de 2002, tel qu'expliqué ci-haut, le Code minier promulgué en 2018 ne cible, ni la question des terres des communautés locales, ni la corruption encore moins la gouvernance prédatrice qui vampirise l'État. La manière de réformer prouve qu'on est au centre d'une bataille entre acteurs étatiques, non étatiques et ceux du monde des affaires minières, nationaux et étrangers.

Le lien entre la réforme du Code minier et la conjoncture politique congolaise de 2018-2019 est évident. Les tensions sociales, sécuritaires et politiques sont exacerbées, entre autres, par des médias occidentaux, ce fut le cas de la déclaration de Jean-Yves le Drian, ministre français de l'Europe et des Affaires étrangères qui, en date du 10 janvier 2019, contestât les résultats des élections présidentielles en RDC qui, pourtant, donnaient à un opposant,

[232] En février 2018, à Mining Indaba, le forum annuel auquel tous les grands miniers assistent, les ténors du régime Kabila en matière des mines, Martin Kabwelulu, ministre des Mines et, Albert Yuma, patron de la Gécamines étaient passé à l'attaque contre les intérêts d'investisseurs miniers. Le ministre avait confirmé la promulgation à brève échéance d'un nouveau Code minier qui devrait « *rééquilibrer le partage des revenus extractifs entre les investisseurs et les autorités* ». Quant au patron de la Gécamines, il avait prévenu les dix-sept partenaires privés internationaux de la Gécamines du lancement au second semestre de 2018 de la renégociation de l'ensemble de leurs conventions, en les accusant d'avoir spolié le pays et sa population.

Félix Tshisekedi, vainqueur. Cette déclaration jugée par le ministre congolais des Médias et porte-parole du Gouvernement, Lambert Mende, de *déclaration colonialiste* fût largement propagée par France 24, Radio France internationale (RFI), TV5 Monde et d'autres médias occidentaux et a abouti à des manifestations, blessées et morts d'hommes à Kinshasa, Bukavu et Kikwit. Le secteur minier congolais constitue un enjeu dont les investisseurs et États occidentaux ne peuvent se passer. Néanmoins, l'un des plus grands héritages positifs du régime Joseph Kabila est d'avoir, non seulement permit le passage civilisé du pouvoir entre un Président entrant et un autre Sortant mais, surtout, d'avoir légué à son successeur, un Code qui porte la redevance minière de 2 à 10 %. Il revient au nouveau pouvoir de moraliser et professionnaliser la gestion des ressources publiques dans l'intérêt collectif.

Les innovations du Code de 2018 peuvent être résumées de manière non exhaustive par des points suivants :

- L'abandon du régime minier conventionnel au profit du régime minier de droit commun soumettant tous les opérateurs miniers aux mêmes conditions.
- La monter de la redevance d'exploitation minière de plus ou moins 2 % à 10 %.
- La réserve de 10 % de l'actionnariat à des nationaux congolais privés. Rien ne garantit que cette mesure ne puisse emprunter les mêmes voies que celles empruntés par la zaïrianisation des entreprises sous le régime Mobutu. Ces nationaux risquent d'être des proches du pouvoir politique.
- La suppression de la Zone Exclusive de Recherches (ZER) et de la concession en tant que droit minier et de l'autorisation personnelle de prospection.
- La simple déclaration suffit pour procéder à la prospection.
- L'introduction d'une nette distinction entre les conditions d'octroi ; de déchéance des droits miniers ou de carrières et les conditions d'opération (*conditions d'exercice*).

- L'introduction des procédures d'octroi, de renouvellement et de retrait garantissant la célérité, l'objectivité et la transparence. Cette Initiative pour la transparence dans les industries extractives (ITIE), ne concerne que la transparence des revenus, pas l'octroi des licences, et encore moins l'usage qui est fait des recettes fiscales minières.
- L'insertion des dispositions sur les carrières (substances minérales classées en carrières) et la reprise de leur gestion par le seul ministère des Mines.
- L'institution du droit superficiaire par carré et de la redevance minière.
- L'institution d'un régime fiscal et douanier spécifique au secteur minier et d'un régime de change applicable à tous les opérateurs miniers.
- L'institution des dispositions particulières sur le traitement des rejets miniers et l'exploitation des petites mines.
- L'institution de deux nouveaux services distincts : Service de Cadastre minier et Services de l'Environnement minier.
- L'obligation faite aux opérateurs miniers d'assurer la protection de l'environnement concerné par l'activité minière et de restaurer les sites après exploitation. Pour ce faire ils doivent présenter : un plan d'atténuation et de réhabilitation de l'environnement (P.A.R.), une étude d'impact environnemental (EIE) et un plan de gestion environnementale du projet (PGEP).
- L'insertion des dispositions sur les sûretés, hypothèques et mécanismes de substitution d'un opérateur minier défaillant.

4.5. Terres, forets et environnement

Une grande partie de l'Afrique chemine vers l'économie verte, et ce, sous les impulsions des États occidentaux qui se font nommer *Communauté internationale*[233]. La forêt congolaise couvre 160 millions d'hectares, soit 67 % du territoire national et représente un potentiel qui peut être exploité durablement et dans le respect des écosystèmes naturels. Or, à ce jour, seuls 9 % de ces forêts sont sous concession pour une production des grumes largement inférieure à celle de tous les voisins de la RDC[234]. Ce domaine forestier est régi par le Code forestier de 2002[235].

Les forets revêtent une importance capitale parce qu'elles fournissent, pour le monde entier, des services multiples d'écosystèmes, de préservation des biodiversités, du recyclage de l'eau... Elles remplissent des fonctions écologiques, économiques et de survie sociale...

Sur le front climatique, de la sécheresse au Sahel et de la réduction de gaz à effet de serre, la RDC monte au premier plan de l'agenda planétaire : trouver les solutions aux migrations causées par la sécheresse du bassin du Lac Tchad et préserver le deuxième massif forestier de la planète sont devenus des priorités climatiques. Pour cette raison, la sécurisation des forets intéresse les organisations nationales et internationales de protection de l'environnement ainsi que les gouvernants des pays avancés sur le front climatique. Il n'y aura pas de solution durable pour protéger le poumon vert, ni pour sortir de l'insécurité alimentaire chronique qui caractérise la RDC, sans une gouvernance cohérente de la propriété foncière.

---

[233] Le néologisme « économie verte » relève du capitalisme environnemental. Ce nouveau capitalisme qui tient à camoufler les ambitions du lucre derrière les objectifs philanthropiques de l'écologie.

[234] La RDC peut bien être à la fois une puissance économique et contribuer au même moment à la lutte contre le réchauffement climatique en valorisant son « pactole » foncier. La réserve foncière congolaise permet d'articuler cette stratégie.

[235] Journal officiel de la RDC, loi n° 11-2002 du 29 août 2002 portant Code forestier. Le Code forestier avait été édicté, lui-aussi, sous l'impulsion des bailleurs de fonds et d'experts (consultants) internationaux.

Depuis quelques années, les organisations nationales et internationales[236] ont commencé un plaidoyer auprès du Gouvernement pour qu'ils aient un décret portant sur les forêts des communautés locales. La forêt des communautés locales est une portion de forêt protégée qu'une communauté locale possède régulièrement en vertu de la coutume, tandis que la concession forestière de la communauté locale est attribuée *gratuitement et perpétuellement* par l'État à une communauté locale sur la base des forêts qu'elle possède régulièrement en vertu de la coutume en vue de son utilisation sous toutes les formes pour la satisfaction de ses besoins vitaux. On y applique des règles et pratiques de gestion locale. Le décret donne, d'une part, la possibilité aux communautés locales de transformer une partie ou l'ensemble de leurs forêts occupées de manière coutumière en concession contrôlée et gérée par la communauté, et rend les forêts communautaires plus accessibles aux communautés forestières locales en RDC. D'autre part, la reconnaissance par le Gouvernement de RDC du besoin des communautés d'accéder à leurs forêts et d'en tirer avantage constitue une immense avancée. Qui plus est, la concession forestière est attribuée à titre perpétuel et gratuit.

Les concessions forestières autoriseraient les communautés locales à exploiter la forêt sous toutes ses formes, sous réserve du respect des règles et des pratiques de gestion durable. Bien qu'il y ait de quoi réjouir les communautés locales, le texte actuel comporte des points faibles, sous la forme de contraintes bureaucratiques et de paperasserie. Par ailleurs, le Gouvernement n'a pas encore adopté les mesures d'exécution qui accompagnent le décret,

---

[236] Il s'agit, pour le Sud-Kivu, des organisations de la société civile membres du Réseau Ressources naturelles (RRN), de l'ONG Action pour la Paix et la Concorde (APC), Innovations et Formation pour le Développement et la Paix (IFDP), Réseau d'innovations organisationnelles (RIO), Action pour le Développement et la Paix endogène (ADEPAE), de la Confédération nationale des Producteurs agricoles du Congo (CONAPAC) et du Conseil pour la Défense environnementale par la Légalité et la Traçabilité (CODELT) ainsi que de l'Agence des Nations Unies ONU/Habitat....

à savoir l'arrêté ministériel sur la gestion des concessions forestières des communautés locales.

Avec la montée en puissance des enjeux climatiques, les pratiques paysannes observées à Bulungu et ses environs apparaissent comme la façon la plus écologique et durable de protéger la planète. Leurs pratiques agricoles permettent de mieux protéger le sol de l'érosion, rétablir, maintenir et augmenter sa fertilité. Cependant, la législation forestière se réfère peu des secteurs fonciers, agricoles, hydrocarbures et miniers. Les quelques références qui touchent le secteur minier sont celles qui soumettent toute exploitation minière qui nécessiterait le déboisement d'une portion des forêts, à l'obtention préalable d'un permis de déboisement après avis préalable de l'administration forestière locale fondé sur une étude d'impact[237].

Le Code forestier regroupe les différentes aires protégées dans les forêts classées et les soumet à un régime juridique assez restrictif. Tout déclassement de ces zones est conditionné à la réalisation préalable d'une étude d'impact sur l'environnement. Il se dégage de l'analyse de ces codes les conflits de compétences.

Le Règlement minier confère au Président de la République les compétences de déclassement d'une forêt[238] par contre, le Code forestier stipule que c'est le ministre ayant les forêts dans ses attributions qui déclasse une forêt par arrêté[239]. Par contre, le Code minier prévoit que l'autorité administrative placée à la tête de l'Entité territoriale décentralisée peut consentir à l'occupation d'un terrain compris dans un parc national, ce pouvoir d'autoriser l'exploitation minière sur un périmètre compris dans un parc national par une autorité placée à la tête de l'ETD dans laquelle se

---

[237] Art. 53 et 54 al. 1, Code forestier. Malgré ces textes, les administrations purement forestières n'existent pas encore sur les terrains.
[238] Suivant sa définition, la zone protégée est comprise dans les forêts classées telles le prévoit le Code forestier. Lire ici l'art. 3 al. 5 du règlement minier.
[239] L'art. 19 du Code forestier.

trouve le parc national est bien explicité par la notion des zones de restrictions telles que définies par l'article 1 du règlement minier.

Cette zone est entendue comme toute portion du territoire national dont l'occupation à des fins minières est conditionnée par l'autorisation préalable de l'autorité compétente. Pourtant, étant donné que le terrain compris dans un parc national est catégorisé comme une forêt classée, il faudrait d'abord le déclasser. De ce fait, le Code forestier confère au seul ministre ayant les forêts dans ses attributions les compétences de déclassement d'une forêt classée. Par ailleurs, le Code minier prévoit que l'autorité administrative placée à la tête de l'ETD peut consentir à l'occupation d'un terrain situé à moins de nonante mètres des limites d'un village. Il s'avère que cette décision à l'occupation des terrains situés à moins de 90 mètres des limites d'un village peut totalement porter sur les forêts des communautés locales. Du fait que, les environs immédiats des villages sont généralement couverts par les forêts communautaires lesquelles sont une propriété des communautés environnantes[240].

Il ressort de cette disposition la méconnaissance de droit de propriété des forêts des communautés locales par la décision de l'autorité placée à la tête de l'ETD. De sorte que le Code forestier, en son article 113 alinéa 3, prévoit que toute exploitation des forêts des communautés locales devrait être faite sur base de contrat avec les communautés subordonnées à l'approbation de l'administration forestière locale. Il se dégage, un empiètement autoritaire du secteur minier sur les forêts et les terres des communautés locales, lesquelles peuvent faire l'objet d'un droit minier ou de carrière à la seule décision de l'autorité administrative compétente.

S'agissant des conflits relatifs à la procédure de déclassement, le règlement minier ne prévoit aucune procédure particulière avant le déclassement d'une forêt classée. Son article 3 précité prévoit

[240] Droit de propriété acquis conformément à l'art. 9 du Code forestier.

que le Président de la République déclasse une zone protégée sur proposition conjointe des ministres ayant, notamment, les mines, l'environnement et la conservation de la nature dans leurs attributions. Cette prévision ne tient pas compte de l'évaluation préalable des conséquences qui peuvent résulter des activités minières qui seront réalisées sur le périmètre de cette forêt déclassée. Il y a donc un conflit de procédure avec le Code forestier.

L'article 19 du Code forestier prévoit que le ministre déclasse une portion des forêts après avis conforme du conseil consultatif national et provincial des forêts concernées, fondé sur la consultation préalable de la population riveraine. Le déclassement est soumis à la réalisation préalable d'une étude d'impact sur l'environnement. Aucune motivation n'est avancée, moins encore une procédure pour la décision de l'autorité administrative qui consent à l'occupation d'un terrain compris dans une réserve naturelle telle qu'un parc national. Par ailleurs, l'autorité foncière n'est pas reconnue dans la procédure de déclassement des forêts, pourtant, ces forêts sont basées sur la terre qu'elle gère.

Ces genres d'ignorance et de superposition des droits, des textes, et d'organes s'observent également entre la Conservation de la nature[241] et activités minières. La conservation de la nature est régie par la loi n° 14/003 du 11 février 2014 relative à la conservation de la nature complétée par l'ordonnance-loi n° 69-041 du 22 août 1969 relative à la conservation de la nature telle que modifiée à ce jour[242]. La RDC fut le premier pays africain à se doter d'un parc national : le Parc national Albert, aujourd'hui, Parc national de la Virunga[243]. La RDC regorge d'une étendue des Parcs nationaux de plus ou moins 90.000 km², de 110.000 km² de réserves et do-

---

[241] L'ordonnance-loi n° 69-041 du 22 août 1969 relative à la conservation de la nature.

[242] Voir la loi n° 14/003 du 11 février 2014 relative à la conservation de la nature, texte disponible sur www.leganet.cd, consulté ce 13 mai 2019.

[243] Sournia, G., (dir.), *les aires protégées d'Afrique francophone*, Paris, Publication de l'Agence de la Francophonie, juin 1998, p. 164.

maines de chasse, 5 aires protégées figurent dans la liste du patrimoine mondial soit 69.000 km². 8 % du territoire national est constitué des aires protégées.

À travers sa constitution[244] du 18 février 2006, la RDC a porté au rang des droits fondamentaux et droits collectifs, le droit à un environnement sain pour tout congolais et l'obligation, pour l'État, de veiller à la protection de l'environnement et à la santé de la population. C'est ainsi qu'outre l'enseignement de géographie politique, que le Département des sciences politiques et administratives a bien voulu nous confier depuis 2017, l'État organise à ce sujet, à l'Université de Kinshasa, une filière de Santé publique à la Faculté de médecine et tout un Département d'environnement au sein de la Faculté des Sciences. Sans ignorer le cours de l'environnement et hygiène devenu obligatoire dans toutes les Facultés.

Le Règlement minier permet aux titulaires des droits miniers de déroger au principe *pollueur payeur* du fait de la limitation de leur responsabilité à la stricte observation de leurs plans environnementaux. L'article 405 du Règlement minier dispose : *le Titulaire n'est responsable des dommages causés sur l'environnement par ses activités que dans la mesure où il n'a pas respecté les termes de son Plan environnemental approuvé, y compris les modifications au cours du projet, ou a violé l'une des obligations environnementales prévues au présent Titre.* Cette disposition décharge, très souvent, le titulaire des droits miniers ou de carrière de la responsabilité sur les impacts négatifs non prévisibles au moment de l'évaluation environnementale des impacts potentiels de son activité.

La protection de l'environnement en RDC est régie par un ensemble des textes juridiques sectoriels qui organisent la préservation et la conservation de l'environnement. Notamment, le Code minier, le Code forestier, la loi dite foncière, la loi sur la conserva-

---

[244] Art. 53 de la constitution congolaise du 18 février 2006.

tion de la nature et, différents textes réglementaires spécifiques sectoriels. Chaque secteur a édicté, de façon autonome et sans une cohérence avec les autres secteurs, des normes et principes devant régir l'environnement en vue de sa préservation et de sa conservation.

Il faut donc réorienter une recherche de gouvernance foncière, environnementale et des ressources naturelles congolaises depuis longtemps trop axées sur les ressources minières, vers les savoir-faire paysans en matière foncière, forestière, agricole et environnementale. Il faut plutôt renforcer les savoirs locaux en vue de satisfaire les besoins des consommateurs locaux en assurant de nombreux emplois, et en protégeant l'environnement. Si les paysans congolais ont potentiellement en main la réponse la plus appropriée pour assurer un avenir à la RDC en tant que puissance régionale émergente qui préserve son environnement, il faut répondre, de façon appropriée, à leurs besoins pour réaliser un objectif aussi ambitieux : le développement durable.

Le défaut, à ce jour, d'une loi-cadre sur le foncier et les ressources naturelles constitue un obstacle à la protection optimale du foncier, de l'environnement et des ressources naturelles de manière globale. Faute de cet instrument, chaque secteur élabore ses normes de protection de l'environnement, en privilégiant le secteur de ses activités, sans considération des valeurs protégées par l'autre secteur connexe. Les quelques illustrations déjà évoquées dans cette étude appellent à une harmonisation sectorielle à travers une loi cadre qui fixe, de manière globale, les principes directeurs de la protection foncière, des ressources naturelles et environnementales, en vue d'une gouvernance de développement durable et intégré.

4.6. Normes foncières et institutions judiciaires

Les effets de la superposition des textes normatifs et des administrations ont comme conséquence immédiate les superpositions sur la même parcelle des titres fonciers formels, légaux et illégaux produit régulièrement ou irrégulièrement par les représentants des pouvoirs publics. Ces cas des superpositions des droits sont multiples. Avec ce pluralisme institutionnel, les pouvoirs publics ne réparent plus les torts et les injustices, mais les créent et les favorisent.

Dans la plupart des procès, c'est souvent la loi du plus fort qui l'emporte par les voies des corruptions et des trafics d'influence. La corruption et les trafics d'influence ne permettent pas, à eux seuls, de comprendre exhaustivement la manière dont les jeux sur les lois sont globalement régulés. Il arrive aussi que des personnes sans influence parviennent, malgré tout à l'emporter sur des personnes influentes et ce, malgré la corruption et les trafics d'influence de la part de ces dernières.

Aymar Nyenyezi précité constate qu'à Bukavu, « *les juges réputés corruptibles, ne se laissent pas corrompre dans chaque dossier. En plus, la corruption des juges ou d'autres vices des procédures ne signifient pas nécessairement que la justice ne soit pas rendue aux justiciables pauvres. Il y a donc d'autres facteurs significatifs qui peuvent être plus importants que la corruption et les trafics d'influence communément décriés dans la justice congolaise en matière foncière. Il faudrait aussi chercher à comprendre les différentes autres formes de rapports à la règle formelle et essayer de saisir les contextes et les facteurs qui expliquent et rendent possible la transgression de la loi. Il ne s'agit pas de nier l'existence de ces normes sociales propres aux champs sociaux semi-autonomes dont, notamment, la corruption et la loi du plus fort mais plutôt de comprendre et d'expliquer que ces normes sont, elles aussi, régulées et compréhensibles en interaction avec d'autres facteurs endogènes* ».

Notre recherche à la maison de justice de Bukavu, au parquet secondaire de Kinkole et au TGI/N'djili ainsi qu'aux instances judiciaires de Bulungu et de Kikwit confirme que les violations des normes formelles s'opèrent en fonction des marges des manœuvres dont disposent les juges et les greffiers, c'est-à-dire, en fonction des zones d'incertitude que contrôlent les acteurs.

Une autre réalité de ce pluralisme normatif et administratif formel est qu'il porte un coup fatal à la nation congolaise, en commençant par sa cellule-mère, la famille, qu'on pousse à l'errance et au désespoir. À cela, une enquêtée cadre au ministère des Affaires foncières affirme que le poste de *conservateur des titres fonciers en RDC est monnayé par le ministre de tutelle, qui attend, en retour, devenir propriétaire de certaines parcelles par les mécanismes ci-haut cités. Ces conservateurs ont un agenda caché : être au service du ministre et non pas de l'État*[245].

Par ailleurs, il sied de signaler que ceux qui s'auto-considèrent comme les détenteurs légitimes des terres n'ont, souvent, que des papiers obtenus dans l'administration parallèle, coutumière, et autres services étatiques non attitrés. De bonne foi qu'ils puissent être, ils n'ont pas des titres de propriété : certificat d'enregistrement, seul document officiel qui confère le droit formel de propriété foncière, ou n'en ont que des anciens : la fiche parcellaire et/ou le contrat de location ou encore, pour le groupement Kasambanza, nous avons retrouvé quelques papiers datant de l'époque coloniale (*1911*). Cette situation confère au juge une certaine zone d'incertitude et lui accorde la marge de manœuvre pour pouvoir agir en marge de la loi, dans le sens de ses intérêts stratégiques. Il s'agit très souvent des conflits dans lesquels les parties n'ont pas de documents authentiques même si les droits de propriété de l'une d'entre elles sont bien établis.

Le deuxième facteur d'analyse des conflits fonciers devant les cours et tribunaux concerne la nature des normes applicables. Plusieurs stratégies sont mises en place par le juge et les parties en conflits. En effet, « le juge se permet rarement d'aller à l'encontre

---

[245] Entretien avec une enquêtrice, Cadre au ministère des Affaires foncière qui a requis l'anonymat, Kinshasa, le 17 juillet 2015.

de la loi sans avoir examiné la nature du conflit ainsi que les parties en conflit. En cas des conflits intrafamiliaux ou intra et extra claniques, nous avons vu les juges faire appel à la norme coutumière ou à la volonté des anciens de la communauté, du défunt… sachant que les principes de ces droits ne sont pas très clairs et sont parfois en contradiction avec les dispositions légales. Le juge veut profiter de ce flou juridique pour privilégier une partie au conflit »[246].

Le fait que ces genres des conflits opposent les membres d'une même famille ou d'une même communauté locale (tribale) encouragent les juges à prendre des libertés avec les règles, étant donné que la terre restera au sein de la même communauté quoi qu'il en soi de son jugement.

Par ailleurs, dans leurs stratégies de résolution des conflits, certains acteurs bénéficient de la complicité des autorités judiciaires qui organisent des procès stratégiques avec des compositions des chambres ayant des juges souvent choisis à dessein, et, même, de certains avocats complices de la combine.

Pour Nyenyezi précité, s'il apparaît que les veuves et les orphelins sont souvent défavorisés, ce n'est pas uniquement parce qu'ils sont les moins puissants du point de vue financier ou relationnel. Beaucoup des juges subissent aussi l'influence des normes sociales. En effet, les coutumes locales veulent qu'une veuve ou femme séparée de son mari n'ait pas droit à l'héritage, surtout foncier. Il existe plusieurs dispositions juridiques formelles en RDC sur l'égalité des genres sur lesquels les juges devraient fonder leurs décisions, mais on voit à l'ouest du Pays et, Nyenyezi, Anne Ansoms,… ont également constaté à l'est de la même RDC que c'est une norme relevant du champ social semi-autonome, la coutume, défavorisant la femme, qui influence les décisions des juges. Dans certains cas le juge profite de cette norme pour recourir à la corrup-

---

[246] Nyenyezi *et alii, op. cit.*

tion et, dans d'autres cas, il agit simplement par conviction coutumière.

Le chef coutumier de Buma[247] affirme : « *c'est en acquérant le certificat d'enregistrement, par des voies de trafic d'influence, que des Kuluna en cravates (*spoliateurs) *et au service de l'occupation dépossèdent les honnêtes Congolais de leur droit de propriété. Ils détruisent la vie de beaucoup de Congolais en utilisant les institutions de l'État pour lancer une guerre aux Congolais, à tous les niveaux, y compris à travers leurs biens fonciers et immobiliers* ».

4.7. Les atouts et les limites des institutions formelles

Tableau n° 9. Principales difficultés à l'investissement dans le foncier

	Kasambanza		Buma		Nyalukemba		Croisement des sites	
Réponses	Fréquence	%	Fréquence	%	Fréquence	%	Fréquences cumulées	% cumulés
Conflits fonciers	31	26	7	5,8	23	19,1	61	16,95
Taxes et d'impôts	59	49	92	76,7	77	64,1	228	63,33
Propriété foncière/Appartenance	21	17,5	18	15	0	0	39	10,83
Manque de ressources (Matériels, humaines, financières et humaines)	9	7,5	3	2,5	20	16,8	32	8,89
Total	120	100	**120**	**100**	120	100	360	100

En moyenne 63.3 % de notre population d'étude, à savoir : 49 % des enquêtés de Kasambanza, 76,7 % de ceux de Buma et 64,1 % de Nyalukemba sont découragés par une multitude de réglementations formelles et d'impositions légales dans le projet de dévelop-

[247] Entretien avec Modero, l'un des chefs coutumiers de Buma, Kinshasa, le 19 juillet 2014.

pement lié au foncier. En moyenne 16,9 % d'enquêtés sont, par contre, découragés par la fréquence et l'ampleur des conflits fonciers et ce découragement les pousse à ne pas y investir. Par ailleurs, l'absence d'assurance quant à la sécurité foncière constitue un frein à l'investissement pour 10,8 % de nos personnes ressources, essentiellement d'origine rurale et urbano-rurale alors qu'aucun enquêté urbain de Nyalukemba n'a évoqué la préoccupation liée à la propriété ou au manque d'assurance quant à l'appartenance du domaine.

8,8 % d'enquêtés estiment que le manque des ressources organisationnelles, humaines, financières, matérielles et temporelles, constitue une difficulté majeure au développement d'investissements dans le domaine foncier. Contrairement à ce qui ressort de notre tableau, lors de notre entretien libre, le chef coutumier Adamo de Buma pense que « *les conflits fonciers sont générateurs de développement local puisque, trois ans après la vente des terrains, si ceux-ci ne sont pas mis en valeur, le chef coutumier les récupère et les revend à qui pourra la mettre en valeur* ».

Les principaux instruments de gestion du domaine privé de l'État sont le certificat d'enregistrement et le cadastre. Il faut souligner que la RDC n'a aucun plan de gestion du foncier rural, mais, elle se veut, non seulement propriétaire, mais aussi, gestionnaire et contrôleur de l'utilisation de toutes les terres congolaises. Il ajoute aux instruments ci-haut cités, l'obligation de rentabiliser les terres concédées. Ainsi, les terres abandonnées ou insuffisamment mises en valeur sont récupérées. La déclaration de vacance peut être prononcée après trois ans lorsque la superficie en question est restée libre de toute mise en valeur et le propriétaire ne peut alors invoquer des droits dont il n'a pas su tirer profit jusqu'à l'épuration du délai légal.

Les droits fonciers, miniers, agricoles, des ressources naturelles et environnementales que nous venons d'autopsier sont contradictoires, à la fois entre eux-mêmes et entre eux et les droits coutumiers mais, le tout contraste avec les pratiques sociales en matière foncière.

La terre sert de socle aux ressources naturelles et environnementales dont il devrait déterminer le régime de la propriété et d'utilisation. Cet enracinement des ressources naturelles et environnementales dans le foncier impose une profonde imbrication juridico-administrative des régimes de gouvernance, mais rien de tel n'est effectif au regard de ce qui vient d'être étudié.

Il existe une désorganisation des secteurs à impact foncier qui est prouvée par la superposition des droits qui ressort de différentes lois qui régissent les secteurs connexes au foncier en RDC. Ceci dénote d'une absence de politique foncière adéquate qui tracerait des principes à respecter par tous les domaines connexes au foncier.

Malgré leurs pluralités et diversités, les institutions formelles sont inefficaces. Elles n'ont pas été en mesure de mettre en place tous les instruments de la bonne gouvernance foncière, environnementale et des ressources naturelles. Ce qui se traduit, notamment, par : la faiblesse des capacités de prise en charge des secteurs régis. Faiblesses, par ailleurs, inhérentes à l'ensemble de l'administration publique congolaise, l'absence d'équipements modernes ; le manque d'un système adéquat de gestion de l'information stratégique, la faiblesse du système de conservation des archives, le manque de transparence, l'inexistence d'un cadre d'harmonisation entre les différentes institutions dont les attributions ont une incidence sur le foncier et leurs incompréhensions par la majorité des Congolais.

Conclusion

Nous assistons par ce pluralisme institutionnel formel à la défaillance de l'État, mieux à sa vampirisation. Cet État a conféré à ses fonctionnaires plusieurs monopoles concurrents et contradictoires qui aboutissent à la vampirisation de l'État dans la gestion de son bien suprême et vital : le Territoire. Pourtant, la première force des institutions formelles devrait résider dans l'impersonnalisation des règles de leur fonctionnement. Nul ne devrait être au-dessus de la loi. Dans l'ensemble, 96 % de nos enquêtés reconnaissent que l'État est un acteur indispensable dans la gouvernance foncière. Mais le comble est que l'État n'est pas une personne physique, ceux qui agissent en son nom, agissent contre ses intérêts. Au nom de l'État et avec les ressources de l'État, les fonctionnaires et autres agents publics de l'État s'associent aux partenaires, étrangers et nationaux, privés et publics, officiels et officieux pour vampiriser l'État. En fait, on associe l'État vampirisé à l'œuvre de sa propre destruction.

Le tableau, tel qu'observé sur le terrain et décrit ci-haut, entraîne comme conséquences, la lourdeur et l'allongement des procédures ainsi que des coûts informels qui en résultent. Le formel est à la fondation de l'informel pour aboutir à la vampirisation de l'État. Cette gestion foncière formelle, vieille d'une cinquantaine d'années, est essentiellement caractérisée par les conflits, et son incapacité à générer le développement et l'accès à la terre ainsi qu'aux ressources naturelles. Les gouvernementalités d'acteurs autour d'enjeux reflètent l'image d'une cour de récréation, d'une logique à la tour de Babel.

Dans la pratique, ni les normes formelles, ni les normes coutumières ne l'emportent. À la place, les acteurs, formels et informels, publics et privés, étatiques et non étatiques, ont mis en place des pratiques sociales et des organes de fait qui ne répondent ni uniquement aux prescrits des textes formels ni exclusivement aux recommandations coutumières mais simplement aux stratégies des acteurs qui peuvent tantôt recourir à la loi formelle, tantôt à la coutume ou parfois à une pratique apparemment anarchique et non normée dans l'objectif de maximiser le gain. Il s'agit d'une gouvernance anti-État.

Cette dernière résulte et procède par des gouvernementalités alternatives, stratégiques et conjoncturelles. Les préposés de l'État jouent des rôles ambigus et contradictoires à travers les différentes normes et administrations étatiques qui se combattent et se consomment comme des vampires et une multitude d'autres acteurs non étatiques qui interfèrent dans cette gouvernance à cause des faiblesses de l'État lui-même et de son incapacité à mettre en place des mécanismes pour assurer une gouvernance efficace, efficiente et performante.

Le paradoxe depuis l'indépendance de la RDC est que la République n'a pas pu pratiquer un mode formel de gestion des terres et des ressources naturelles. Le processus d'informalisation de la gouvernance étatique se poursuit, se redynamise et régénère perpétuellement ses mécanismes.

Chapitre cinquième

PLURALITÉ D'ACTEURS ET VAMPIRISATION DE L'ÉTAT

Introduction

Les acteurs, dans leurs actions et interactions quotidiennes, inventent des pratiques fonctionnelles leur permettant d'atteindre leurs objectifs en fonctions d'enjeux en présence. Dans cette gouvernance pratique, les normes et les administrations ne sont ni exclusivement formelles, ni strictement préconçues encore moins reconnues et partagées par tous. Elles sont contextuelles, souvent camouflées en arrière-plans mentaux des acteurs et les règles déclarées sont stratégiques, parfois juxtaposées aux normes formelles et coutumières mais, souvent, contraires ou parallèles aux normes pratiquées. Dans tous les cas, les normes pratiques sont provisoires et les acteurs se réservent plusieurs alternatives convergentes.

Ces normes pratiques étant conjoncturelles, elles répondent aux stratégies mises en place par les acteurs face à l'enjeu du contexte. Il s'agit donc d'une gouvernance des conjonctures, normée par une pluralité hétérogène des logiques. Comme les normes de la gouvernance pratique sont circonstancielles, elles sont donc provisoires, mouvantes et perpétuellement dynamiques. Tout change, tout est en mouvement et tout répond aux stratégies d'acteurs face aux zones d'incertitudes qu'ils contrôlent et aux pouvoirs que les acteurs détiennent. Le pouvoir est, à ce stade, entendu comme une relation sociale d'influences mutuelles, il est partout.

Il n'y a rien d'antiscience dans le fait que les normes de la vampirisation de l'État sont provisoires et dynamiques. Même toute la gamme de connaissances dites scientifiques n'est qu'une suite des vérités provisoires. Il n'y a pas des connaissances définitives, toutes les connaissances scientifiques sont aussi provisoires que dynamiques et attendent perpétuellement des vérifications en fonction d'autres temps, d'autres contextes, d'autres méthodes et d'autres disciplines de connaissance.

5.1. Les acteurs et les jeux vampirisateurs de l'État

5.1.1. Le chef coutumier et les rationalités traditionnelles

Il existe plusieurs contrats d'usufruits lorsqu'il s'agit de céder la terre communautaire au bénéfice individuel d'un membre du clan ou d'une tierce personne, des contrats de vente (décharge), lorsqu'il s'agit de « vendre » définitivement les terres de son clan à un allochtone ou à un autochtone, non membre de son clan.

Pour obtenir la terre, nonobstant la règle formelle et sociale, le requérant contacte en premier lieu le chef coutumier, chef des terres. Celui-ci fait visiter à son hôte le domaine foncier de son clan qui est encore disponible et susceptible de cession. En cas d'accord et de paiement, le chef coutumier du clan remet à son cocontractant, selon son choix et son cas, un papier de vente de terrain.

Dans ces papiers, il est fait généralement mention du nom du vendeur ou simplement du clan qui cède la terre et, parfois, uniquement de la signature sans le nom du vendeur, le nom de l'acheteur, l'emplacement du terrain ou le nom de la forêt concernée, ses dimensions et le montant versé. Les ententes écrites entre les chefs coutumiers et leurs partenaires sont souvent présentées et acceptées devant les instances formelles, comme des titres fonciers et ce, au mépris de la loi foncière. Néanmoins, nous avons également rencontré des cas où ces papiers fonciers ont été ignorés par les instances formelles au motif qu'ils n'étaient conformes ni à la loi formelle, ni aux normes coutumières.

Par ailleurs, le phénomène *papiers fonciers locaux* n'est pas une nouveauté sociale. Au village Mbanza, nous avons retrouvé certains *titres fonciers écrits* et signés en 1906, 1908 et 1912. Actuellement, presque toutes les tractations avec les non membres du clan, autour des terres, font l'objet des contrats écrits. Dans le milieu urbano-rural, les reçus des chefs des terres s'appliquent également aux locations d'espaces fonciers. Quel que soit le lieu, on ne fait pas de document dans les cas d'héritage autochtone, car, selon l'expression locale, *c'est un droit connu*[248] et pourtant, selon Charles[249], « *j'ai 10 ans d'expériences de terrain dans les fermes, je n'ai jamais vu une ferme agropastorale autour ou dans laquelle il n'existe de conflit foncier opposant les autochtones entre eux-mêmes. Chacun se dit chef de terre et exige des redevances. Nous choisissons toujours celui qui a une plus grande capacité d'influencer nos activités et nous marchandons avec lui* ».

---

[248] Entretien avec le chef du quartier Buma, Kinshasa le 29 juin 2014.

[249] Entretien avec Charles, Agronome Chef du village agricole à 316, ex-Bandundu, le 10 mars 2017.

5.1.2. Principaux vendeurs des terres

Tableau n° 10. Principaux vendeurs des terres

	Kasambanza		Buma		Nyalukemba		croisement des sites	
Réponses	Fréquence	%	Fréquence	%	Fréquence	%	Fréquences cumulées	% cumulés
Conservateur des titres immobiliers	0	0	0	0	68	56,7	68	18,89
Chefs des quartiers	0	0	29	24,17	0	0	29	8,06
Chefs coutumiers	120	100	71	59,16	0	0	191	53,05
Exploitants	0	0	18	15	45	37,5	63	17,5
Autres acteurs non répertoriés	0	0	2	1,67	7	5,8	9	2,5
Total	120	100	120	100	120	100	360	100

De ce tableau, 53 % des terres congolaises sont attribuées par les chefs coutumiers. Les conservateurs des titres immobiliers (autorités foncières légales) viennent en deuxième position dans les attributions des terres avec 18,8 % d'enregistrements auprès des cadastres légaux. Il s'agit exclusivement des terres urbaines. 8,5 % d'enquêtés ont obtenu leurs terres auprès des Chefs des quartiers qui malgré et contre la loi foncière, s'adonnent, eux aussi, quotidiennement aux transactions des terres. 17,5 % d'enquêtés ont acheté des terres auprès des exploitants. Il s'agit d'actuels ou d'anciens usagers desdites terres qui, pour une raison ou une autre, décident de s'en débarrasser.

Par ailleurs, 2,5 % d'usagers achètent des terres auprès d'autres acteurs. Il s'agit principalement des autorités de la Police, des géomètres qui, profitant de l'ignorance des populations, s'adonnent à la vente des espaces. IL y a aussi des agents des services relevant d'autres ministères de l'État qui s'adonnent à cette vente. Plus intéressant à l'observation, certains allochtones, vivant depuis longtemps dans les villages se mettent également à vendre des concessions par le fait de connaître l'histoire de ces terres. Ces acteurs qui s'adonnent à la vente des terres, à Bukavu, on les appelle « *Ramasseurs des parcelles* ». Ils agissent, souvent, entre les moments des conflits armés, des déplacements collectifs des ayants-droits fonciers, des décès des membres influents des familles propriétaires et, même, durant les moments d'accalmies sécuritaires.

Cette multiplicité des normes pratiques et l'intervention d'acteurs officiels et officieux, formels et informels, légaux et illégaux dans les transactions foncières se justifie, entre autres, par l'inefficacité institutionnelle formelle. Les agents de l'État ne sont pas formés, sont peu rémunérés et pas contrôlés. Ils s'octroient des compétences foncières parce que la terre est un enjeu financier, source d'enrichissement facile.

Quelle que soit la personne qui vend/cède la terre en première instance, les acquéreurs recourent auprès d'autres acteurs pour sécuriser leur achat. Après la vente des terres de son clan, le chef coutumier du clan n'est pas obligé de verser de redevance au chef de groupement, mais, il a l'obligation coutumière d'envoyer ou d'accompagner l'acheteur des terres auprès du chef de groupement qui est en réalité, selon la coutume Humbu, le chef des terres, premier arrivant dans la contrée et, selon la coutume Songo, le Chef des chefs coutumiers.

Au niveau des chefs des clans, des villages et des groupements, les causes des conflits sont nombreuses, mais, étouffées ou latentes sinon, il s'agit des conflits rejetés. L'État conteste l'autorité foncière des chefs traditionnels pour les terres urbaines et urbano-rurales. Pour les terres rurales, l'État leur reconnaît un pouvoir, uniquement dans la procédure en ce qui concerne les enquêtes administratives, néanmoins, pour préserver la paix sociale et, face aux calculs électoralistes, les opérateurs politiques (étatiques) ne veulent pas énerver les grands électeurs, surtout les leaders d'opinion que sont les chefs coutumiers, dépositaires d'une grande capacité d'influencer les masses. Voilà pourquoi les acteurs politiques font des concessions jusqu'à acheter, eux aussi, les terres auprès des chefs coutumiers. Nos enquêtes ont révélé que les entrepreneurs politiques en fonctions officielles, même certains ministres des Affaires foncières, ont acheté des terres, en marge des normes formelles, auprès des chefs coutumiers tant à Buma, à Kasambanza qu'ailleurs, recourant ainsi aux normes alternatives. En fait, les gouvernants formels reconnaissent la non-effectivité/exclusivité des normes officielles.

Tout comme le droit coutumier, la norme pratique est, à la fois, effective, donc incontournable, mais floue et également génératrice de conflits et d'insécurité et, de plus, peu adaptée aux conditions d'efficience économique (crédit et investissement). Voilà pourquoi, malgré les prescrits de la loi et les discours officiels du ministre des Affaires foncières, qui ne reconnaissent pas une quelconque autorité foncière en dehors de celle nommée expressément par l'article 183 de la loi foncière, les acteurs étatiques, et non les moindres, préfèrent éviter les conflits qui pourraient les opposer aux chefs traditionnels. L'État considère l'intervention du chef coutumier comme une *interférence* dans ses attributions et la qualifie officiellement de « *cancer qui gangrène la gouvernance foncière* »[250] lorsqu'officieusement, les mêmes acteurs étatiques recourent aux pratiques alternatives. Ce qui est dit officiellement est contraire de ce qui est pratiquement exécuté par le même acteur.

Au sein des communautés coutumières, le seul bénéficiaire de ces ventes de terres demeure le chef coutumier lui-même. La gourmandise de ces chefs coutumiers conduit souvent les paysans,

---

[250] Mbwinga, R., ministre honoraire des Affaires foncières, discours officiel, atelier sur la réforme foncière, Kinshasa, Fleuve Congo Hôtel, 2013.

membres de leurs familles élargies, à des spoliations au profit des bourgeois urbains, les plus offrants. Ces bourgeoisies mobilisent, par la suite, les normes formelles et orchestrent l'enregistrement des terres à travers les rouages de l'Administration publique, qui, elle aussi, comme nous l'avons déjà dit, intervient de manière désordonnée et contradictoire. Cet enregistrement des droits fonciers concessionnaires sur les terres rurales est même en contradiction avec la jouissance des terres coutumières.

Pour apporter la preuve de la mise en valeur des concessions acquises en vue de se conformer aux prescrits formels, ces bourgeoisies urbaines proposent des contrats précaires aux paysans dont les terres ne suffisent plus à la subsistance des familles. En contrepartie, les paysans fournissent, selon les cas, des prestations en travail non rémunéré ou le paiement des redevances en nature ou en argent. Dans tous les cas, la vente des terres par les chefs coutumiers n'a pas profité aux communautés locales. Les fruits de ces ventes des terres n'ont permis de construire aucune école, aucun hôpital, aucune infrastructure d'intérêt collectif, etc.

Ces chefs coutumiers, à l'instar de leurs ancêtres des années 1885, ont transformé les terres des communautés locales en biens privés au service d'une personne et ses alliés et ce, sous les regards impuissants desdites communautés locales. Ce système politique étrange, où la chose publique, en l'occurrence l'État, propriété de tous, est mis au service des groupes d'acteurs publics et privés, officiels et officieux, formels et informels qui en tirent des bénéfices individuels aux dépens de l'État et de ses populations. C'est cela la « *Vampirisation de l'État* ».

Cette vampirisation de l'État consolide les assises clientélistes en affectant des droits publics aux bénéfices privés. Il ne s'agit pas, au sens net, de la privatisation de l'État puisque ces acteurs vampirisateurs n'ont d'efficacité que par le fait de leurs liens clientélistes avec les groupes dirigeants formels. Ceci découle également du pluralisme des sens, des rationalités et d'institutions formelles, informelles et sociales. Tenons par exemple, si la loi foncière reconnaît le droit des paysans sur les terres qu'ils occupent, elle ne leur formalise aucun titre ni certificat d'enregistrement. Les propriétaires des terres sont les chefs des terres : ils ont pris l'habitude de les vendre, le plus souvent de les louer aux dépens des membres de leurs communautés tribales et contre les intérêts vitaux de l'État.

Pris entre le marteau des fonctionnaires de l'État, l'enclume des chefs coutumiers et l'acharnement des nouveaux propriétaires fonciers, les populations locales se sentent de plus en plus menacées : *nous vivons dans une insécurité permanente en milieu rural suite aux pressions foncières. Nous ne sommes pas formellement propriétaires des terres sur lesquelles nous travaillons. La loi foncière congolaise reconnaît la propriété foncière à la seule personne qui possède le certificat d'enregistrement. Nous perdons ainsi, au jour le jour, notre terre au profit des plus nantis qui ont la capacité de concentrer les moyens de production sous leur pouvoir. Nos chefs coutumiers et d'autres fonctionnaires de l'État avides d'enrichissements sont les auteurs de cette situation* »[251].

La Province du Bandundu a été subdivisée en trois provincettes, toutes réparties, à ce jour, en fermes agropastorales, villages agricoles et parcs agro forestiers mis en ventes sur les places publiques nationales et internationales avec comme conséquence la délocalisation pure et simple des paysans sans relocalisation ni indemnisation[252].

Les pôles d'autorités étatiques sont donc en crises multiformes, l'État est vampirisé. Qu'il s'agisse de l'autorité nationale, territoriale, des chefs de secteur, de groupements et de l'autorité villageoise, municipale et des quartiers. Aussi longtemps qu'ils garantissent les intérêts économiques des acteurs au pouvoir : des rétro-commissions financières, la préservation des biens fonciers des

---

[251] Pasteur, *Focus Group* à l'ISP-Bulungu, le 24 mars 2016.
[252] Entretien avec Kamenga, président de la Confédération locale des Producteurs agricoles de Bulungu, le 24 mars 2016.

dignitaires[253]... ainsi que les intérêts politiques du régime (stabilité sécuritaire, longévité du régime au pouvoir, etc.), et qu'ils participent aux rassemblements, meetings et autres manifestations politiques du régime en place. Les autorités de proximité ne reçoivent ni d'audits administratifs et financiers, ni de directives de leur hiérarchie. Par contre, ils fonctionnent avec des budgets autoconstitués pour assumer des tâches censées être étatiques, supposées d'intérêts collectifs. La plupart d'autorités de proximité interviewées affirment demeurer en permanence sous le contrôle sécuritaire et politique quant à la nature de leurs discours et comportements envers le pouvoir politique.

L'étrange conception de la chose publique et l'affaiblissement du sentiment de responsabilité des autorités étatiques vis-à-vis des communautés locales au profit du bien-être particulier s'accentuent dans le contexte de la vampirisation de l'État.

5.1.3. Le Chef de groupement et ses manœuvres

Le Chef de groupement est un coutumier représentant plusieurs villages à la fois. Il est reconnu et payé comme fonctionnaire de l'État placé sous la tutelle du Ministère ayant les affaires coutumières sous sa responsabilité. Il intervient dans le marché foncier à travers deux documents : acte d'attribution de terrain (*acte de vente*) et la fiche d'identification de terrain. Ces deux documents ne sont ni consacrés par la norme formelle (loi foncière) ni par les normes coutumières. Ils relèvent des pratiques alternatives.

---

[253] La classe dirigeante congolaise investit de plus en plus dans l'achat de terres : Joseph Kabila possède, entre autres, la Ferme de l'espoir près de Lubumbashi (300 hectares), la ferme de Kingakati près de Kinshasa, un immense domaine dans le Nord Kivu. Le millionnaire israélien Dan Gertler possède la Kitoko Food Farm à N'Sele près de Kinshasa, où le général Olenga gère, lui aussi, une vaste ferme et un complexe hôtelier... Le général John Numbi possède une grande ferme au Katanga. Le conseiller Kimbembe Mazunga au plateau des Batekés, le ministre Bahati Lukwebo, des généraux, etc.

Muni de son reçu/papier d'achat de terrain et, souvent, accompagné du chef de clan/vendeur, le concessionnaire est tenu de se présenter auprès du chef de groupement. Contrairement à Kasambanza, dans le quartier Buma, ce dernier est la seule autorité capable de délivrer un acte de vente généralement appelé « *Acte d'attribution de terre* ». Il ne revend pas la terre déjà vendue par le chef coutumier du clan qui est le chef des terres mais, il confirme la transaction.

À cette étape, le chef de groupement exige une taxe coutumière avant d'ordonner au préalable une enquête pour identifier le terrain concerné. Les frais de cette enquête sont à la charge du requérant. À l'issue de cette enquête, il établit une fiche d'identification de terrain qui est signée par les parties, en présence d'au moins un témoin. S'agissant de Kasambanza, nous avons trouvé les registres de délimitation des terres par l'administration coloniale. Ce travail avait été fait pour chaque clan, chaque village et chaque groupement dans la perspective de limiter les terres dites de « communautés locales », celles concédées aux entreprises coloniales, les terres domaniales appartenant à l'État ainsi que le domaine de la Couronne.

Pour Buma, par contre, le chef de groupement est *le chef des terres central* alors que le chef coutumier est un *chef de terre par lignage*. Souvent, le chef de terre central est également celui de son lignage. Le chef de terre central n'intervient pas dans les litiges fonciers laissés à la charge des chefs de lignage qui sont, en quelque sorte, des gestionnaires ou des surveillants de terres.

Le chef de groupement est sollicité pour les enterrements des notabilités, l'intronisation des chefs et la production d'actes des ventes fonciers. L'établissement d'actes des ventes n'intervient qu'après le paiement du dernier reliquat au vendeur qui certifie cela au chef de groupement. On fait appel à des témoins, notables, et à l'une ou des autorités civiles de proximité (chef des quartiers, chef de collectivité, etc.) pour valider l'effectivité de la transaction. Malgré leurs statuts formels, ces autorités interviennent dans le marché foncier de manière officieuse parce que la loi étatique ne leur reconnaît aucune compétence de validation des transactions liées aux terres. Elles sont donc des acteurs informellement officiels. Après avoir obtenu l'acte de vente, le concessionnaire peut jouir, pratiquement, de tous les droits relatifs au terrain acheté.

Au regard de nos observations sur les terrains, le chef de groupement possède une double autorité : spirituelle et politique. Sur le plan spirituel, l'autorité lui est conférée suite à l'investiture traditionnelle secrète, nocturne et à huis clos. Au cours de cette cérémonie, on confère au chef le rôle de l'intermédiaire entre les vivants et les ancêtres. Ces rites d'initiations et de possession du trône se déroulent, en grande partie, la nuit à l'insu de la masse populaire mais sont connus de tous en vue de renforcer ledit pouvoir. C'est cette dimension *« mystique »* qui fait que personne n'ose auditer la gestion des fruits de la vente des terres collectives. Grâce à ce constat, nous pouvons conclure que les véritables barrières sont d'ordres culturels.

5.1.4. Le Chef du quartier et ses stratagèmes

Le chef de quartier est une autorité civile de base qui dépend directement du Ministère de l'Intérieur. Le quartier à Kinshasa, quoi que subdivision de la Commune qui est une Entité territoriale décentralisée, demeure quant à lui, une entité déconcentrée. En effet, sur 8.789 entités territoriales locales identifiables, 840 seulement (9,5 %) sont décentralisées [254], aucune entité de base, en l'occurrence le quartier, la cité et le groupement n'est concernée par la décentralisation. Par ailleurs, même dans les entités concernées, la décentralisation congolaise reflète l'image d'un boxeur en état de chaos. Le quartier intervient pratiquement dans la gouvernance foncière à travers deux documents majeurs. Le premier est signé par l'enquêteur qui est un agent du quartier et contresigné par

[254] Lotoy Ilango-Banga, J.-P., (2019), *op. cit.*, p. 14.

l'acheteur de terrain. Il s'agit de « l'Attestation *d'enquête parcellaire* ». Le deuxième est, quant à lui, signé par le chef du quartier et s'appelle « *Attestation de confirmation parcellaire* ».

Dans les milieux urbains, le concessionnaire se rend auprès du chef de quartier pour *officialiser* l'achat de son terrain. Dans ce contexte, le chef de quartier se comporte exactement comme son homologue des milieux ruraux, c'est-à-dire, le chef de groupement. Par ailleurs, dans les milieux urbanos-ruraux, coexistent le chef du quartier et le chef coutumier. Administrativement, le chef de quartier est supérieur au chef de groupement alors que coutumièrement, il est inférieur au même chef de groupement. À Buma, le chef du quartier est, en même temps, chef coutumier d'un des clans.

Après présentation de l'acte de vente, délivré par le Chef de groupement, pour Buma, ou par le vendeur, ancien propriétaire, pour la ville de Bukavu, le chef du quartier instruit ses services pour procéder à une enquête qui vise à savoir si le terrain n'a jamais été vendu dans le passé et s'il appartenait, jusque-là, au vendeur qui a délivré le reçu ou acte de vente mais il doit aussi vérifier l'authenticité de l'acte de vente. À l'issue de cette procédure, les enquêteurs du quartier établissent et signent une *attestation d'enquête parcellaire*, qui permet au chef de quartier de valider ou non le marché foncier. Et, si l'enquête prouve que la vente est conforme, le chef de quartier établit une *attestation de confirmation parcellaire* c'est-à-dire, un acte prouvant la conformité de la vente. Il remet l'original de cet acte au concessionnaire et transmet la copie au Bourgmestre de sa commune pour la suite à réserver à la vente.

Signalons que, pour le quartier urbano-rural de Buma, le chef coutumier du clan accompagne le concessionnaire ou mène les démarches seul en faveur du concessionnaire auprès du chef de groupement et du chef du quartier et présente au concessionnaire, à la fois, le reçu, l'acte de vente et, la confirmation du chef de quartier. Cette pratique dénommée localement « Transco[255] » favorise plusieurs fraudes et cas de faux et usage des faux parce qu'il s'aménage une zone de floue, espace d'incertitude pour le concessionnaire et d'autres acteurs. Cet espace lui confère un territoire des manœuvres stratégiques.

Dans ses stratégies de maximiser le gain financier lors des transactions foncières, le chef du quartier joue des rôles multiples et truffés d'ambiguïtés puisqu'il signe concomitamment les papiers en tant que chef coutumier d'un clan (à Buma), en tant que chef de quartier, témoin du vendeur et même parfois sa signature revient sur un même papier mais avec trois qualités (chef coutumier, témoin et chef de quartier) devenant ainsi, quadruplement, à la fois juge, avocat, partie et témoin. Les différentes combinaisons identifiées sont les suivantes : le chef de quartier, autorité validante, le chef de quartier comme témoin et autorité validante, le chef de quartier comme vendeur (chef coutumier) et autorité validante, le chef de quartier comme chef coutumier (vendeur), lui-même encore témoin, et encore autorité validante. Voilà une autre illustration de la vampirisation de l'État.

Malgré ces rôles ambigus, entremêlés et entrecroisés, les trafiquants des terres ne savent contourner le chef du quartier que rarement, considéré comme la première autorité formelle validante. En effet, 100 % d'enquêtés ont déclaré avoir contacté au moins une autorité administrative pour faire valider les concessions acquises, dans la plupart des cas, cette autorité était le chef de quartier et/ou le chef de groupement.

---

[255] En référence à la société nationale des transports.

5.1.5. Répertoire et analyse des documents dits fonciers

Tableau n° 11. Principaux documents détenus par les exploitants

	Kasambanza		Buma		Nyalukemba		croisement des sites	
Réponses	Fréquence	%	Fréquence	%	Fréquence	%	Fréquences cumulées	% Cumulés
Contrat de vente	0	0	10	8,33	17	14,17	27	7,5
Certificat d'enregistrement	0	0	13	10,83	31	25,83	44	12,22
Reçu du Chef coutumier	17	14,17	11	9,17	0	0	28	7,78
Acte d'attribution des terres	8	6,67	7	5,83	0	0	15	4,17
Contrat de location	33	27,5	**3**	2,5	11	9,17	47	13,06
Fiche d'identification de terrain	0	0	**2**	1,67	0	0	2	0,55
Attestation d'enquête parcellaire	4	3,33	**8**	6,67	0	0	12	3,33
Attestation de confirmation parcellaire	0	0	**3**	2,5	0	0	3	0,83
Fiche parcellaire	0	0	**7**	5,83	8	6,67	15	4,17
Jeton des terres	0	0	**2**	1,67	0	0	2	0,55
Attestation de titre de propriété	0	0	**18**	15	0	0	18	5
Demande de terre	9	7,5	**11**	9,17	9	7,5	29	8,06
Croquis parcellaire	0	0	**2**	1,67	0	0	2	0,56
Jugement	4	3,33	**11**	9,17	44	36,67	59	16,39
Contrat d'usufruit	40	33,33	**5**	4,17	0	0	45	12,5
Convention de terre	5	4,17	**7**	5,83	0	0	12	3,33
Total	120	100	**120**	**100**	120	100	360	100 %

De ces données, une majorité d'enquêtés est possesseur des Jugements émanant des Cours et Tribunaux comme documents fonciers supérieurs en degré de formalisme par rapport à tous les autres documents qu'il détient. Cela corrobore nos données qui ont indiqué que le mode le plus usité de résolution des conflits était le recours aux instances judiciaires. Par ailleurs, 13 % de nos enquêtés possèdent les contrats de location des terres et 12,5 % d'entre eux justifient l'usage des terres par des contrats d'usufruits. Ces contrats d'usufruits sont à la base du phénomène d'accaparement des terres dans les milieux ruraux à travers le changement du mode de propriété foncière : du mode de la propriété collective des terres rurales, ces contrats d'usufruits permettent de passer au mode de la propriété privée des terres rurales.

Le certificat d'enregistrement des titres immobiliers, seul document légalement admis, vient en quatrième position d'usage par nos enquêtés avec seulement 12,5 % d'enquêtés qui en ont. Toutefois, chaque enquêté possède plusieurs papiers à la fois et, le certificat d'enregistrement semble être le dernier papier visé après avoir mobilisé plusieurs autres. C'est ainsi que 8 % de nos enquêtés possèdent des demandes des terres et 7,7 % sont encore au niveau des reçus des Chefs coutumiers et 7,5 % au stade du contrat de vente.

Au niveau segmentaire, après avoir obtenu le reçu d'achat des terres auprès du chef coutumier de clan, 100 % de nos enquêtés de Kasambanza et de Buma se sont dirigés auprès du chef de groupement, puis, du chef de quartier pour faire valider leur achat. 67,5 % des gens de Buma et tous les acteurs de Kasambanza sont allés jusqu'à la commune et auprès d'autres services étatiques (différents ministères) pour faire valider l'achat des terres.

Le cas de la ville de Bukavu est particulier. 97,5 % des usagers ont validé leurs concessions auprès du Chef de quartier. 55 % d'entre eux sont allés ensuite auprès du conservateur (service de cadastre) pour formaliser leurs concessions alors que 46,6 % d'entre eux ont préféré faire valider leurs concessions auprès d'autres services de l'État relevant du pouvoir central. Il s'agit des services déconcentrés fonctionnant sous la pluralisation des tutelles : ministères de l'Agriculture, du Tourisme, de l'Environnement, des Mines, etc. 43,3 % d'usagers fonciers de Bukavu ont fait valider leurs concessions auprès des services communaux. Il sied de rappeler que les Communes de la ville de Bukavu ne sont pas des entités administratives décentralisées.

5.1.6. La municipalité et la validation des marchés fonciers

L'instance municipale intervient dans la validation des pratiques sociales en matière foncière à travers deux documents de base : la *fiche parcellaire* signée par le bourgmestre et contresignée par le chef du quartier et l'*attestation de propriété et d'enregistrement de parcelle* signée exclusivement par le bourgmestre de la Commune.

100 % de nos enquêtés de Buma et 37 % de ceux de Kasambanza sont allés par la suite à la maison communale/bureau de la collectivité pour faire valider la transaction foncière auprès du bourgmestre ou du chef de la collectivité. Toutefois, il est arrivé que l'autorité municipale (bourgmestre/chef de collectivité) valide des conventions, sans tenir compte du niveau de validation inférieur.

Même si toutes ces pratiques sont méconnues des textes légaux, l'autorité municipale formelle reçoit l'ensemble du dossier officieux lui transmis officiellement par le chef du quartier/chef coutumier ou lui présenté directement par le requérant. Elle signe à son tour un document appelé « *fiche parcellaire* » et envoie à présent le concessionnaire au gouvernorat de Province ou au bureau du Territoire.

La validation est une démarche coûteuse. 100 % de la population de Buma et de Bukavu estiment qu'il n'y a aucun avantage qu'offre la gestion étatique des terres alors que 100 % des habitants ruraux de Kasambanza estiment le contraire. L'autorité municipale exige, en moyenne, 250 $ pour déplacer ses services jusqu'au terrain. Outre le coût lié à la signature du bourgmestre, le coût inclut également le déplacement du chef de quartier. Une des caractéristiques du mécanisme de validation est d'alourdir la gouvernance foncière en mettant sur le dos de l'acheteur les coûts des opérations d'administration pure, notamment, le cachet du bourgmestre, le cachet du gouverneur, les frais exagérés du transport des agents publics.

Il existe, par ailleurs, des conflits multiples opposant ces deux instances, parce que le bourgmestre de Kinshasa qui est une autorité décentralisée a, sous sa responsabilité, les chefs des quartiers, qui sont, quant à eux, des autorités déconcentrées et répondent directement du ministère national de l'intérieur[256]. Néanmoins, le chef de quartier et le bourgmestre, même lorsqu'ils agissent en dehors de tout cadre légal, sont considérés, par la majorité de nos enquêtés, comme les représentants légaux de l'État. Ils jouissent à leurs yeux, d'une délégation du pouvoir formel du Gouverneur de province ou du ministre des Affaires foncières pour certifier les transactions foncières.

Selon les acteurs interrogés, la signature du bourgmestre/chef de collectivité *certifie* celle du chef du quartier/chef de village et cette dernière certifie celle du vendeur/chef des terres (du clan) et du chef de groupement. Les enquêtés nous ont expliqué que la validation par le chef du quartier/chef de groupement implique, souvent, celle du bourgmestre/chef de collectivité, et qu'une confirmation

[256] Emmanuel Kasongo note que dans les communes, plus de 80 % des agents qui y travaillent sont des fonctionnaires relevant de différents ministères nationaux. Les communes n'ont donc pas suffisamment de personnel propre. Lire Kasongo Mungongo E., *comment vivre la libre administration dans une double administration à Kinshasa* ? Communication à l'occasion du colloque scientifique organisé par les facultés de Droit et des Sciences politiques, Université Catholique du Congo, Kinshasa, le 12 avril 2016 et, du même auteur, *La gouvernance des entités territoriales décentralisées en RDC. Enjeux et défis*, Paris, L'Harmattan, 2019.

signée par le chef du quartier n'est que rarement remise en cause par le bourgmestre[257].

Les pratiques des bourgmestres, en cette matière, sont en outre très variées d'un bourgmestre à un autre, d'une ville (Bukavu) à une autre (Kinshasa). Pour tous les terrains sous étude, les services publics communaux sont conscients de la réalité qu'ils nomment, eux-mêmes, *anarchie* qui s'est installée dans leurs seins, et dont ils sont l'un des acteurs principaux. Mais, pour des raisons diverses, dont notamment la surpolitisation des questions socio-foncières, ils sont simplement incapables de la contrer bien qu'ils soient conscients des dangers qu'elle suscite quant à l'avenir de l'État.

Dans leurs stratégies réciproques, ces acteurs étatiques n'appliquent pas et/ou s'abstiennent de faire appliquer la loi foncière, laissant ou tolérant le fait qu'une pluralité d'acteurs officieux contrôle les procédures d'acquisition des terres. Ces normes pratiques du fait de leur caractère conjoncturel sont surtout stratégiques. 100 % de nos enquêtés ont connu, chacun, au moins un conflit foncier, lié directement ou indirectement à son exploitation. 79, 4 % de nos enquêtés[290] ont connu, chacun au moins un conflit foncier lié à son domaine d'exploitation et 20,6 % d'entre eux ont comparu, soit devant la cour coutumière, soit au quartier ou à la police, en qualité de témoin ou de vendeur contesté.

Dans le point qui suit, nous comptons appréhender les différents conflits fonciers en termes d'actions stratégiques. Les données produites nous ont permis de dégager les relations et partenariats conflictuels.

---

[257] Entretien avec le préposé du quartier Buma, à Bikuku, le 22 juin 2014.

5.1.7. Normes pratiques et conflits fonciers

Tableau n° 12. Principaux acteurs des conflits

	Kasambanza		Buma		Nyalukemba		croisement des sites	
Réponses	Fréquence	%	Fréquence	%	Fréquence	%	Fréquences cumulées	% cumulés
Acteurs étatiques	22	18,33	26	21,67	40	33,33	88	24,44
Acteurs coutumiers	80	66,67	59	49,17	0	0	139	38,61
Acteurs exploitants	5	4,17	26	21,67	60	50	91	25,28
Acteurs autochtones	2	1,67	5	4,17	0	0	7	1,94
Autres acteurs (ONGD, Bailleurs de fonds, Organismes…)	11	9,17	4	3,33	20	16,67	35	9,73
Total	120	100	**120**	**100**	120	100	360	100

38,61 % d'acteurs des conflits sont les chefs coutumiers, suivis par 25,27 % d'exploitants, de 24,44 % d'acteurs étatiques agissant sous la casquette des pouvoirs publics, de 9,7 % d'acteurs aux conflits issus d'organisations non gouvernementales de développement, des bailleurs des fonds… et enfin, 1,94 % d'autochtones sont acteurs des conflits. Ces données ne concernent pas les conflits intra claniques. Au sein des clans, tous les membres se croient chefs de terres rurales et, par conséquent, covendeurs fonciers. Ces multiples ayants-droit des ventes sont souvent en compétitions entre eux-mêmes et, entre eux et les acheteurs d'auprès d'autres ayants-droit des ventes concurrents. Ces conflits intra-claniques sont chroniques et de fois des vives intensités.

Analysant les interactions conflictuelles autour d'enjeux fonciers et des stratégies mises en place par les acteurs, nous avons noté au moins six relations conflictuelles autour de l'enjeu foncier, à savoir :

- conflits entre autorités étatiques et autorités coutumières ;
- conflits entre autorités coutumières et les paysans locaux ;
- conflits entre bourgeoisie urbaine et les paysans autochtones ;
- conflits entre paysans et autorités étatiques ;
- conflits internes au sein de chaque groupe d'acteurs ;
- conflits entre bourgeoisies urbaines et autorités étatiques.

C'est au-dedans de ces six pôles relationnels que se pratiquent les stratégies des acteurs, lesquelles présentent un profil singulier en fonction des caractéristiques propres à ces entités, à ces groupes d'acteurs et à leurs normes de références. Ces conflits sont polysémiques, contextuels et dynamiques et les solutions envisagées doivent tenir compte de cette complexité.

5.1.8. Autres institutions internationales et nationales

L'implication dans les jeux fonciers d'organisations non gouvernementales et autres associations paysannes, soutenues par des groupes multinationaux est observable sur terrain. Dans les gouvernémentalités liées aux usages des terres et des ressources foncières, on peut noter la présence et une grande capacité d'influence que détiennent des structures telle que : les organisations de la société civile membres du Réseau Ressources Naturelles (RRN), de l'ONG Action pour la Paix et la Concorde (APC), Innovations et Formation pour le Développement et la Paix (IFDP), Réseau d'innovations organisationnelles (RIO), Action pour le Développement et la Paix endogène (ADEPAE), de la Confédération Nationale des Producteurs Agricoles du Congo (CONAPAC), des sociétés civiles locales, du Conseil pour la Défense Environnementale par la Légalité et la Traçabilité (CODELT), de l'Agence des Nations Unies ONU/Habitat,... la liste est non exhaustive pour prétendre répertorier les organisations non gouvernementales qui constituent des véritables groupes de pression interagissant pour orienter la réforme de la loi foncière et imposer leur manière de voir la société.

La Banque mondiale, l'ONU-Habitat et d'autres partenaires internationaux se permettent d'imposer un modèle de gestion macro-économique à la RDC par leurs programmes et interventions bâtis sur le modèle libéral de l'économie de marché. Cette intervention des instances internationales dans des domaines de gestion souveraine, n'est généralement que dans les intérêts d'investisseurs. Les intérêts locaux, généralement affichés aux premiers plans, ne sont, souvent, que des moyens stratégiques utilisés pour atteindre les vrais objectifs.

Ces rationalités exogènes, développées par exemple, par la Banque mondiale, établissent souvent des équivalences automatiques entre les droits coutumiers et l'insécurité foncière, l'enregistrement des terres et la sécurité foncière, l'enregistrement foncier et la fiscalité ou le développement[258] ou les normes pratiques, qualifiées d'informelles, d'anarchie et le sous-développement. En effet, toutes les réformes institutionnelles de l'an 2002 étaient basées sur un référentiel cognitif importé.

Ce référentiel devrait subir une sorte de traduction culturelle, ou mieux d'inculturation dans l'écologie culturelle congolaise. L'observation du processus de création institutionnel congolais suggère que les bailleurs des fonds exigent, de leurs partenaires locaux, des impressions sans traduction des normes gouvernementalistes suivant les référentiels normatifs extérieurs. Sans l'inversion de ce paradigme institutionnel et la socialisation d'acteurs pour une nou-

---

[258] Colin *et alli*, (dir.), cités par Nyenyezi, *op. cit.*, p. 17.

velle écocitoyenneté de développement, la gestion formelle demeurera ineffective et tournée vers les intérêts privés. La nouvelle socialisation doit reposer sur deux grands piliers : la promotion de l'intelligence sociale (aptitudes, compétences intellectuelles d'innovations) et la culture des valeurs éthiques et morales (attitude, amour, sanctions).

5.2. Pratiques sociales et mécanismes vampirisateurs de l'État

5.2.1. Accumulation des papiers pour sécuriser les terres

100 % de nos enquêtés détiennent plusieurs papiers pour sécuriser leurs terres. Ces papiers proviennent, comme nous l'avons déjà dit, non seulement, des autorités formelles et coutumières, mais aussi, de plusieurs et différents acteurs et services, étatiques et non étatiques, fonctionnant de fait, sans aucune référence légale et coutumière. Le recensement des stratégies de sécurisation foncière montre la large place accordée aux papiers légaux et illégaux, formels et informels qui circulent entre acteurs fonciers.

Que sont censés garantir tous ces papiers ?

D'abord, la stratégie de recours aux papiers n'est pas une nouveauté, parce que certains ont été instaurés depuis la décennie 1880. D'après les personnes interrogées à Buma[259], l'établissement de ces papiers a connu une forte augmentation depuis les années 1970. Cette observation confirme les observations d'Emery Mushagalusa et Aymar Nyenyezi qui, parlant du Sud-Kivu rural, situent l'introduction de l'écrit dans les transactions foncières à caractère coutumier vers la période 1970-1980, période pendant laquelle l'État zaïrois s'octroie le monopole de la gestion des ressources naturelles et tente de centraliser la gestion des terres en

---

[259] Entretien avec Binyama, Kinshasa, le 19 juillet 2014.

délégitimant la capacité des chefs coutumiers à traiter les questions foncières[260]. En plus de la loi Bakajika de 1966, les trois réformes de la décennie 1970[261] ont eu des conséquences sensibles sur les terres des « communautés locales » parce qu'elles ont voulu moderniser la gestion foncière au détriment de la gestion coutumière.

Pour les milieux ruraux et urbano-ruraux, ce sont surtout les acteurs allochtones qui exigent les papiers locaux. Les participants autochtones à nos *focus groups* de Buma expliquent que « *ce sont les venants qui nous ont donné l'idée, et on l'a trouvée cohérente* »[262]. Ces papiers stratégiques ont pour but de protéger leur détenteur contre d'éventuels conflits futurs et les services de l'État : Armée, Police, Tribunaux,..., les prennent en compte, en cas des conflits, comme conventions entre parties.

Sur le terrain, un exploitant foncier arrive ainsi à se retrouver avec plusieurs papiers, selon lui, sécurisants, allant du reçu coutumier, d'acte d'attribution de terrain (acte de vente), fiche d'identification de terrain, attestation d'enquête parcellaire, attestation de confirmation parcellaire, fiche parcellaire, attestation de titre de propriété et d'enregistrement de parcelle, contrat d'usufruit et plusieurs autres papiers disparates provenant de l'administration foncière, de l'urbanisme et habitat, des policiers et officiers de police judiciaire, du ministère de l'Agriculture et autres services étatiques qui ne forment pas un ensemble harmonieux.

Un de nos enquêtés déclare, « *on ne veut pas avoir de problèmes avec qui que ce soit. On prend tous les papiers qu'on nous présente. Et si vous aussi, chercheur, vous avez des papiers pour nous, donnez-le-nous. En cas de problèmes, on peut montrer tous*

[260] Les auteurs citent en exemple l'extrait du discours du Président Mobutu prononcé à Bukavu en 1971 « *vos terres, comme vos femmes, n'appartiennent pas à vos chefs coutumiers, ils vous appartiennent à vous* ». Pour plus de précision à ce sujet, lire Mushagalusa Mudinga, E., et Nyenyezi Bisoka, A., (2014), *op. cit.*, p. 5.
[261] Il s'agit, notamment, des réformes administratives de 1970, foncières de 1973 et de la loi sur la nationalité (fin 1970-début 1980).
[262] Entretien avec le chef Adamo, Kinshasa, le 29 juin 2014.

les papiers en espérant que le bon y soit »[263]. En réalité, plusieurs enquêtés m'ont exigé de leur laisser les exemplaires de mes outils de recherche. Cette réalité fait que, sur les terrains, nous avions (moi et mes enquêteurs) eu la difficulté dans la gestion de notre questionnaire d'enquête et guide de *Focus Group* et d'entretiens parce que, la majorité de nos enquêtés (Buma et Kasambanza) exigeait que nous laissions, à chacun, une copie du questionnaire à garder comme papier foncier.

5.2.2. Zones d'incertitudes dans et autour des papiers accumulés

Le concept de zone d'incertitude fait référence à celui de zone de turbulence, des flous ou d'inopportunités, en ce sens que, qui dit incertitude ou turbulence, dit risque, contrainte, absence ou déficit d'opportunité ; bref, une réalité sur laquelle on n'a aucune maîtrise. Dans le contexte des pratiques sociales autour d'écriture des *papiers fonciers*, les différents groupes d'acteurs en présence développent des stratégies visant à réduire l'incertitude ou à tirer parti des marges de manœuvre laissées par l'imprécision du contenu des conventions écrites.

L'on note qu'outre le fait qu'en moyenne, chaque exploitant que nous avons interrogé possède au moins une dizaine des papiers liés à sa terre, chaque acteur écrit, ou s'abstient d'écrire des mentions en fonction de ses intérêts stratégiques. À titre illustratif, certains reçus n'ont même pas le nom de l'une des parties, ou ont les noms sans signature ou sans date. La dénomination de ces papiers est aussi un enjeu stratégique. Portant ses investigations sur le Nord-Kivu, Mugangu avait constaté, bien avant nous, un foisonnement des papiers aux dénominations divers et aux contenus différents[264].

---

[263] Entretien avec Junior, commissionnaire foncier, Buma, le 1er février 2014.
[264] L'auteur cite les dénominations ci-après : Mapatano ya shamba (entendement pour le champ), convention ya kuuzisha shamba (convention de vente de champ), masikilizano ju ya shamba (entendement pour les droits champêtres) et décharge.

L'analyse du contenu des papiers a montré leurs imprécisions dans la description et la désignation de la transaction : ceci constitue des zones d'incertitudes. En effet, certains autochtones se méfient, par exemple, de l'utilisation du terme français « *vente* », qui pourrait donner à la transaction une portée définitive, et ils tentent donc d'en éviter l'emploi. De plus, certaines ventes se font à l'insu des membres du clan et l'existence d'une trace écrite présente alors un certain danger. On constate une différence entre les discours et les pratiques : si tous les acteurs affirment qu'il faut que chacune des parties conserve un double de chaque document, beaucoup n'en détiennent aucun.

Malgré tout, on constate, chez les autochtones, 76 % à Buma et 47 % à Kasambanza, une tendance à encourager l'écriture des conventions. Cette volonté se manifeste d'abord dans la tendance qui se dessine chez eux à ne pas reconnaître les transactions passées en cas de litige, s'il n'y a pas de conventions écrites ; il s'agit bien d'une tendance qui s'affiche dans le discours de certains autochtones, mais, qui est loin d'être vérifiée dans tous les cas. Cependant, elle transparaît, notamment, dans les cas d'héritage d'allochtones qui n'avaient aucun papier : l'héritier est parfois obligé de négocier une nouvelle transaction. La tendance, chez les autochtones, à encourager l'établissement des conventions se comprend aussi par les avantages financiers que cela leur procure, du moins, pour certains d'entre eux. Le chef coutumier a ainsi un intérêt financier évident dans l'établissement des papiers.

L'allochtone qui perd sa convention doit donner une redevance au chef de groupement pour que son papier soit de nouveau établi. Pour les chefs coutumiers des clans et les chefs des groupements, l'établissement de chaque papier est toujours l'occasion d'avoir une sorte de rémunération/pourboire quand ce n'est pas l'occasion de renégocier les clauses de la transaction ou, comme indiqué pré-

---

Voir Mugangu, S., « La crise foncière à l'est de la RDC », *l'Afrique des Grands Lacs*, Annuaire 2007-2008, Paris, L'Harmattan, 2008, pp. 383-414.

cédemment, de renouveler auprès de l'héritier ou de l'acheteur du premier allochtone, une transaction passée.

Le recours de plus en plus fréquent des autochtones eux-mêmes, entre eux, et même les membres d'un même clan à l'établissement des conventions écrites telles que les contrats d'usufruits, renforce les conditions d'une stabilisation des accords locaux sur les transactions. Mais, précisons que l'existence des conventions écrites n'empêche pas les multiples tentatives de renégociation de l'accord ou même de révision de la transaction.

La quasi-totalité d'acteurs intervenants dans les marchés fonciers sait, plus ou moins confusément, que les papiers signés localement ne satisfont pas aux critères juridiques du droit foncier formel. Ces acteurs sont donc conscients que tous les papiers des chefs coutumiers et, même, les confirmations des chefs des quartiers, des bourgmestres, des services d'agriculture, des mines, de tourisme… n'ont aucune valeur légale formelle en matière foncière s'ils n'aboutissent pas à des certificats d'enregistrement octroyés par l'administration foncière. Néanmoins, ils offrent des marges de manœuvre et accordent au Juge, en cas de besoin de manipuler le jugement, un espace desdites manœuvres. Les allochtones, quant à eux, recherchent une sécurité foncière dans les conventions écrites.

Selon un enquêté de Kasambanza[265], la convention écrite apporte la garantie qu'une transaction a effectivement eu lieu et qu'elle a fait l'objet d'une contrepartie financière et/ou en nature. Mais, ils savent aussi, comme les autochtones, que les conventions locales ont une portée limitée vis-à-vis des dispositions formelles. En effet, une partie des conflits fonciers que nous avons expliqués ci-haut qui remonte la filière policière et juridique sont, soit déclarés irrecevables par les juges qui ne peuvent statuer que sur la base des titres officiels (certificat d'enregistrement ou jugement du tribunal de paix, dans sa chambre chargée des Affaires foncières cou-

---

[265] Entretien avec Germain, fermier du village Kisia, Mbanza le 30 mars 2016.

tumières), soit jugés en équité ou selon des impératifs politiques par les bourgmestres, qui n'ont pas les moyens d'imposer leur jugement dans la durée.

Cela conduit les allochtones, dans leurs stratégies, à anticiper les risques de diverses manières. Par exemple, les acteurs interrogés en groupes focaux au Bureau du territoire de Bulungu ont déclaré qu'après avoir acheté une parcelle, certaines personnes font signer leur enfant mineur en tant qu'acheteur sur le reçu et d'autres papiers afin, selon eux, d'éviter les litiges après leur mort.

5.3. Vampirisation de l'État. Une étrange gouvernementalité ?

Rappelons que la naissance de l'État congolais est intervenue d'une évolution de la réalité coloniale. Bien qu'octroyée sous la poussée des mouvements de revendication des populations colonisées qui aspiraient à plus de liberté, l'indépendance politique et la création de l'État congolais n'ont pas toujours abouti à l'ancrage culturel d'une institution étatique au sens occidental. L'État lui-même, étant à la fois un et multiple, officiel et officieux, formel et informel il se combat ou s'autoconsomme à travers ses services et ses fonctionnaires.

Les logiques et les esprits des différentes institutions ne sont pas homogènes et cela crée un potentiel anarchique dans la gestion étatique. Une des conséquences et caractéristiques des normes pratiques est la superposition d'entendements d'acteurs qui aboutit à l'entrecroisement des droits, des normes et d'institutions gouvernantes. Malgré l'effectivité des normes pratiques, c'est leur efficacité managériale et leur cohérence qui se trouvent remises en cause. Par-delà même les questions normatives et administratives, c'est toute la sociologie d'action publique, destinée à encadrer les pratiques dans ce domaine, qui se trouve remise en cause par ce phénomène que nous conceptualisons sous le vocable de la vampirisation de l'État.

En effet, il faut se pénétrer de l'idée, plus familière aux politologues, anthropologues et sociologues qu'aux juristes, que l'encadrement des pratiques sociales ne peut relever exclusivement du droit formel, c'est-à-dire, d'un environnement réglementaire officiel. Il relève de différents ordres sociologiques et normatifs qui s'échelonnent de l'éthique individuelle à une réglementation internationale en traversant le niveau local, provincial, national, sous régional et continental.

En sommes, le fonctionnement des institutions étatiques présente un bilan peu satisfaisant à cause des hommes qui animent, qui utilisent et qui fréquentent ces institutions. Les comportements de ces acteurs dans leur partenariat vampirisent l'État. Le pluralisme institutionnel favorise sensiblement le fonctionnement des mécanismes vampirisateurs à cause de certaines dispositions légales, non adaptées à la réalité mais cousues à la hauteur d'enjeux et d'intérêts d'acteurs influents qui agissent avec les moyens de l'État, au nom de l'État mais contre les intérêts de l'État.

Conclusion

Ce cinquième chapitre nous a permis d'observer la multiplicité des mécanismes pratiques de normativité et d'administrativité des terres.

Faut-il abandonner le pluralisme institutionnel parce qu'il contribue à la vampirisation de l'État ? Faut-il se rendre compte avec Gonidec[266] que les différentes institutions ne parviennent pas à résoudre de façon satisfaisante leurs problèmes faute d'adaptation aux spécificités des sociétés africaines ? Pas seulement. Le secret de l'antidote à l'intoxication étatique par les gouvernementalités vampirisatrices réside dans le choix des hommes dotés d'intelligence (aptitudes) et d'amours (attitudes éthiques et morales) pour le développement collectif et global. Le rôle de tous,

---

[266] Gonidec P.-F., « les systèmes politiques Africains », in *Les nouvelles démocraties*, 3e éd., Paris, LGDJ, 1997, p. 11.

citoyens et dirigeants, doit être celui de sanctionner de manière impersonnelle les acteurs, étatiques et non étatiques, nationaux et étrangers qui vampirisent l'État.

En réalité, les multiples institutions étatiques sont défiées dans leur fonctionnement par les pratiques concrètes, suscitées par un pluralisme d'acteurs, d'intérêts, d'enjeux et d'intelligences sociales mobilisés pour maximiser les gains. Il s'agit de la multiplicité d'acteurs et des pratiques formellement formels, formellement informels, informellement formels, informellement informel et ceux se trouvant aux croisements et/ou entrecroisements de ces classifications.

Ces normes et administrations pratiques, elles aussi multiples et contradictoires, suscitent des conflits, ouverts et latents, ainsi que la circulation incontrôlée de plusieurs titres fonciers, officiels et officieux. L'État congolais du *XXIe siècle* se retrouve dans la nature de Thomas Hobbes, John Locke et Jean-Jacques Rousseau. Il a été, à plusieurs coups, mordu par des vampires qui l'ont vampirisé à son tour. Voilà pourquoi, l'on assiste à des situations de l'État contre l'État. Les institutions de l'État vampirisé constituent des moyens destinés à imposer aux populations des contraintes en vue de l'objectif privé des acteurs.

Tout comme ses populations, l'État vampirisé est victime d'acteurs, étatiques et non étatiques, qui se coalisent contre lui et ses populations. Plus que sa population, l'État malade de la vampirisation est victime de tout le monde : ses scientifiques qui l'observent, le décrivent, le comprennent et expliquent les conditions malheureuses de l'État, sans parti-pris au nom de la *déontologie et objectivité* du métier de chercheur[267]. Ses fonctionnaires et alliés

---

[267] Comme Rousseau J.-J. le disait, l'objet de la science est de connaître la vérité ; son occupation, de la chercher ; son caractère, de l'aimer ; les moyens de l'acquérir sont de renoncer aux passions, de fuir la dissipation et l'oisiveté. Sous cette perspective, on enseigne aux étudiants « l'objectivité » contre la « subjectivité » et on interdit au chercheur de chercher à prendre position, de s'impliquer dans la recherche des solutions aux problèmes qu'il observe. Sa préoccupation c'est d'interpréter, de décrire, de comprendre et expliquer la réalité.

qui le vampirisent, ses masses populaires amorphes qui observent sans assister l'État en situation de danger et, souvent, se trompent de cible en accusant l'État victime en lieu et place de s'attaquer aux bourreaux-vampirisateurs... tous ces précités qui auraient dû être poursuivis pour *non-assistance à un* État en danger accusent, paradoxalement, l'État victime de la vampirisation d'être sorcier, impuissant, néant, injuste, chaotique, arriéré, bébé, fantôme, vampire, tribaliste, groggy, moribond…

Seuls les vampirisateurs sont clairvoyants, dynamiques et très entreprenants dans l'entreprise anti-État. Ils sont plus conscients de leurs intérêts et n'hésitent pas à patrouiller la recherche desdits intérêts, même au plus profond du système nerveux étatique, et à tisser des alliances de soutien, souvent parmi les fils de l'État-Nation, victimes défenseurs du bourreau. La stratégie la plus efficace, efficiente et performante pour détruire un État-Nation consiste à associer sa propre population à l'œuvre de déconstruction de la mère patrie.

C'est ces mécanismes d'acteurs coalisés contre l'État que nous conceptualisons comme la vampirisation de l'État.

Chapitre sixième

BUREAU-THERAPIE CONTRE LA VAMPIRISATION DE L'ÉTAT

Introduction

Plus d'une personne rencontrée lors des conférences, colloques, journées scientifiques et autres séances de restitutions de nos travaux de terrain estime qu'avec ces gouvernementalités de la vampirisation, l'État-nation va vers sa disparition puisqu'il se trouve déjà dans un profond sommeil comatique. D'autres chercheurs, en l'occurrence Guy Aundu[268] affirme que « *quoiqu'envahi par de nouveaux acteurs supra et intra-nationaux, l'État subsistera du fait de partager avec ceux-ci l'exercice du monopole de la contrainte légitime et des fonctions, jadis réservées à la puissance publique* ».

Les différents monopoles formalisés dans le cadre du pluralisme institutionnel ainsi que d'autres monopoles non formalisés se combattent, s'entrecroisent tout en s'entremêlant avec des institutions privées, publiques, mixtes, formelles, sociales et pratiques dont les acteurs agissent au nom de l'État mais, en réalité, ils agissent pour leurs propres intérêts. Il y a actuellement une lutte entre les intérêts des acteurs, étatiques et non étatiques, contre les intérêts de l'État. Tout se passe comme si l'État vampirisé est mis au service de ces acteurs au lieu que ces derniers, notamment, ses propres fonctionnaires ne soient au service de l'État. Ceci fait que l'État vampirisé est aussi un État renversé, un État à l'envers. L'État vampirisé recrute ses propres assassins, il les paye et ceux-ci s'entretiennent

[268] Aundu Matsanza, G., *op. cit.* p. 22.

aux dépens de sa survie. L'État vampirisé est un État esclave de ses propres fonctionnaires. L'État vampirisé fonctionne avec des logiques paradoxales.

Comment en est-on arrivé là ?

6.1. Retour aux questions de départ et aux mécanismes vampirisateurs de l'État

L'échec d'une gouvernance exclusivement formelle, l'inadéquation d'une gouvernance sociale/coutumière et l'anarchie des gouvernementalités pratiques nous exige de revenir aux questions que nous nous posions au début de cette recherche : quelle est la perception que les acteurs se font des institutions, normes et organes, qui régissent le secteur foncier ? Comment comprendre et expliquer le pluralisme institutionnel formel et des mécanismes sociaux et pratiques qui régissent le foncier congolais ? Comment peut-on expliquer le fondement et l'efficacité (ou l'inefficacité) des mécanismes *dits anarchiques* dont se servent les acteurs de Kinshasa-Buma, de Bukavu-Nyalukemba et de Bulungu-Kasambanza, en marge des textes légaux, pour gérer la terre et ses ressources ? Comment faire pour vivre et/ou pour gouverner efficacement dans un système de pluralisme normatif et administratif ? Depuis 1885, année de sa création à *la conférence de Berlin*, l'État congolais s'est-il déjà mis au service de la communauté nationale ? À qui appartient l'État congolais ?

Les faits observés sur terrain indiquent que dans ce pluralisme institutionnel, se trouve également un système des normes et administrations contradictoires. Il ne s'agit pas seulement d'un État aux monopoles éclatés, mais bien plus, d'un État dont les différents monopoles se combattent, s'auto et s'entredétruisent tout en détruisant l'État au nom duquel ils existent.

Chacun de ces services étatiques et non étatiques cherche, quoiqu'il en coûte, à défendre les intérêts de ses acteurs à travers les titres qu'ils émettent et, au regard des normes formelles et informelles qu'ils soutiennent et qui les soutiennent. Chaque camp bénéficie de l'appui et fait bénéficier les acteurs, publics et privés, officiels et officieux, avec lesquels il s'est coalisé pour la circonstance en fonction d'enjeux contextuels en présence.

Les institutions étatiques et coutumières sont transformées en structures mixtes mises au service des individus mais entretenues par l'ensemble de la communauté nationale. L'État, bien commun par excellence, dès que vampirisé, se trouve au service des coalisations entre les préposés de l'État et certains particuliers, privés, nationaux et internationaux dont la règle suprême du jeu est l'intérêt personnel ou collectif de leur camp. C'est cela la réalité d'un État dit vampiriser.

Les matériaux collectés dans l'évolution diachronique de la RDC montrent que ce phénomène n'est, ni nouveau, ni exclusivement le propre des acteurs congolais. Déjà à sa fondation, l'État indépendant du Congo n'était créé que comme un État vampirisé, ou mieux, comme une entreprise commerciale multinationale sans restriction et où, les intérêts partisans de tous les acteurs firent garantis par des principes actés à la conférence de Berlin : liberté de commerce pour tous, absence des droits des douanes et occupation effective. D'ailleurs, la naissance de l'EIC et sa mise sous la vigilance de Léopold II, firent conditionnées par la garantie des intérêts des puissances multinationales qui avaient placé le prince King-Léopold Louis Philippe-Marie Victor, qui deviendra Léopold II, à la tête de cette entreprise multinationale.

Par ailleurs, la mort de l'État indépendant du Congo[269] et sa renaissance sous le nom du Congo belge furent dictées par la viola-

---

[269] La campagne anti-léopoldienne, menée par des journalistes, diplomates et pasteurs occidentaux tels que Morel, Roger Cassement… fut initiée par les puissances occidentales qui avaient pris part à la Conférence de Berlin dans le but de ravir ce Gâteau congolais (administration du territoire de l'EIC) à un Léopold II qui devenait, en toute imprudence, égoïstes et indépendant d'eux en instaurant des

tion, par lui et ses services, de ces principes fondateurs actés à Berlin. Le Congo belge, quant à lui, ne modifia pas sensiblement cette politique des grandes puissances toutes à la fois, génitrices et assassins de l'État dit indépendant du Congo. Lorsqu'ils décidèrent de rebaptiser l'EIC sous le nom de la colonie belge, les nouveaux acteurs (étatiques-belge) dépiéca le Congo au bénéfice des entreprises commerciales originaires des mêmes puissances occidentales, de l'Église catholique et de l'administration coloniale belge. Chaque tripier de cette politique coloniale bénéficia des vastes superficies des terres et des pouvoirs exorbitants jusqu'à attribuer aux entreprises privées, les pouvoirs concédant au sein de l'État.

Égoïste, la Belgique le sera aussi à l'égard de ses puissants partenaires dans l'affaire congolaise. Outre l'activisme interne et le contexte international qui devenaient contre la colonisation, les USA, par exemple, avaient soutenu les pressions indépendantistes africaines. Après l'assassinat de Lumumba, qui osât affirmer la souveraineté congolaise après avoir revendiqué et obtenu une autre indépendance au 30 juin 1960, après celle de l'État dit déjà indépendant en 1885, la présence d'un autre gestionnaire s'avérait nécessaire. Pour préserver les intérêts des géniteurs du Congo, Mobutu et son parti-État obtiendront le soutien de ces puissances occidentales « *démocratiques* ». La gouvernance du MPR est, par essence et par définition, synonyme de la vampirisation de l'État dans la mesure où un groupe d'individus s'arroge des monopoles de violence formelle, sociale et pratique et va jusqu'à imposer leur groupement politique comme la *nation zaïroise politiquement organisée* et ce, contre le peuple et sans avoir consulté la volonté populaire. L'avènement du MPR en 1965, sa longévité de 32 ans, et son déclin en 1997 furent conditionnés par l'unique volonté des puissances occidentales pour lesquelles les acteurs de ce mouve-

---

restrictions à la *liberté du Commerce* et en instaurant des *droits de douane*. Les arguments humanistes pro-noirs avancés par les chargés de ladite campagne firent des trompes-yeux.

ment populaire de la révolution travaillaient, et ce, contre les intérêts de l'État congolais, dénommé alors Zaïre.

Durant la période du parti-État, nul ne pouvait être président de la République s'il n'était pas, au préalable, président du MPR, un fait privé. Ce type de vampirisation a failli placer le Zaïre dans les classeurs de l'histoire dans la mesure où, avant la fusion de deux responsabilités dans une même personne, les responsables du parti en provinces prétendaient être au-dessus des gouverneurs et avoir une préséance quant aux politiques provinciales.

Voulant en finir avec ces ambiguïtés qui subordonnaient les intérêts collectifs aux intérêts des groupes privés, qu'imposaient une pensée unique et une société de juxtaposition, en lieu et place d'une société d'opposition, les Congolais se sont battus (*pacifiquement avec la conférence nationale et militairement avec des mouvements armés : AFDL, MLC, RCD, Mai-Mai...*), dans toute la décennie 1990-2000, pour obtenir le multipartisme. Ce multipartisme congolais a accouché d'une multitude des partis uniques, en majorité vampirisateurs de l'État.

La vampirisation de l'État a atteint sa vitesse de croisière au cours de l'année 2002 au palais dit du peuple et à celui dit de la nation, sous les influences des mêmes grandes puissances des années 1885, qui se font nommer désormais « *Communauté internationale* ». À ce stade, les préposés de l'État, avec la contribution des alliés occidentaux, ont fabriqué des institutions-lois : minières, agricoles, des hydrocarbures... à la mesure d'investisseurs étrangers et ce, contre les intérêts vitaux de l'État.

Les mouvements politico-militaires et d'autres regroupements qui auraient été considérés comme criminels dans un État non vampirisé, se sont littéralement partagés le pays, d'abord géographiquement en fonction de leurs capacités de nuisance à l'unité étatique ensuite, politiquement, selon leurs capacités stratégiques réciproques. Les ministères et des hauts postes de l'armée et des entreprises publiques ont été attribués, en dehors de toute règle établie et sans consentement populaire, à des organisations privées : *mouvements armés, mouvements dits citoyens, partis politiques ayant des bases violents, sociétés civiles capables des marches et journées villes-mortes, groupes mystico-religieux, etc.*

Le top degré de la vampirisation de l'État a été donné par le système appelé 1+4 c'est-à-dire, un président (avec ses alliés internes et externes) plus quatre vice-présidents (*chacun avec ses partenaires internes et externes*) qui ont procédé, sans procédures formelles de recrutement, à l'intégration au sein des administrations publiques, de leurs courtisans : militaires, médecins, douaniers, magistrats, enseignants, banquiers, conservateurs des titres immobiliers et agents des cadastres,..., sans formations ni expériences professionnelles nécessaires mais habiles pour identifier et préserver les intérêts des membres de leur camp. Les élections de 2006, de 2011 et de 2018 n'ont été que le reflet de ce difficile ancrage des piliers fondateurs des États normaux. Les jeux d'acteurs en présence et les issues électoraux ont prouvé que l'État est vampirisé en RDC.

6.2. Révisitation de quelques matériaux sur la vampirisation de l'État

Nous avons décrit dans les cinq premiers chapitres comment les nombreuses institutions et un pluralisme d'acteurs officiels et officieux se combattent face aux enjeux fonciers. Ensuite, nous avons examiné la façon dont les préposés de l'État et leurs partenaires internes et externes ainsi que des nombreux usagers des services publics en sont venus à dominer psychologiquement l'État en lui retirant son bien suprême, son espace territorial. Au nom et avec les moyens de l'État, ils détruisent l'État en lui privant de la preuve matérielle de son existence : la terre.

En fait, les préposés de l'État ont concédé des vastes superficies des terres à des particuliers, nationaux et internationaux, incapables de les mettre en valeur, mais aussi, des logements de fonction dont ils se sont abstenus de réclamer la restitution à certains de leurs collègues et/ou clients sans citer toutes les concessions érigées anarchiquement sur le domaine public, sur les domaines des communautés locales, sur les terres des clans, dans des camps militaires, le plus souvent, avec la complicité des préposés de l'État, qui se permettent, de valider les documents fonciers illégaux.

Au sein de chaque famille des normes et d'administrations, se trouvent également des stratifications à établir. À titre illustratif, les différents services publics de l'État agissant, formellement ou informellement, dans les questions foncières, se combattent sur le terrain. Chaque service étatique se bat, autant que possible, pour faire triompher les décisions qu'il a produit. Des Affaires foncières à la Justice, en passant par les fonctionnaires des Mines, des Hydrocarbures, de l'Agriculture, de l'Intérieur, Sécurité et Agence nationale de renseignement, Affaires coutumières et Décentralisation, la guerre semble totale entre les préposés de l'État. Chacun mobilise sa norme formelle et ses nombreuses normes sociales et pratiques sociales aux logiques diverses, sans oublier ses alliés officiels et officieux, formels et informels, visibles et camouflés. Chaque usager s'aligne bien-sûr derrière le service étatique qui a produit le papier foncier qu'il possède.

L'État vampirisé est en crise « d'Hommes d'État ». Les parvenus hommes d'État, dépourvus d'aptitudes et d'attitudes étatiques profitent du pluralisme institutionnel pour manipuler l'État et sa population. L'État victime des gouvernementalités de ses hommes, n'a plus des terres alors que son territoire est de 2.345.409 Km^2 et en majorité inexploité. La plupart des projets d'infrastructure montés s'accompagnent, ou se butent, aux charges d'expropriations des terrains privés. C'est le cas, notamment, de tous les terrains expropriés pour l'agrandissement du boulevard Lumumba, depuis l'aéroport de N'djili jusqu'au centre-ville. L'État éprouve également des difficultés financières, liées aux charges d'expropriation pour cause d'utilité publique, en vue d'agrandir la route By-pass, allant de l'échangeur de Limeté jusqu'à la route de Matadi. En plus, le projet de construction d'une autoroute reliant Maluku au centre-ville, en suivant le lit du fleuve Congo, s'est buté face aux charges d'expropriation des terrains. Plus récemment, en 2018, la Commission électorale nationale indépendante de la RDC s'est retrouvée en difficulté de trouver l'espace pour construire les bureaux de ses différentes antennes dans la ville de Kinshasa.

À titre illustratif, en décembre 2018, l'antenne de la CENI/ Limete a pu construire sa représentation à proximité de la maison communale de Lemba, juste devant le bureau municipal de la Poste. Ce terrain attribué à la CENI par l'autorité municipale de Lemba était pourtant une propriété de la Poste, une autre institution étatique. Le dossier a abouti à un procès devant la Justice. La crise foncière de l'État est telle qu'il n'est plus possible d'engager de grands travaux à Kinshasa, sans un conflit foncier de l'État avec les propriétaires privés ou de l'État contre l'État.

D'un côté, il y a la pression démographique à Kinshasa. De l'autre côté, il y a manque d'espace public pour l'État. Cette crise foncière étatique ne permet pas l'agrandissement des voies routières, ni la construction d'infrastructures de gestion d'immondices, ni les canalisations collectives des eaux usées et de pluies, ni les grandes infrastructures urbaines (stades, marchés, espaces verts…). L'absence des espaces récréatifs le montre très bien. L'État au sens des pouvoirs publics est en crise foncière. L'État, propriétaire formel du sol et du sous-sol, n'a pas, concrètement de terrain alors que, paradoxalement, les particuliers en ont en jachère.

Par ailleurs, plusieurs communautés congolaises sont également en crise foncière dans leurs propres bastions traditionnels. Nous avons trouvé des autochtones qui manquent d'espaces de vie dans leurs propres villages. L'étude de l'accaparement des terres dites des communautés locales par les particuliers a montré que le phénomène de la privatisation des terres des communautés locales à travers les pratiques des fermes privées et leur enregistrement auprès des cadastres étatiques et coutumiers pouvait s'inscrire dans le même schéma de la vampirisation de l'État.

Lorsqu'un membre du clan cherche à enregistrer, en son nom et pour son compte personnel, les terres de son clan, la privatisation des droits coutumiers et leur formalisation par un certificat d'enregistrement, tant prônées par les partenaires au développement, n'ont plus été la solution aux problèmes d'insécurité foncière. Au contraire, cela a été un problème et source des conflits. Une telle pratique n'est consacrée ni par la norme formelle ni par les normes sociales.

Mais, comment l'État et sa population sont-ils arrivés jusqu'à manquer de terrains d'intérêt collectif alors que le personnel étatique contrôle les Affaires foncières et l'Urbanisme depuis la colonisation, alors qu'il détient, en droit, la propriété du sol et du sous-sol de tout le territoire depuis la zaïrianisation et la loi dite Bakajika ? Comment L'État est-il arrivé à être l'oublié, le marginalisé de la politique foncière qu'il chapeaute pourtant lui-même à travers ses représentants. L'on ne peut pas dire qu'il se suicide mais plutôt qu'il est en voie d'être assassiné par ses propres employés.

Ce constat soulève la question de savoir si l'État a démissionné de ses responsabilités de garantir les intérêts collectifs et/ou s'il a été substitué par les initiatives privées. À notre avis, l'État a été vampirisé par un partenariat de fait entre ses propres fonctionnaires et les tiers usagers des services publics.

Il s'agit des préposés de l'État qui fonctionnent à la manière des anti-virus corrompus qui répandent dans le système des pulsions virales. Ces fonctionnaires de l'État sont, en fait, semblables à des gardes-chasses devenus, individuellement et/ou collectivement, eux-mêmes et/ou en partenariat avec les particuliers, des braconniers. C'est cela une des images réelles du phénomène de la vampirisation de l'État.

6.3. La vampirisation. Des acteurs de l'État à l'État des Acteurs

Les « gouvernementalités vampirisatrices » de l'État répondent à des normes du jeu, formelles et informelles et, aux jeux des acteurs sur les normes officielles et officieuses. Tout est stratégique, tout est contextuel, tout est provisoire, tout est dynamique, mouvant, tout à une logique intrinsèque de fonctionnement et rien n'est définitif. Nous avons le sentiment qu'à ce stade de notre travail, à quelques pages de la conclusion de l'ouvrage, nous n'avons pas été poussé jusqu'aux extrémités d'analyses et d'interprétations des faits observés. Quelle autre grille de lecture supplémentaire faut-il mobiliser pour appréhender une telle réalité dans sa complexité, globalité et dynamisme ? L'objet de recherche est fuyant face aux grilles mobilisées. En plus d'approches du commencement : écologie politique, acteurs et le système, normes pratiques…, et de tant d'autres précitées, les travaux de Danièle Kintz[270]peuvent nous donner quelques pistes supplémentaires d'appréhensions de nos matériaux.

« Danièle Kintz, s'est interrogée elle aussi sur ce qu'il faut faire quand on vit non seulement dans un pluralisme normatif, mais également dans un système de normes contradictoires. Que faire quand une règle permet une certaine pratique sociale et qu'une autre règle l'interdit s'est demandée Danièle Kintz ? Comment faire pour jouer à la fois sur l'officiel et l'officieux ? »[271] Comment se comporter lorsqu'on est en face d'un État vampirisé ? En fait, chez Kintz, toute la société connaît la zone d'incertitude et se partage les règles de la zone d'incertitude. Dans le cas qui nous concerne, tout le monde

[270] Kintz, D., « L'amant blessé ou une discussion peule sur le pluralisme juridique », *Politique Africaine* n° 40, 1990, pp. 42-50. Cité aussi par Sylvie Ayimpam et Michel Bisa, « Circulation de l'argent et téléphone mobile en situation de contrainte carcérale », in Mirjam de Bruijin, Djimet Seli, Jonna Both, *se connecter en temps de contraintes*, Berlin, De Gruyter Mouton (à paraitre).

[271] *Idem.*

partage la zone d'incertitude dans les transactions foncières. En fait, tout le monde connaît la règle formelle qui régit la terre, identifie les autorités compétentes en matières foncières et qui interdit l'intervention du chef coutumier et d'autres particuliers dans la gestion des terres. Mais tout le monde sait aussi comment transgresser et/ou contourner sans violer ladite règle formelle.

En pratique, tout le monde, y compris les préposés de l'État, connaissent à la fois les règles officielles et les règles officieuses et tout le monde, y compris les membres du pouvoir exécutif, judiciaire et législatif s'aménagent un espace, mieux un territoire, dans lequel ils s'autorisent, pour des raisons stratégiques, à recourir à la fois aux règles officielles, aux règles officieuses et à des pratiques sociales combinant l'officiel et l'officieux. C'est ainsi qu'un ministre[272] tout en affirmant officiellement que la « *seule sécurité foncière réside dans le certificat d'enregistrement produit par les conservateurs des titres immobiliers et que les chefs coutumiers sont la cause principale de l'anarchie en matière de gestion des terres* » a dû faire des mêmes chefs coutumiers « anarchistes » ses partenaires dans la gestion des conflits fonciers. La stratégie des acteurs à une logique paradoxale.

Par ailleurs, la plupart d'autorités formelles, censées garantir le bon fonctionnement des institutions officielles du pays, ont dus acheter les terres abritant leurs fermes auprès des chefs coutumiers avant d'aller validés les transactions par après, dans les mécanismes des institutions formelles.

6.4. Vampirisation : des normes du jeu au jeu sur les normes

Notre essai de conceptualisation du phénomène de la vampirisation de l'État, ne rentre pas dans la classe du théoricisme. Le terro-

---

[272] Ancien ministre des Affaires foncières, discours précité du fleuve Congo hôtel, 2013.

risme de l'explication *a priori* est exclu des grilles actancielles. Les constructions analytiques que nous venons de développer ne sont que la présentation *a postériori*, des démarches inductives, actancielles basées sur l'observation empirique, participante et sur les enquêtes de terrain largement développées tout au long de cet ouvrage.

Il se dégage de nos observations que les préposés de l'État ont concédé à des particuliers des vastes superficies urbaines et rurales, même des zones frontalières et des espaces géo stratégiquement vitaux pour l'État, sans citer les terres dites des communautés locales. Ces particuliers, proches et clients des tenants de l'effectivité du pouvoir étatique, sont incapables de mettre en valeur ces vastes étendues accaparées. L'État vampirisé a été mis au service de ses fonctionnaires au lieu du contraire ; c'est un État renversé.

Par ces mécanismes d'actions, inactions, omissions, immixtions et mixages institutionnels, ces fonctionnaires de l'État se comportent à la manière des vampires au sens du dictionnaire Larousse, c'est-à-dire, mort qui ; selon certaines croyances populaires, sort de son tombeau pour aller aspirer le sang des vivants. Vampiriser l'État, c'est le dominer psychologiquement en lui retirant sa volonté et sa force vitale, son bien suprême, son espace territorial et ses intérêts vitaux. En fait, le territoire est la base physique essentielle de l'État et c'est lui qui, d'une certaine manière, en fait la qualité. Il est même, à notre avis, l'élément le plus important de tous les éléments constitutifs de l'État.

Dans leurs jeux sur les règles, les acteurs ont pris la place vitale dans la vie/survie et/ou mort de l'État. Les normes mises en place pour réglementer les jeux sont devenues, elles-mêmes, les jouets des acteurs. On part donc des normes du jeu pour aboutir au jeu sur les normes.

Conclusion

L'ensemble des six chapitres de cet ouvrage porte le titre suivant : « Gouvernance foncière en RDC. Du pluralisme institutionnel à la vampirisation de l'État ». Ces six chapitres ont souligné la pluralité, la complexité et la diversité des réalités institutionnelles qui fondent les gouvernementalités d'acteurs face aux enjeux fonciers.

En décrivant le phénomène de la vampirisation de l'État comme une pathologie institutionnelle inoculée dans le système étatique par les acteurs qui agissent au nom de l'État mais contre les intérêts vitaux de l'État, mon stylo tremble de peur d'être mal compris. Ma plus grande crainte se justifie par une triple contrainte : d'abord, mon appartenance à la RDC, État vampirisé et de Directeur d'un cabinet politique dans un contexte macro politique caractérisé par les diverses formes de clientélismes qui se déclenchent en termes d'absence de critique et d'autopsie du régime politique pour quiconque souhaite émerger socialement et professionnellement. Étudier un microcosme géopolitique, lorsque l'on y est soi-même immergé en tant que Chercheur et Acteur est porteur des difficultés et des risques de malentendus[273].

Dans notre Laboratoire[274], Emmanuel Ramazani Shadari[275] et Célestin Musao Kalombo[276] s'étaient, eux aussi, butés au même problème avant que le dernier cité ne s'interroge : « *comment tra-*

---

[273] Bourdieu, P., *Hommo académicus*, Paris, Minuit, 1984, p. 12.

[274] Il s'agit de l'Observatoire de la Gouvernance, un Laboratoire de recherches et d'enseignements en sciences sociales, Université de Kinshasa.

[275] Ramazani shadari, E., *op. cit.*

[276] Musao Kalombo, C., « Comprendre la féminisation de la police nationale congolaise à travers l'analyse stratégique », *in* Terrain et exigences méthodologiques, *op. cit.*, p. 137.

vailler sur une institution à laquelle on appartient sans subir une triple accusation, celle de trahison par rapport aux collègues de profession qui s'interrogeraient sur les motivations réelles de cette recherche, celle de paresse intellectuelle par les membres de notre communauté scientifique qui trouveraient dans l'étude de notre propre groupe professionnel d'appartenance une quête de facilité et, enfin, celle de partialité en étant juge et partie. D'autre part, comment réaliser une recherche doctorale qui donne accès au titre très envié de Professeur d'université et susceptible de conforter notre statut social sans susciter la jalousie de quelques compagnons ? Il n'est pas toujours évident, pour le chercheur, de naviguer entre des postures de sujet observant et de sujet observé. La plupart du temps, lorsqu'on se hisse dans les hauteurs épistémologiques, « *l'observateur s'observe en train d'observer : l'exercice est difficile, certes, mais la position de chercheur embarqué offre l'avantage de pouvoir observer ce qui peut difficilement être vu par d'autres chercheurs* non embarqués »[277].

Ensuite, mon orientation scientifique, politiste, qui conditionne l'approche adoptée à ce niveau et, enfin, tout au long de la compilation des données, de transcription des entretiens et *focus groups* réalisés jusqu'au moment de l'écriture du texte, l'image de mes collègues enseignants-chercheurs et de mes enquêtés n'a cessé de traverser mon esprit en essayant d'anticiper la rencontre de telle ou telle autre critique.

Nous n'avons nullement l'intention de réaliser la fameuse rupture épistémologique, plus facile à décréter qu'à matérialiser. Mais, nous positionner objectivement vis-à-vis de ces soupçons était devenu un enjeu majeur de notre recherche aussi bien sur terrain qu'en laboratoire. La prise de conscience de ces enjeux méthodologiques, épistémologiques et ontologiques nous a pris du temps, plus d'une année mais nous a aussi servi de garde-fou et nous a

---

[277] Marion, F., et Lavigne-Delville, P., (dir.), *op. cit.* p. 362.

permis de transformer nos difficultés en opportunités et les opportunités en richesses.

L'intervention d'une pluralité d'acteurs publics et privés, officiels et officieux ainsi qu'une pluralité de leurs logiques et modes d'action dans la gouvernance foncière alimente le pluralisme institutionnel, normatif et administratif, au lieu de le réduire. Ce pluralisme institutionnel, alors qu'il est conçu comme mécanisme de gouvernance publique des terres et des ressources génère une gouvernementalité de la suprématie d'intérêts privés sur les intérêts collectifs, des fonctionnaires de l'État et leurs complices sur les intérêts étatiques et aboutit à la vampirisation de l'État.

L'arrivée de notre ouvrage dans la mosaïque des travaux scientifiques portant sur la gouvernance publique et des comportements d'acteurs vis-à-vis des ressources naturelles, va contribuer à l'enrichissement du dispositif de compréhension et d'explication du phénomène étatique et de celui du pluralisme institutionnel. À l'issue de ce travail, on constate qu'un effort de recherche, tant théorique que pratique, reste nécessaire pour disposer d'une approche exhaustive de description, d'interprétation, de compréhension et d'explication des mécanismes mis en place par les acteurs et qui complexifient la gouvernance publique. Deux grandes pistes des recherches demeurent, à notre avis, primordiales : 1. Nous avons un lien insuffisant entre gouvernance foncière, politiques environnementales et attributions des grandes superficies des terres (Parc Agro-industriel), 2. La question de l'interdépendance entre gouvernance foncière, intelligence sociale et administration fiscale demeure également vierge. Peu sont les études qui ont exploité ces pistes de recherche et nous souhaitons qu'une étude s'en occupe.

Pour répondre à la dernière question, faut-il abandonner le pluralisme institutionnel parce qu'il contribue à la vampirisation de l'État ? Avec le phénomène de la vampirisation, allons-nous vers la disparition de l'État-Nation ? Non, en dépit ou même à cause de sa vampirisation, l'État va subsister. Le secret de l'antidote à l'intoxication étatique par les gouvernementalités réside dans la promotion aux affaires étatiques des hommes dotés d'intelligence (aptitude), de la volonté du travail de développement collectif et global et de l'amour (attitudes éthiques et déontologiques) de la communauté et des semblables. Le résultat majeur de ce travail est d'avoir aidé à comprendre que l'intelligence ne suffit pas. Il existe d'autres puissances complémentaires à l'intelligence dont, notamment, l'Amour et l'Éthique.

Bibliographie

Ouvrage et articles des revues

- ALTER, N., « Régulation sociale et déficit de régulation », *in* Gilbert de Terssac, *La théorie de la régulation sociale de Jean-Daniel Reynaud,* Paris, La Découverte, 2003.
- ANTON, G.-K., *Le régime foncier aux colonies*, rapport présenté à l'institut colonial international, seconde édition publiée sous les auspices de l'institut colonial international, Bruxelles et consorts, 1904.
- AYIMPAM, S., (dir.), *Aux marges des règles et des lois. Régulation informelle et normes pratiques en Afrique*, Louvain-la-Neuve, Academia, 2019.
- AYIMPAM, S., *Économie de la débrouille à Kinshasa. Informalité, commerce et réseaux sociaux*, Paris, Karthala, 2014.
- AYIMPAM, S., et BISA KIBUL, M., « Circulation de l'argent et téléphone mobile en situation de contrainte carcérale », *in* Mirjam de Bruijin, Djimet Seli, Jonna Both, *se connecter en temps de contraintes*, Berlin, De Gruyter Mouton, 2019, (à paraitre).
- AYIMPAM, S., et BISA KIBUL, M., « Une gouvernance informelle en prison : entre normes pratiques et normes officielles », *in La prison dans le monde : nouvelles perspectives*, dossier spécial 2019, revue socio, (à paraitre).
- AYIMPAM, S., LAVIGNE DELVILLE, P., et MONGBO, R., « L'action publique en Afrique, entre normes pratiques, dynamiques politiques et influences externes », in *Revue Anthropologie et développement*, n° 48-48/2018.
- AYIMPAM, S., *Régulation, violence, incertitude, approche anthropologique et politique des sociétés africaines*, www.openédition.org, 2019.
- BADIE, B., *L'État importé : essai sur l'occidentalisation de l'ordre politique*, Paris, Fayard, 1992.
- BAGAMBIKI, M., *La morphologie urbaine de Bukavu*, Mémoire, Département de Géographie, ISP/Bukavu, 1973.

- BARBER, C., *L'Afrique subsaharienne. De la crise à une croissance durable*, Washington. D.C. Banque mondiale, 1989.

- BARRIÈRE, O., « Du droit à l'environnement : le foncier environnement », in *promouvoir la recherche et la formation sur le foncier pour le développement durable au Sahel*, Actes du colloque international sur le foncier au Sahel, St Louis du Sénégal, PADLOS, 2015.

- BAYART, J.-F., *L'État en Afrique, la politique du ventre*, Paris, Fayard, 1989.

- BAYART, J.-F., *L'illusion identitaire*, Paris, Fayard, 1996.

- BERNOUX, P., *Sociologie du changement dans les entreprises et les institutions*, Paris, Seuil, 2004.

- BISA KIBUL, M., « Inculturation de la gouvernance foncière. Ultime recours vers le développement durable de la RDC », *in Usawa*, n° 22, Kinshasa, juin 2016.

- BISA KIBUL, M., *Du pluralisme normatif et administratif à la mauvaise gouvernance publique. La question de la gouvernance foncière*, Thèse de Doctorat en Sciences Politiques et Administratives, Université de Kinshasa, juillet 2017.

- BISA KIBUL, M., et AYIMPAM, S., « Justice et informel en milieu carcéral. L'usage du téléphone mobile en situation de contrainte », in, *Compétition d'autorités publiques : insécurité et provision de la justice dans les milieux urbains et péri-urbain en RDC*, 1re conférence annuelle du Réseau des Chercheurs congolais (ResCongo), Kinshasa, Centre culturel Boboto, 27-28 septembre 2018.

- BISA KIBUL, M., et AYIMPAM, S., « Un contexte de contrainte par excellence ? La mobilité de l'argent et la communication en situation carcérale à Kinshasa », *in se connecter en Temps de contraintes*, Université de Leiden et Crash, N'Djamena, CEFOD, 2017.

- BISA KIBUL, M., et KAPINGA KAYEMBE, N., « La Géopolitique du et d'autour du Parc agro-industriel de Bukanga-Lonzo au Congo-Kinshasa », *in Usawa*, nouvelle série, Kinshasa, juin, 2019.

- BISA KIBUL, M., et KAPINGA KAYEMBE, N., « Parc agro-industriel de Bukanga Lonzo. Une étrange gouvernementalité ou la volonté de faillir ? » in la *Géographie Politique par les méthodes qualitatives. Essai de la co-construction-académies-cités des recherches ancrées dans la réalité empirique*, (dir.) Musao Kalombo et Bisa Kibul, actes des

Journées scientifiques de l'Observatoire de la Gouvernance, Kinshasa, du 18 au 20 mars 2019 (à paraitre).

- BISA KIBUL, M., et KAYEMBE LUBADI, F., « Gouvernance foncière et des Ressources écologiques. Pistes alternatives pour la compréhension des mécanismes de la gouvernance publique », *in Usawa*, n° 26, Kinshasa, février, 2017.
- BISA KIBUL, M., et TOKO TOMENYA, B., « Accaparement des terres au Congo-Kinshasa : texte 1. Bulungu-Kwilu ». *in usawa*, n° 34, Kinshasa, mai, 2018.
- BISA KIBUL, M., *Gouvernance foncière et pratiques sociales à Kinshasa. Acteurs, Pouvoirs et Stratégies*. Mémoire de Diplôme d'études supérieures en Sciences politiques et administratives, UNIKIN, 2014.
- BISA KIBUL, M., KOBONGO OKITO, B., et LONGANDJO OBONGA, A., « Inculturation de la décentralisation et efficience de la gouvernance publique », *in Usawa*, n° 22, Kinshasa, janvier, 2016.
- BLANC, C., et QUINTY-BOURGEOIS, L., « Le territoire est bien le ciment d'une construction identitaire », *in Bonnemaison*, Cambrezy, Paris, l'Harmattan, 1999.
- BONNEMAISON, J., *L'homme et la terre*, Paris, PUF, 1981.
- BOUDERBALA *et alli., Tendances d'évolution des législations agro foncières en Afrique francophone*, Rome, FAO, 1996.
- BOURDIEU, P., *Hommo académicus*, Paris, Minuit, 1984.
- CALLON, M., LACOUMES, P., BARTHE, Y., *Agir dans un monde incertain*, Paris, Seuil, 2001.
- CARBONIER, J., *Sociologie juridique*, Paris, PUF, 2e éd., 2004.
- CARRIER, H., *Lexique de la culture pour l'analyse culturelle et l'inculturation*, Paris, Desclée, 1992.
- CHASSOT, L., « *Ê*tre et mal être du droit foncier Vanuatu », *in Cahier d'anthropologie du droit*, Paris, 2008.
- COMBY, J., « La formation de la valeur sur les six marchés fonciers », in *Études foncières,* n° 101, Montpellier, janvier 2003.
- COTE, M., « Vers une écologie politique de la question de la terre au Sahel », *in* Rodary, E., (dir.). *Les Écologies politiques aujourd'hui. Afrique*, Paris, Presse des sciences Pô, n° 42, 2011.

- CROZIER, M., Et FRIEDBERG, E., *L'acteur et le système*, Paris, Seuil, 1977.
- DE HERDT, T., OLIVIER DE SARDAN, J.-P., *Real Governance and practical norms in Sub-Saharan Africa. The game of the rules,* London, Routledge, 2015.
- DE MAXIMY, R., « Tous les chemins ne mènent pas à Tombouctou », *in* Coquery-Vidrovich C., *Processus d'urbanisation en Afrique noire*, Paris, Karthala, 1988.
- DE MAXIMY, R., *Kinshasa, ville en suspens. Approche sociopolitique,* Paris, Orstom, 1984.
- ERHARD, F., *L'analyse sociologique des organisations*, Paris, L'Harmattan, 1988.
- ERHARD, F., *Le pouvoir et la règle*, Paris, Seuil, 1993.
- GAUDIN, J.-P., *Pourquoi la gouvernance ?*, Paris, Presses des Sciences politiques, la bibliothèque du citoyen, 2002.
- GONEDEC, P.-F., *Les systèmes politiques Africains*, troisième édition, les nouvelles démocraties, Paris, Librairie générale de droit et de jurisprudence (LGDJ), 1997.
- GUERINGER, A., « Systèmes fonciers locaux : une approche de la question foncière à partir d'études de cas en moyenne montagne française », *Géo carrefour* (en ligne), vol. 83/4/2008.
- HERRERA, A., et Da PASSANO, M.-G., *Gestion alternative des conflits fonciers*, Rome, éditions du FAO, 2007.
- HOUNET, Y.-B., « La tribu comme champ social semi-autonome », in *L'Homme*, 2010/2, n° 194, 2010.
- INGE WAGEMAKERS *et alli*, « Lutte foncière dans la ville : Gouvernance de la terre agricole urbaine à Kinshasa », *in Afrique des Grands Lacs,* annuaires, 2009-2010.
- JARROSSON, C., « Les modes alternatifs de règlement des conflits. Présentation générale », *in revue internationale de droit comparé*, vol. 49, n° 2, avril-juin 1997.
- KABANDA MATANDA, B., *Les exonérations fiscales des investissements en RDC*, Kinshasa, L'Harmattan, 2016.
- KALAMBAY, G., *Le droit foncier zaïrois et son unification,* thèse de doctorat, Faculté de Droit, Louvain-la-Neuve, 1973.

- KALAMBAY, G., *Régime foncier et immobilier,* Kinshasa, PUZ, 1989.
- KASONGO MUNGONGO, E., *La gouvernance des entités territoriales décentralisées en RDC. Enjeux et défis*, Paris, L'Harmattan, 2019.
- KAYEMBE LUBADI, F., *Place de la coopération dans le processus de développement de la RDC : essai d'analyse comparative entre les coopérations RDC-Partenaires traditionnels et Sino-congolais*, mémoires de DEA-UNIKIN, 2018.
- KIFUABALA, T., *Droit civil. Les droits réels fonciers*, Louvain, PUL, 2005.
- KINTZ, D., « L'amant blessé ou une discussion peule sur le pluralisme juridique », in *Politique africaine,* n° 40, 1990.
- KOUASSIGAN, G.-A., « L'homme et la terre », Berget-Livrault, in *série l'homme d'Outre-Mer*, Marseille, Orstom, 1966.
- KOUASSIGAN, G.-A., « Propriété foncière et développement. Tendances générales et options négro-africaines », *in* Benoist J.-P., Gurtner P. *et alli*, *Le village piégé*, 1966.
- LAVIGNE DELVILLE, P. (dir.). *Quelles politiques foncières pour l'Afrique rurale ? Réconcilier pratiques, légitimité et légalité*, Paris, Karthala, 1998.
- LAZAREV, G., *Vers un écodéveloppement participatif, leçons et synthèse d'une étude thématique,* PNUD/FENU, Paris, L'Harmattan, coll. « Bibliothèque du développement », 2016.
- LE MEUR, P.-Y., É., et Mathieu P. (dir.), *Le système foncier et ses contours,* Paris, Latouche, 1991.
- LE ROY, É., KARSENTY, A., et BERTRAND, A., *La sécurisation foncière en Afrique. Pour une gestion viable des ressources renouvelables,* Paris, Karthala, 1996.
- Le ROY, É., *Le jeu des lois, une anthropologie dynamique du droit*, Paris, LDGJ, Série anthropologie n° 28, 1999.
- LE ROY, É., *Les Africains et l'institution de la justice : Entre mimétismes et métissages,* Paris, Dalloz, 2004.
- LELO NZUZI, F., « Croissance urbaine et recul de la ceinture verte maraîchère à Kinshasa », in *Congo-Afrique,* n° 438, Kinshasa, 2009.
- LOBHO LWA DJUGUDJUGU, J.-P., « La stratégie foncière et la politique agricole au Zaïre avant l'indépendance », in Lapika Dimomfu

(dir.), *Problèmes fonciers et politiques agricoles en Afrique centrale*, Actes de la rencontre internationale des sociologues et anthropologues de l'Afrique centrale, CERDAS, Kinshasa 27-29 janvier 1988.

- LOTOY ILANGO-BANGA, J.-P., *Décentralisation chaotique en République Démocratique du Congo*, Paris, L'Harmattan, 2018.
- LOTOY ILANGO-BANGA, J.-P., *Partenariat entre les multinationales et l'État*. L'exemple de la RDC, Paris, L'Harmattan, 2012.
- LUSAMBA, M., « Portrait des quartiers populaires à Kinshasa (RDC). Un territoire, une identité », *in PED3-Institut d'études du développement (UCL),* vol. 1348, Louvain-la-Neuve, Belgique, 2005.
- MALENGREAU, G., SOHIER, A., *Traiter élémentaire de Droit coutumier du Congo belge*, Bruxelles, Larcier, 1954.
- MAMBI TUNGA-BAU, H., *Pouvoir traditionnel et pouvoir de l'État en esquisse d'une théorie d'hybridation des pouvoirs politiques*, Kinshasa, Médiaspaul, 2010.
- MARION, F., et Lavigne-Delville, P., (dir.). *Au cœur des mondes de l'aide internationale. Regards et postures ethnographiques*, Paris, Karthala, 2018.
- MASHINI, J.-C., *Géographie et territorialité en RD. Congo. Réflexions sur une discipline en mutation*, Louvain-la-Neuve, Academia, 2017.
- MATATA PONYO, A., *Pour un Congo émergent, entretien avec Kibambi Shintwa*, Paris, Privé, 2016.
- MBEMBA MULOPO, M., « Nouveau Régime foncier Zaïrois et l'expropriation pour cause d'utilité publique », *in Annales de la Faculté de Droit,* UNIKIN, 1974.
- MICHON, G., « Du discours global aux pratiques locales, ou comment les conventions sur l'environnement affectent la gestion de la forêt tropicale ? » *in* Martin Jean-Yves et Leroy Guillaume, Développement durable, Doctrines, pratiques, évaluations, Paris, *IRED*, 2016.
- MOORE, S.-F., *Law and social change: semi-autonomous Social Field as an Appropriate Subject of study,* Cambridge, Law and society, 1972.
- MOORE, S.-F., *Law as process: An Anthropological Approach,* Berlin, Lit/James Currey, 2000.
- MPIANA TSHITENGE, J.-P., *L'Université de Kinshasa à l'ère du partenariat éducatif*, Louvain-la-Neuve, Academia, 2017.

- MUAMBA MUMBUNDA, P., et MAMBI TUNGA-BAU, H., (dir), *Terrain et exigences méthodologiques, du choix d'un sujet de recherche aux résultats escomptés, un parcours indéfini*, Paris, L'Harmattan, 2016.
- MUGANGU MATABARO, S., « La crise foncière à l'Est de la RDC », in *L'Afrique des Grands Lacs, Annuaire 2007-2008*, Paris, L'Harmattan, 2008.
- MUGANGU MATABARO, S., *La gestion foncière rurale au Zaïre. Régimes juridiques et pratiques foncières locales. Cas du Bushi*, Thèse, UCL, Bruxelles, Bruylant, 1997.
- MUKOKA NSENDA, F., *Sociologie des organisations. Relecture des auteurs et déchiffrement des pistes alternatives de recherche*, Kinshasa-Montréal-Washington, ICREDES, 2014.
- MUSAO KALOMBO MBUYU, C., (dir.) *Abécédaire de l'État de la Nation 50 ans après. Diagnostic multisectoriel, vision et stratégies du développement durable en RDC*, Kinshasa, Médiaspaul, 2010.
- MUTAMBA M., *L'histoire du Zaïre par les textes, Tomes 2 : 1885-1955*, Kinshasa, EDIDEPS, 1987.
- NDAYWEL-è-NZIEME, I., *Histoire générale du Congo de l'héritage à la République Démocratique du Congo*, Paris-Bruxelles, Afrique, 1998.
- NYENYEZI BISOKA, A., ANSOMS, A., « Droit et conflits fonciers à Bukavu : vers une anthropologie de mécanismes juridictionnels de résolution des conflits », *in* Marysse, S., Omasombo, J., *Conjonctures congolaises*, Paris, L'Harmattan, coll. « Cahiers Africains », 2015.
- NYENYEZI BISOKA, A., et MUSHAGALUSA MUDINGA, E., *Accès à la terre des subalternes. Institutionnalisation des inégalités et violence de l'État en Afrique des Grands Lacs*, Bukavu, s.éd., 2014.
- NYENYEZI BISOKA, A., KARUBARA, D., ANSOMS, A., « Dynamique de conflits fonciers et processus de réforme foncière en RDC : repenser l'insécurité foncière à partir de l'approche de la "political ecology" », *in* Marysse, S., Omasombo, J., *Conjonctures congolaises. Percée sécuritaire, flottements politiques et essor économiques*, Paris, L'Harmattan, coll. « Cahiers Africains », 2013.
- OLIVIER DE SARDAN, J.-P., « À la recherche des normes pratiques de la gouvernance réelle en Afrique », *Discussion Paper*, n° 5, London, DFID, 2008.

- OLIVIER DE SARDAN, J.-P., « Practical norms : informal regulations within public bureaucracies in Africa (and beyond) », *in* Tom De Herdt and Jean-Pierre Olivier de Sardan, *Real Governance and practical norms in Sub-Saharan Africa. The game of the rules,* London, Routledge, 2013.
- OTIS, G., (dir.), *Méthodologie du pluralisme juridique*, Paris, Karthala, 2012.
- OUATTARA, F., « Une étrange familiarité. Les exigences de l'anthropologie chez soi », in *Cahiers d'études africaines* (en ligne), mis en ligne le 30 septembre 2007, consulté le 23 avril 2018. URL : http://journals.openedition.org/etudesafricaines/4765.
- PAQUET, G., *La gouvernance en tant que précautions auxiliaires*, Ottawa, Presses de l'Université d'Ottawa, 2000.
- PERRENAUD, P., *Enseigner, agir dans l'urgence, décider dans l'incertitude. Savoirs et compétences dans un métier complexe*. Paris, ESF, 1996.
- QUIVY, R., et VAN CAMPENHOUDT, L., *Manuel de recherches en Sciences Sociales*, (deuxième édition), Paris, Dunod, 2005.
- RAMAZANI SHADARI, E., *Les institutions provinciales face aux défis du développement de la RDC*, Kinshasa, L'Harmattan, 2018.
- REYNAUD, J.-D., *La règle du jeu : l'action collective et la régulation sociale*, Paris, Armand Colin, 1997.
- ROULAND, N., « De la légalité à la légitimité foncière : pistes pour une meilleure protection de l'environnement », in *cahier d'anthropologie du droit*, vol. 1, Paris, 2015.
- SERDJARI, A., (dir.), *Administration, gouvernance et décision publique*, Paris, L'Harmattan, 2015.
- SERRES, M., *Le mal propre, Polluer pour s'approprier ?* Paris, Le Pommier, 2008.
- SOURNIA, G., (dir.), *Les aires protégées d'Afrique francophone*, Paris, publication de l'Agence de la Francophonie, juin 1998.
- THIRION, J., *Métabolisme spatial : vers la formation de non-lieux*, Master en Gestion de l'Environnement, Bruxelles, Wallonie, 2007.
- VANGRO ENWEGBE, D., *Du sang sur les lianes. Léopold II et son Congo*, collection Grands Documents, Bruxelles, Didier Hatier, 1986.

- VERDIER, R., « L'ancien droit et le nouveau droit foncier de l'Afrique noire » in *Le droit de la terre en Afrique* (au sud du Sahara), Paris, UNESCO, 1971.
- VERHAEGEN, B., « Principes et pratiques de l'histoire immédiate en Afrique », *in Le Zaïre à l'épreuve de l'histoire immédiate*, sous la direction d'Omasombo T., Paris, Karthala, 1993.
- VINCENT RENAR, D., « Marchés fonciers », *in Dictionnaire de l'urbanisme et de l'aménagement*, sous dir. Pierre Merlinet, F., Paris, PUF, 2005.
- WORMS, J.-P., « Mais si, on peut changer la société par décret ! », in F. Pavé, *L'analyse stratégique autour de Michel Crozier. Sa genèse, ses applications et ses problèmes actuels.* Paris, Seuil, 1995.

Quelques textes légaux sur la gestion des terres en RDC

- Acte général de la conférence de Berlin du 26 février 1885.
- Ancien Livre II du Code civil.
- Arrêt de la CSJ, sous RC 1615 du 14 avril 1994.
- Arrêté ministériel du 25 mai 2015 portant création de dix-sept circonscriptions foncières créées dans la ville de Kinshasa.
- Arrêté Ministériel n° 25/cab/vpm/minintersecdat/0160/ 2011 du 28 octobre 2011.
- Charte coloniale (loi) du 18 octobre 1908.
- Constitution du 18 février 2006 telle que révisée par la loi n° 11/002 du 20 janvier 2011.
- Constitution du 18 février 2006.
- Déclaration relative à la liberté du commerce dans le bassin du Congo, ses embouchures et dispositions connexes.
- Décret-loi n° 81 du 2 juillet 1998 relatif à l'organisation territoriale et administrative de la République Démocratique du Congo.
- Décret du 20 juillet 1907 sur l'emphytéose et l'usufruit.
- Décret du 20 juin 1960 sur le mesurage et bornage des terres.
- Décret du 31 mars 1934 sur l'administration de la Colonie.

- Décret n° 038/2003 du 26 mars 2003 portant règlement minier.
- Décret n° 14/15 du Premier ministre, Kinshasa, le 2 août 2014.
- Décret-loi n° 018/2001 du 28 septembre 2001.
- Journal Officiel de la RDC, Code foncier, n° spécial, 5 avril 2006.
- Journal officiel de la RDC, numéro spécial, portant principes fondamentaux du secteur agricole, promulgué le 24 décembre 2012.
- Journal officiel numéro spécial du 15 juillet 2002, loi n° 007/2002 du 11 juillet 2002 portant Code minier.
- Loi du 20 juillet 1973 portant régime général des biens, régime foncier et immobilier et régime des sûretés.
- Loi n° 77/028 du 29 novembre 1977 portant organisation des zones et des sous-régions urbaines.
- Loi n° 77/028 du 19 novembre 1977 telle que modifiée par l'ordonnance-loi n° 87-006 du 25 février 1982 portant, organisation territoriale, publique et administrative de la République du Zaïre.
- Loi n° 78/008 bis du 20 janvier 1978 fixant le statut de la ville de Kinshasa.
- Loi n° 78/009 du 20 janvier 1978 portant sur organisation territoriale administrative de la République.
- Loi n° 80/008 du 18 juillet 1980.
- Loi n° 95/005 du 20 décembre 1995 portant sur la décentralisation territoriale politique et administrative de la République du Zaïre pendant la transition.
- Loi organique n° 08/015 du 31 juillet 2008 portant sur les principes fondamentaux de libre administrative des provinces.
- Loi organique n° 08/016 du 7 octobre 2008, portant composition, organisation et fonctionnement des entités territoriales décentralisées et leurs rapports avec l'État et les provinces.
- Ordonnance-loi n° 66/343 du 7 juin 1966, communément appelé loi Bakajika.
- Ordonnance-loi n° 69-041 du 22 août 1969 relative à la conservation de la nature.
- Ordonnance n° 08/074 du 24 décembre 2008 fixant les attributions des ministères.

- Ordonnance n° 74/148 portant mesures d'exécution de la loi foncière.
- Ordonnances-lois n° 82-006 et 008 du 25 février 1982, portant sur l'organisation territoriale politique et administrative de la République et sur le statut de la ville de Kinshasa.

Postface

Le pluralisme institutionnel induit inévitablement une fragmentation de l'action de l'État, l'évasion des recettes et l'anéantissement latente du champ de la gouvernance foncière. L'État, comme espace social, devient un champ perturbé, une écologie réfractaire. L'on est ainsi dans un théâtre où l'on célèbre l'impuissance de la puissance publique. L'État, comme acteur social, trouve refuge dans l'indolence et la prédation, parce que, comme on dit chez nous, « *esanga ekoti mobulu, eboti pitopale ; moto na moto abongama po abonga* » (chacun pour soi, Dieu pour tous !). Les acteurs sociaux, formels et/ou informels, sont mêlés dans un consensus parricide qui foule au pied l'intérêt général. Voilà le message que nous apporte ce précieux ouvrage de Bisa Kibul Michel qui offre l'une des meilleures pédagogies expérientielles de la transmutation réussie d'une thèse de doctorat.

La gouvernance foncière en RDC est un exemple patent qui offre l'une des meilleures illustrations du paradoxe, *non pas d'une incertitude qui procéderait de l'accroissement de l'historicité des sociétés modernes*[278], mais des politiques publiques congolaises qui s'engouffrent dans le malaise ou la médiocrité. D'où la vampirisation de l'État dans l'hôtel de la subjugation de l'intérêt général. « Comment y remédier ? » devient une préoccupation on ne peut plus préoccupante.

En effet, Gouvernance foncière en RDC. Du pluralisme institutionnel à la vampirisation de l'État de Bisa Kibul Michel s'inscrit dans la généalogie épistémologique de l'inculturation du développement que je prône en matière des politiques publiques depuis

---

[278] Muller, P., *Les politiques publiques*, Paris, PUF, 1990, pp. 12-14.

2010 et pour laquelle, ou grâce à laquelle, j'ai initié un Laboratoire d'écologie politique dont l'auteur est Membre. Deux paradigmes en émergence servent de creuset à toutes les recherches requérant l'implication de ce Laboratoire. Il s'agit de l'inculturation du développement et de l'éducation prénatale naturelle. Le présent ouvrage est donc le produit d'un engagement intellectuel sans faille ayant bénéficié d'un coaching scientifique rigoureux qui a réussi d'étouffer ou d'éloigner des fatras d'idées ou de puzzles que l'on rencontre souvent dans les méandres de l'université congolaise. Excellent élève, l'auteur a fait montre d'une ambition à la dimension de son talent et su se mettre sur les épaules du maître pour voir loin ou mieux.

Pour cette expo de la matière à un public qui se recrute de partout, je dois dire, à son attention (de ce public), que *les abords d'une recherche ne sont pas toujours d'un abord facile* au regard des fausses évidences qui jonchent le terrain d'une recherche en sciences sociales[279]. C'est pourquoi, en ma qualité de co-promoteur de sa thèse, j'ai eu souvent à accompagner l'auteur dans la reprise du chemin parcouru, l'itération aidant, pour finir par nous replonger, tous les deux, dans une perspective actancielle, déclinaison du paradigme de l'action, pour mieux saisir les enjeux qui entourent la gouvernance foncière et les jeux auxquels se livrent les acteurs, notamment la duplicité dont ils se servent dans leurs choix optionnels pour en tirer leur épingle. En effet, les pratiques sociales dans le domaine de la gouvernance foncière en RDC sont le reflet d'une difficile inculturation des standards reconnus de la bureaucratie.

Le pluralisme institutionnel se présente ici comme une pathologie de la multirationnalité qui s'éloigne d'une convergence parallèle et procède, si vous voulez, des conflits permanent opposant l'individu à la communauté, les intérêts particuliers à l'intérêt général, la famille à l'État, et qui demeure la racine pivotante de la

---

279 Lotoy Ilango-Banga, J.-P., *Dialogue et démocratisation en RDC*, Kinshasa, Laecopol, 2017, pp. 7-8.

perversion des réformes administratives au Congo. D'une manière générale, la mauvaise gouvernance, qui s'en suit, est presque voulue et entretenue. Les préposés de l'État agissent comme des braconniers commis éco-gardes ou se comportent à la manière d'un anti-virus corrompu s'attaquant à tout le système immunitaire et répandant des « pulsions » cancérigènes dans tout le corps à bien des égards, le système administratif patauge ou nage dans ce dédale pathologique.

Nous devrions nous rassurer du chemin emprunté et de la manière de prendre en charge, sur le plan épistémologique, cette réalité empirique et de l'expliquer. L'analyse stratégique, dont s'est servi l'auteur, soutenue par des outils de production des données adaptés au contexte et triangulés, offre à cet ouvrage toute sa pertinence et sa validité scientifique. Plein d'humilité, d'abnégation et de curiosité, le désormais Professeur Bisa Kibul Michel a réussi à procéder à l'inculturation des savoirs universels et des pratiques endogènes du progrès, pour proposer une gouvernance foncière performante. Il a prouvé son aptitude scientifique et son assiduité dans l'auto appropriation des directives, orientations et observations reçues. La démonstration ciselée dans ce volume le prouve. La quintessence substantielle de sa thèse présentée ici l'atteste. Toutes mes félicitations à l'auteur pour avoir réussi la transmutation de sa thèse en ouvrage. Nombreux sont ceux qui n'ont pas pu ou su le faire et qui gardent leurs thèses de doctorat dans des lieux presque tenus secrets pour s'en servir comme mines où puiser des articles promotionnels. Bisa s'en est démarqué en publiant le présent ouvrage.

Lorsque j'en ai reçu le manuscrit pour le postfacier, ma joie a été immense, pour deux raisons. La première raison procède de l'esprit de partage qui caractérise l'auteur, puisqu'il m'invite à un festin du questionnement sur des vrais problèmes qui minent la société congolaise. En effet, pourquoi les acteurs de la gestion foncière en RDC se lancent-ils dans l'ingénierie des mécanismes extra-légaux en vue de gérer la terre et ses ressources ? Autrement dit comment peut-on expliquer le fondement et l'efficacité de tels mécanismes alors qu'ils sont conçus ou pensés et opérationnalisés en marge de la norme formelle ? La seconde raison trouve son ressort dans la perspicacité de l'auteur qui prouve, avec cet ouvrage, sa volonté de faire de son titre de docteur en sciences politiques et administratives non pas un dortoir, mais un tremplin.

Pour terminer, je recommande à tous ceux qui s'intéressent à la science de l'État en action et aux enseignants ainsi qu'aux étudiants de lire cette œuvre intéressante.

Jean-Pierre LOTOY ILANGO-BANGA

Professeur de sciences politiques et coach scientifique

Directeur du Laboratoire d'écologie politique

Université de Kinshasa

Table des matières

www.ingramcontent.com/pod-product-compliance
Lightning Source LLC
LaVergne TN
LVHW050643051026
849532LV00002B/502